光荣

永远在册

吴江抗美援朝老战士追访记

政协苏州市吴江区委员会文化文史委

苏州市吴江区退役军人事务局 编

上海文艺出版社

图书在版编目（CIP）数据

光荣，永远在册/政协苏州市吴江区委员会文化文史委，苏州市吴江区退役军人事务局编．—上海：上海文艺出版社，2023.7
ISBN 978-7-5321-8802-4

Ⅰ．①光… Ⅱ．①政… ②苏… Ⅲ．①纪实文学—中国—当代 Ⅳ．① I25

中国国家版本馆 CIP 数据核字（2023）第 121250 号

责任编辑　毛静彦
特约编辑　长　岛
装帧设计　长　岛

光荣，永远在册——吴江抗美援朝老战士追访记
政协苏州市吴江区委员会文化文史委　苏州市吴江区退役军人事务局　编
上海世纪出版集团　上海文艺出版社
上海市闵行区号景路 159 弄 A 座 2 楼　201101
上海文艺出版社发行中心发行
上海市闵行区号景路 159 弄 A 座 2 楼 206 室　201101　www.ewen.co
苏州市越洋印刷有限公司印刷
开本 787×1092　1/16　印张 21.75　插页 2　字数 310,000
2023 年 7 月第 1 版　2023 年 7 月第 1 次印刷
ISBN 978-7-5321-8802-4/K·0480　定价：88.00 元

告读者 如发现本书有质量问题请与印刷厂质量科联系
T:0512-68180638

编委会

主 任

李 斌

副主任

陈建忠　沈卫芳

委 员

吕伟峰　施建忠　刘　峰　沈伟荣　耿万琪
李震乾　徐东海　陈林春　朱晓红

主 编

政协苏州市吴江区委员会文化文史委
苏州市吴江区退役军人事务局

策 划

沈伟荣　李震乾　陈林春

编 辑

陈林春

统 筹

沈伟荣　李震乾　耿万琪　陈林春　朱晓红

特别支持

苏州市吴江区退役军人协会
江苏东海乐佳环境科技有限公司

目 录
contents

第三辑　情怀竹帛

序：创造更多的新时代的光荣

李 讷

    这是一本很好的书，恰在《朝鲜停战协定》签订70周年前夕出版，是对伟大的抗美援朝战争胜利的最好纪念，是一份不可多得的精美礼物！也是对参加过抗美援朝战争的中华儿女、吴江儿女，包括在这场战争中牺牲的所有先烈的最好怀念与告慰。其意义是重大的，与《光荣，永远在册》这个书名一样，它本身也是一件光荣的事。

    70年前的那场伟大的战争，是在新中国百废待兴、百业待举之际进行的一场事关国家命运、民族存亡的立国之战。它依赖中华民族固有的不怕强权、反抗侵略的牺牲精神，以气克钢，以弱对强，以贫对富，以血肉对恶魔，以脊梁对豺狼，最终取得了抗美援朝战争的伟大胜利，改写了美帝国主义用大炮书写历史的强盗定律，宣告了西方侵略者随便在东方一个海岸架几尊大炮便可霸占一个国家的时代一去不复返了！70多年了，经过历史沉淀和审慎的社会反思，人们重新有了一种神圣的历史认知，社会价值评判体系得以重新构建，抗美援朝战争的功德永远铭刻在人类历史的光辉册页上，抗美援朝的伟大精神历久弥新，参加过那场正义之战，为那场战争献出汗水、血肉、青春、生命的人们，他们的英名永在，他们的光荣永远在册，他们永远是我们这个民族、国家最可爱的人！

    值得自豪的是，吴江当年也有1000多名儿女参加了那场波澜壮阔的立国之战。他们流血流汗，忍受严寒饥饿，断骨剜肉，甚至牺牲了年轻而又宝贵的生命，他们的光荣就是吴江的光荣，他们的奉献就是吴江的奉献，他们的牺牲就是吴江的牺牲，他们是从吴江走出去的最可爱的人。虽然这本书里无法收录本籍73名烈士的事迹，但他们的英魂与光荣永远栖居在历史的册页上，永远活在吴江人民的心中，享受着祖国与家乡人民的祭奠与供奉！而同样值得欣慰的是，截至2020年，吴江仍有240多名健在的志愿军老兵，他们是吴江的稀世珍宝，是值得吴江人民尊敬的没有称号的英雄。70多年来，他们保持和发扬着军人的优良传统与作风，保持军人的荣誉与胸怀，用抗美援朝的牺牲精神，以汗代血，以情明志，积极参加家乡的经济建设，推动吴江的社会进步。更令人尊敬的是，他们一直默默无闻，与世无争，艰苦奋斗，生活清贫时总是想到爬冰卧雪，遇到不公时总是想到"我活的是战友的生命"，从来不以功臣自居，不炫耀参战的资历，从来不计较个人名利、地位与得失，坦荡无私的人格如江河澄澈，从容正义的气度如长空飞霞。他们活着，让吴江光荣；他们老了，让子孙爱戴；他们即使走了，吴江不会忘记他们，历史不会忘记他们！忘记他们，就是忘记历史；忘记他们，就是抛弃光荣！在今天这样一个时刻，我们向他们致敬，吴江向他们致敬！祖国的兴盛与富强，有他们的功勋；吴江的安宁与发展，有他们的付出！

历史是一种过往，历史又不是一种简单的过往。历史是推动后世前行的动力，历史是永续发展的策源。吴江，是一个物华天宝的福地，也是一个英才天纵的热土。每一代人都属于不同的时代，也肩负着不同的使命。现在，我们正处于全面建设中国特色社会主义的新时代，我们的使命就是要全面贯彻党的二十大精神，"全面建成社会主义现代化强国，实现第二个百年奋斗目标，以中国式现代化全面推进中华民族伟大复兴"。吴江要在中国智慧、中国方案、中国力量下，激发出吴江智慧，焕发出吴江力量，全面推进吴江经济社会的发展，创造更多的新时代的成果，创造更多的新时代的光荣，让人民称赞，让历史铭记。

以中国式现代化全面推进中华民族伟大复兴，同样是一场波澜壮阔的伟大运动。我们要发扬一种精神，那就是抗美援朝精神。这种精神，不仅可以用于战争，同样可以用于经济建设、社会发展。在新的征程中，随时会遭遇到各种困难、危险、挑战，我们要用战争的智慧去运筹帷幄，用战争的勇气去决胜千里，用顽强的意志去破解难题，用牺牲的精神去化危为机，用必胜的信念去创新创造。这样，吴江的经济社会发展，一定能够继续走在光荣的前列，新的篇章、新的画卷一定会不断呈现。我们要建立一种尊敬，那就是对军人的尊敬。国无防不立，民无兵不安。无论是现役军人，还是退役军人，他们都是我们这个时代最可爱的人。民族的复兴，国家的建设，都需要一个和平安定的环境，而军人就是和平安定的保护神。吴江有着拥军爱兵的传统，我们要发扬这种传统，不仅对现役军人要表示礼敬，也要对退役军人表示礼敬。尊重、礼敬，不是口号，特别是对退役军人，要搞好他们退伍、转业后的安置，要支持他们创业展业，要关心他们的生活，要给他们一种公平的对待。在这种礼敬与关爱中，要构建一个全面完整的退役军人信息数据库，彻底改善以前档案不全、资料不全、信息不完善的状况，以一种对历史负责的态度，运用现代信息化、数字化手段，构建一个全面完整的信息系统，存真与记录退役军人的光荣。

光荣，是一个神圣的字眼；军人，是一个神圣的群体。抗美援朝战争结束已近70年，但是，抗美援朝的神圣在我们心中是永远波澜壮阔的。当年，在抗美援朝运动中，吴江人民曾经燃烧过无限激情，今天，我们纪念抗美援朝胜利70年，同样激情无限。当我们以这样的激情，阅读《光荣，永远在册》这本书时，我们会明白，只要我们为我们的祖国，为我们的民族，肯于奉献青春汗水，肯于奉献智慧情怀，不一定非要到战争中去，不一定非要牺牲生命，我们就会得到一份光荣，而这份光荣同样可以永远载入历史的册页！

是为序。

2023 年 6 月

（作者系苏州市吴江区政协主席）

光荣颂

——写在《光荣，永远在册》出版之时

陈林春

一

日月每巡行一天，
都普照着光明；
山川每醒来一次，
都承载着光荣！
人类每前行一步，
都标注出神奇；
社会每前进一步，
都创造出光荣！

所有的光荣都是文明的叙事，
所有的文明都是光荣的典礼！

战争，是文明的血祭，

和平，是人类的福音。
佛性的阳光不能长照和平的天地，
净土的莲花不能消弭战争的风云。

"人世难逢开口笑，
上疆场彼此弯弓月，
流遍了，郊原血"；
于是，也把那份光荣，
裹进硝烟，耀上弓月。
用战争消灭战争，
用战争创造和平——
成为一道文明铁律，
光荣的奋争，
把伟大的民族屹立，
屹立到世界民族之林！

消灭战争的战争，
总是与神圣为伍；
为了和平的绝死，
啸叫出正义之声！
那一种光荣，
在血与火的洗礼中，
格外耀眼，搅动长云，
让日月向它送来光辉，
可以掩没星辰的流明！

二

"雄赳赳，气昂昂，

跨过鸭绿江……"

新生的共和国，

顾不得百废待兴、休养生民，

被迫爆发向死而生的无穷血性！

保和平，卫祖国，就是保家乡，

抛头颅，洒热血，坚决灭豺狼！

光荣的红花戴到中华儿女的胸前，

光荣的义愤冲出无数勇士的胸膛！

雪花变成血花，

脊梁化作钢梁！

我们以穷对富，

我们以弱对强！

任凭你的钢多，

我们用气来扛！

你打你的原子弹，

我打我的手榴弹；

你吃你的火腿肠，

我吃我的炒面汤；

你开你的"绞肉机"，

我来"零敲牛皮糖"；

你用你的海陆空，

我用我的热胸膛；

你有十六国，

我有黄继光……

一场战役，树起一座英雄浮雕，

一个阵地，开掘一座魔鬼坟场；

无数生死，催生鲜花，

无数英魂，霞被穹苍！

终于——

真老虎，变成纸老虎，

真恶魔，变成纸螳螂！

我们用正气，打得一拳开，

我们挺胸膛，不怕百拳伤！

板门店，

一边是白旗奉拉垂首，

一边是红旗高高飘扬！

一个时代宣布永远结束：

侵略者随便架几门大炮，

就想征服一个国家的美梦，

从此进入北邙之乡！

新生的人民共和国，

立国之战打出立国之威，

从此气吞寰宇，睥睨五大洋！

古老的民族庄严宣布：

不管你有多少钢铁，

都摧不垮共和国的基业，

因为我们的意志胜钢！

不管你有多么邪恶，

都压不塌伟大民族的脊柱，

因为我们的基因深植昆仑之壤——

飞龙在天，龙飞九五，

命中注定，势不可挡！

这是一种血脉光荣，五千年流淌，
这是一种正义贲张，三万年鹰扬！
你只能到长城前跪倒，
你只能到华表前断肠！
你一猖狂，就会搬起石头砸烂自己的脚，
你一邪恶，就会把我的光荣激发到天上！
我们的家国，用血性捍卫，
我们的和平，用牺牲灌浆；
我们忍受够了屈辱、欺凌、压迫、邪恶，
犯我大汉者，远近必诛，
我们释放出无穷的尊严和胆量！
从此进行的光荣叙事，
毫不畏缩，毫不慌张，毫不彷徨！
用生命换来生存，
用鲜血染红山岗；
用光荣打出光荣，
用白骨垒起城墙！
灵与肉锻造出的精神原子弹，
可以战胜一切强梁！

三

写一篇朝鲜战场的吊文在梦里抑扬，
我去吊祭血渍土地上的英灵之光；
为最可爱的人竖一杆招魂旗幡，

把祖国的烈酒，在敬仰中洒向血红的朝阳。

我把烈酒洒进长津湖，
看一看美军"最长退却"的路，
那条路原来直通穷途！
湖上雪封，路上冰冻，
战争的拐点却在血花中显露；
读一读宋阿毛的绝笔信，
信旁是129名战士组成的冰雪雕塑；
灭绝人性的魔鬼竟向尸体开枪，
可是，打不烂的是一种灵魂浮屠！

我膝行到湖畔的小高岭旁，
三个"不相信"的声音震撼无数悲壮。
已经打退敌人八次进攻，
阵地上只有一个连长、一包炸药，
新中国第一位特等功臣和特级战斗英雄——
杨根思又一次成为"爆破大王"！
"最美奋斗者"，从1071.1高地走来，
走进最可爱的人的青铜雕像！

我再垒一座祭台，垒到大榆洞中，
拜一拜那一张年轻英俊的面容；
谁让他是毛泽东的儿子，
谁让他的父亲是毛泽东！
"志愿军的第一人"，
在烈火中从容涅槃成华夏真龙！

在朝 34 天的岁月，
光荣播撒在永远不灭的时空！
你可以泼出无数脏水，
可你敢带上你的儿子，
来到燃烧着汽油弹的大榆洞？！

我的脊梁忽然成了一座山峰，
高耸、高耸到泣血的松骨峰，
眼前是 600 多敌人被砸烂的脑洞；
猛士们搏斗的姿势，
大写出不可战胜的神勇；
我死一个，你必须死上 6 个，
谁让你碰上的是中国龙！
一个连仅剩 6 名战士，
活着，为这个"英雄部队"披荣！

我长跪到上甘岭高地，
读一读数万英雄书写的史诗！
山石成为浮土，钢铁成为碎片，
尸骨粉尘包裹的是不屈的意志！
3.7 平方公里土地和着血浆，
记录着人类战争史上的极度神奇！
再进入阴暗潮湿的坑道，
舔一舔石壁上的渗水，
一嘴硝烟，一舌苦涩；
意象中的一只苹果，
咀嚼出鲜血与灵魂的淋漓；

岭上仅剩的三截嵌满弹片的树木，
根部复活，长到黄继光的胸膛里……
"你牺牲了一个儿子，
我也牺牲了一个。
他们牺牲得光荣，
我们都是烈属。"
山风岭月里，
回荡着一个声音，
有几分苍凉，
却并不凄厉！
……

还有那温井，
第一仗的第一枪，
用来作为我祭典的礼炮；
还有飞虎山的那些石头，
竟然可以充饥，
我再把它摆上祭台，
胜过无数种太牢……
还有，还有……
还有无数的战地锉骨扬灰，
咆哮着不可能胜利而胜利的惊涛，
弥漫的英雄之气下干河岳，上干云霄……

梦未醒时泪滂沱，
梦一醒时歌煌煌！
这个世上最可爱的人，

身上披满霞光——

死了的霞光不灭，

活着的霞光漫长。

无论怎么诋毁，怎么丑化，

无论怎么编造，怎么诽谤，

光荣永远是遮不住的朝阳！

他们可以不上凌烟高阁，

却永远安驻在全民供奉的民族祠堂，

让中华谱牒生光，

让华夏山河生光，

让人类竹帛生光！

四

光荣常常由生命打造，

光荣常常由白骨铸浇，

光荣总是泛动着血色光芒，

光荣总是游走着灵魂呼号！

牺牲，书写了五千年中华的历史，

牺牲，绽放出抗美援朝胜利的微笑！

牺牲，是正气的迸发，

牺牲，是制胜的法宝！

在那举国怒吼的难忘岁月，

太湖日夜澎湃，

淞江奔涌呼啸，

吴江一千多平方公里的土地，

被联袂成云的无限激情燃烧。
吴江人民前呼后拥，
加入到抗美援朝的世纪热潮；
吴江上千子弟，
手执吴王金戈越王刀，
心怀一个神圣的信念，
保卫和平，保卫家国，
登上光荣的战列，
汇聚到牺牲的大潮！
太湖七十二峰投来钦敬的目光，
吴江子弟挺起七十二峰一样的腰！

在生与死、灵与肉交织的战火中，
他们用青春书写自豪；
在气与钢、正与邪较量的肆虐中，
他们用牺牲书写骄傲；
在冰与火、饥与残互噬的考验中，
他们用信念书写不屈不挠！

光荣，有时是大河的惊涛骇浪，
光荣，有时是小溪的涓涓流淌！
牺牲，有时是楚虽三户的吊唁挽歌，
牺牲，有时是桃花源里的犁云耕香！
吴江子弟的沙场对决，
有的是真刀真枪的白刃厮杀，
有的是马革裹尸的热血诗行。
73 名抗美援朝的吴江烈士，

把江南的光荣直书到民族英烈榜！
他们胸前喷涌的鲜血，
开成了故乡的郁金香！
他们胸章上的姓名，
用白骨雕镂出汉简大篆，
铭刻到墓碑上，
线条不用阴，只用阳！

牺牲，是灵与肉的升华，
光荣，是血与火的词章！
牺牲，也可以是水与汗的交流，
光荣，也可以是琴与烟的绕梁；
牺牲，也可以是粥与汤的淡雅，
光荣，也可以是茶与酒的流觞。

不是每一种牺牲都会惊天动地，
不是每一种光荣都让生命沦丧！
崇敬霍去病的封狼居胥，
也崇敬一生难封的李广！
经历过沙场风烟，
不一定非进烈士碑廊；
穿行过枪林弹雨，
也可以毫发无伤；
同样是战士，
同样是牺牲，
同样有荣光！
太多的吴江儿郎，

没有英雄壮举，没有长天雷炸，

没有面对面厮杀的悲壮，

只在特殊战线上进行使命坚守，

保障运输线送上生命血浆！

炸不断，永通畅，

这里同样能让鬼泣神惊，

这里同样可烈酒穿肠，

这里同样是生死战场！

没有他们的朝鲜山川，

不会成为埋葬敌军的坟场！

他们天天挨炸，

却炸不断他们的脊梁；

他们忍受饥寒，

却像冰雕连一样坚强；

他们汗流浃背，

汗中没有盐渍，却有血色光芒；

他们的勇猛也像杨根思一样，

跃出弹坑如猛虎跃出山岗！

他们的意志也像邱少云一样，

心中的烈火把他们烧成火凤凰！

他们的定力也像史阜民一样，

"人螺丝"——

成日成夜钉死在生死线上！

……

英雄可以没有称号，

功臣可以没有勋章；

平凡只要经过淬火，

就能凝聚出伟大气象；
普通只要经过风雨，
就能长出松柏般高尚！
光荣只要亲吻牺牲，
日月就会生出华光！
抗美援朝的胜利中，
有着吴江子弟的血性张扬；
保家卫国的战车上，
有着吴江子弟的不凡篇章；
立国之战的丰碑上，
有着吴江子弟的威严辉煌；
雕龙画凤的华表上，
有着吴江子弟血拭的光亮！
吴江的千千花卉集会给予表彰，
淞江的朵朵水浪击节放声歌唱：
光荣归于祖国，
光荣归于中华民族，
光荣归于中国共产党！

五

所有的光荣都是文明的叙事，
所有的文明都是光荣的典藏！
我要开采一千座金矿，
把老兵的名字雕刻到青铜宝鼎上；
我要栽植三千棵胡杨，
把老兵描摹成不死、不倒、不朽的模样！

人类的情怀义薄云天，
历史的进程日照春江。
和平万岁！
和平，必须灭尽豺狼！
胜利万岁！
胜利，永远靠气不靠钢！
牺牲万岁！
骨垒昆仑，血涌长江！
光荣万岁！
光荣，永远在册在档！

2022 年 11 月 14 日

第一辑
光荣在档

不错，美国的大炮比我们多，但历史不
是大炮写的……总之一句话，当今世界，任
何人想随意欺压、宰割别人，都是不允许的！

——1950 年 10 月 5 日　毛泽东

吴江部分抗美援朝志愿军老战士
个人信息搜集整理

001. 陈志益　1935 年 8 月出生于吴江松陵，现住吴江区松陵街道桃园新村。1951 年至 1956 年服役于中国人民解放军铁道兵团第 3 师，任班长；1953 年参加抗美援朝，荣立三等功一次，1956 年回国。

002. 吴阿生　1933 年 9 月出生于吴江盛泽，现住吴江区盛泽镇南塘村西塔港。1953 年 1 月参加抗美援朝，服役于中国人民志愿军 60 军 179 师 537 团 3 营 12 连，任副班长，所在班荣立集体三等功，1957 年 4 月回国。

003. 徐仁兴　1930 年 1 月出生于吴江盛泽，现住吴江区盛泽镇北旺村。1953 年参加抗美援朝，服役于中国人民志愿军 60 军 179 师 537 团炮营 1 连，任班长，1957 年 4 月回国。

004. 贝有生　1934 年 8 月出生于吴江盛泽，现住吴江区盛泽镇溪南村。1951 年 11 月参加抗美援朝，服役于中国人民志愿军 60 军 179 师 537 团卫生营，1957 年回国。

005. **陈逢时**　1936年11月出生于吴江盛泽，现住吴江区盛泽镇新华新村。1956年10月参加抗美援朝，服役于中国人民志愿军21军，1958年8月回国。

006. **王增福**　1933年10月出生于吴江盛泽，现住吴江区盛泽镇盛虹村。1953年1月入伍，同年参加抗美援朝，服役于中国人民解放军铁道兵团5851部队，任副班长，其间荣立三等功，并曾荣获"五好战士"。

007. **高寿昌**　1934年7月出生于吴江盛泽，现住吴江区盛泽镇杨扇村计家坝。1950年参加抗美援朝，服役于中国人民志愿军工兵3团，担任通信员，1954年回国。

008. **钱海桥**　1926年5月出生于吴江盛泽，现住吴江区盛泽镇荷花村。1951年4月入伍，1952年参加抗美援朝，服役于中国人民志愿军工兵3团1营1连，1953年回国。

009. **费凤希**　1933年4月出生于吴江同里，现住吴江区同里镇北联村。1951年2月入伍，1951年6月参加抗美援朝，服役于中国人民志愿军炮兵41团，1953年10月回国。

010. **李根兰**　1933年7月出生于吴江同里，现住吴江区同里镇叶建村。1951年2月入伍，1952年参加抗美援朝，服役于中国人民志愿军炮兵41团，1952年7月获物质奖励一次。

011. **王文奎**　1933年8月出生于吴江盛泽，现住吴江区盛泽镇坛丘村。1953年1月入伍，同年参加抗美援朝，服役于中国人民志愿军27军79师3团9连，1953年11月回国。

012. 钱生观 1926年12月出生于吴江盛泽，现住吴江区盛泽镇坛丘村。1953年1月入伍，同年参加抗美援朝，服役于中国人民志愿军60军，1953年11月回国。

013. 王阿奎 1930年6月出生于吴江盛泽，现住吴江区盛泽镇坛丘村。1950年入伍，1951年参加抗美援朝，服役于中国人民志愿军工兵部队，1956年8月回国。

014. 张阿炳 1932年2月出生于吴江平望，现住吴江区平望镇新南村。1953年2月入伍，同年3月参加抗美援朝，服役于中国人民解放军铁道兵团第3师。

015. 徐阿根 1931年5月出生于吴江平望，现住吴江区平望镇庙头村。1953年1月入伍，同年2月参加抗美援朝，服役于中国人民解放军铁道兵团第2师。

016. 王补生 1933年12月出生于吴江平望，现住吴江区平望镇金联村。1953年1月入伍，同年2月参加抗美援朝，服役于中国人民解放军铁道兵团第2师。

017. 褚明华 1930年3月出生于吴江平望，现住吴江区平望镇南大社区。1953年2月入伍，服役于中国人民解放军铁道兵团第3师，荣立三等功一次。

018. 成辛之 1930年4月出生于吴江平望，现住吴江区平望镇南大社区。1946年8月参加革命工作，1947年6月加入中国共产党，服役于华中1师2团，第15野战医院卫生院，9兵团2医院，济南90医院、88医院，参加过抗美援朝，荣立二等功和三等功各一次。

019.姚保和 1928年10月出生于吴江平望，现住吴江区平望镇梅堰社区。1953年至1958年服役于中国人民解放军27军79师236团2营4连，任排长；1953年参加抗美援朝，荣立三等功一次，1956年回国。

020.朱掌大 1936年9月出生于吴江盛泽，现住吴江区盛泽镇七庄村。1953年2月入伍，服役于中国人民解放军12军179师537团，参加过抗美援朝，1956年2月退伍。

021.马三林 1934年1月出生于吴江黎里，现住吴江区黎里镇三好村，1953年1月入伍，服役于中国人民解放军铁道兵团第3师，参加过抗美援朝。

022.王留坤 1934年7月出生于吴江黎里，现住吴江区黎里镇元荡村。1953年入伍，服役于中国人民解放军铁道兵团第3师，参加过抗美援朝。

023.陆敏 1931年12月出生于吴江盛泽，现住吴江区盛泽镇七庄村。1949年5月入伍，服役于华东军区炮兵12师，参加过抗美援朝，1957年2月退伍。

024.赵仲卿 1931年1月出生于吴江盛泽，现住吴江区盛泽镇坛丘村9组。1950年参加抗美援朝，服役于高炮部队，1953年11月回国。

025.计永祥 1934年11月出生于吴江盛泽，现住吴江区盛泽镇南麻永平村。1953年11月入伍，服役于中国人民解放军0970部队，参加过抗美援朝，1956年2月退伍。

026. 吕菊庭　1932 年 7 月出生于吴江松陵，现住吴江区松陵街道金科廊桥。1949 年 10 月入伍，1953 年 3 月参加抗美援朝，荣立三等功一次，1963 年转业。

027. 阮彩红　1931 年 10 月出生于江苏兴化，现住吴江区江陵街道庞中公寓。先后参加过淮海战役、渡江战役，1950 年参加抗美援朝，服役于中国人民解放军 24 军 72 师炮兵 351 团，后入籍吴江。

028. 沈根福　1933 年 3 月出生于吴江北库，现住吴江区江陵街道中山同仁嘉园。1953 年入伍，参加抗美援朝，服役于中国人民解放军铁道兵团第 3 师 9 团，1954 年 6 月回国。

029. 钱四达　1930 年 8 月出生于吴江同里，现住吴江区同里镇栅桥村。1951 年 3 月入伍，同年 4 月参加抗美援朝，1952 年入党，1953 年回国，荣立三等功一次，1957 年退伍。

030. 陆阿五　1934 年 9 月出生于吴江黎里，现住吴江区黎里镇史北村。1953 年 12 月入伍，参加抗美援朝，服役于中国人民解放军铁道兵团第 2 师 4 团 3 营，1957 年 10 月退伍。

031. 胡金林　1935 年 11 月出生于吴江黎里，现住吴江区黎里镇大胜村。1952 年 12 月入伍，参加抗美援朝，服役于中国人民解放军铁道兵团第 3 师，1957 年 6 月退伍。

032. 肖佰英　1936 年 6 月出生于吴江黎里，现住吴江区黎里镇大长港村。1953 年 3 月入伍，参加抗美援朝，同年 10 月回国，1958 年 3 月退伍。

033. 陈萍   1925 年 4 月出生于吴江黎里，现住吴江区黎里镇建南村。1949 年 8 月入伍，服役于中国人民解放军 86 师 258 团，1952 年参加抗美援朝，1963 年 7 月退伍。

034. 屠阿大   1926 年 10 月出生于吴江黎里，现住吴江区黎里镇黎星村。1953 年 2 月入伍，参加抗美援朝，服役于中国人民解放军铁道兵团第 2 师机械营给水连，获嘉奖一次。

035. 屠更生   1925 年 12 月出生于吴江黎里，现住吴江区黎里镇黎星村。1953 年 1 月入伍，参加抗美援朝，服役于中国人民解放军铁道兵团第 2 师，获嘉奖一次，1957 年退伍。

036. 张阿菊   1932 年 4 月出生于吴江黎里，现住吴江区黎里镇永新村。1953 年 1 月入伍，参加抗美援朝，服役于中国人民解放军铁道兵团第 2 师，1957 年 7 月退伍。

037. 张文义   1936 年 9 月出生于吴江黎里，现住吴江区黎里镇沈家港村。1953 年 1 月入伍，参加抗美援朝，服役于中国人民解放军铁道兵团第 2 师，1964 年 1 月退伍。

038. 顾龙海   1933 年 5 月出生于吴江芦墟，现住吴江区黎里镇城司村。1953 年 3 月入伍，参加抗美援朝，服役于中国人民解放军铁道兵团第 3 师，1957 年 6 月退伍。

039. 黄留山   1934 年 8 月出生于吴江黎里，现住吴江区黎里镇东方村。1953 年 2 月入伍，参加抗美援朝，服役于中国人民解放军铁道兵团第 3 师 9 团 3 营。

040.计云福　1932 年 11 月出生于吴江芦墟，现住吴江区黎里镇跃进村。1952 年 1 月入伍，参加抗美援朝，服役于中国人民解放军铁道兵团第 3 师，1957 年退伍。

041.杨中贤　1932 年 10 月出生于吴江芦墟，现住吴江区黎里镇芦墟。1950 年入伍，1951 年 6 月参加抗美援朝，服役于中国人民志愿军 68 军 203 师 607 团，1956 年 4 月回国。

042.王万兴　1932 年 2 月出生于吴江黎里，现住吴江区黎里镇华莺村。1950 年 2 月入伍，参加抗美援朝，服役于中国人民志愿军炮兵 11 团，获嘉奖二次，1957 年 2 月退伍。

043.王永良　1936 年 11 月出生于吴江芦墟，现住吴江区黎里镇蚬南村。1953 年 1 月入伍，参加抗美援朝，服役于中国人民解放军铁道兵团第 3 师，1956 年 6 月回国。

044.吴炳华　1930 年 6 月出生于吴江黎里，现住吴江区黎里镇北厍社区。1948 年 10 月入伍，服役于中国人民解放军 23 师 68 团 2 营 6 连，在淮海战役中荣立三等功一次；参加渡江战役负伤，原部队改编为中国人民解放军 77 师 230 团后，随团参加解放上海战役，荣立一等功并被评为战斗模范；1950 年 11 月后，在中国人民志愿军 26 军 77 师 230 团 2 营任战士、副班长，参加抗美援朝。

045.于善济　1931 年 7 月出生于吴江松陵，现住吴江区松陵街道水乡花园。1950 年入伍，服役于中国人民志愿军 23 军 68 师，参加抗美援朝。

046.刘天林　1935 年 11 月出生于吴江松陵，现住吴江区松陵街道绿地太湖城。1951年7月入伍，1956年11月服役于中国人民志愿军炮兵22团，参加抗美援朝，1969年9月退役。

047. 顾玮　1932年1月出生于无锡荡口，现住吴江区松陵街道鲈乡二村。1950年入伍，服役于华东公安17师43团，1952年12月随团配属公安第1师参加抗美援朝，1953年9月回国。

048. 吴雪林　1932年10月出生于吴江芦墟，现住吴江区黎里镇莘西村。1953年1月入伍，参加抗美援朝，服役于中国人民解放军铁道兵团第3师，1957年8月退伍。

049. 朱海根　1934年12月出生于吴江黎里，现住吴江区黎里镇红旗村。1953年2月入伍，参加抗美援朝，先后服役于华东新训4团1营和中国人民解放军铁道兵团第3师。

050. 朱和生　1934年6月出生于吴江黎里，现住吴江区黎里镇汾湖村。1953年2月入伍，参加抗美援朝，服役于中国人民解放军铁道兵团第2师，获嘉奖一次。

051. 邹根其　1929年2月出生于吴江芦墟，现住吴江区黎里镇龙泾村。1953年1月入伍，服役于中国人民解放军铁道兵团第3师，参加抗美援朝，1957年1月退伍。

052. 戴文良　1933年10月出生于吴江黎里，现住吴江区黎里镇元荡村。1953年1月入伍，参加抗美援朝，服役于中国人民解放军铁道兵团第3师，荣立集体三等功一次。

053.迮巧林　1932 年 7 月出生于吴江黎里，现住吴江区黎里镇莘南村。1953 年 1 月入伍，参加抗美援朝，服役于中国人民解放军铁道兵团第 3 师。

054.李阿六　1926 年 5 月出生于吴江八坼，现住吴江区八坼街道苗圃。1951 年入伍，参加抗美援朝，服役于中国人民志愿军 7458 部队，荣立三等功一次，1956 年 3 月退伍。

055.盛文康　1933 年 7 月出生于吴江松陵，现住吴江区八坼街道友谊村。1953 年入伍，参加抗美援朝，服役于中国人民解放军铁道兵团第 3 师，1956 年退伍。

056.苏邦杰　1934 年 4 月出生于吴江松陵，现住吴江区八坼街道直港村。1951 年 4 月入伍，服役于中国人民解放军 3475 部队，同年参加抗美援朝，荣立三等功两次，1957 年 5 月退伍。

057.金元大　1930 年 12 月出生于吴江七都，现住吴江区七都镇燦烂村。1949 年 1 月入伍，服役于中国人民解放军 38 军 112 师，后随部队参加抗美援朝，1951 年 2 月荣立三等功一次。

058.钱云春　1931 年 10 月出生于吴江七都，现住吴江区七都镇群幸村。1953 年 2 月入伍，服役于中国人民解放军铁道兵团第 3 师，3 月参加抗美援朝，1955 年 2 月获嘉奖一次，1957 年退伍。

059.沈老虎　1931 年 10 月出生于吴江震泽，现住吴江区七都镇庙港联漾村。1953 年 1 月入伍，服役于中国人民解放军 0199 部队，参加抗美援朝，1953 年 7 月参加桥岩山守备战，1957 年 7 月退伍。

060. 王祖康　1933年11月出生于吴江七都，现住吴江区七都镇教工新村。1951年3月入伍，服役于中国人民解放军第2战车编练基地4大队16中队，参加抗美援朝，1953年7月回国，1955年3月退伍。

061. 谢元奎　1935年7月出生于吴江七都，现住吴江区七都镇联强村。1953年1月入伍，参加抗美援朝，1957年6月退伍。

062. 董德明　1928年7月出生于吴江松陵，现住吴江区松陵街道梅里村。1950年12月入伍，参加抗美援朝，先后服役于苏南苏州军分区吴江县城厢区中队和苏南苏州军分区独立3营，1957年8月退伍。

063. 刘金荣　1932年9月出生于吴江盛泽，现住吴江区盛泽镇圣塘村。1953年至1956年先后服役于华东新4团3营9连和中国人民解放军铁道兵团第3师8团，参加过抗美援朝。

064. 叶国清　1925年7月出生于安徽桐城。1944年入伍，加入新四军第7师岩江屯8中队8连1排1班；1945年入党，先后参加抗日战争、解放战争；1950年随中国人民志愿军第9兵团27军入朝作战，参加长津湖战役，荣立二等功一次；1952年回国，住吴江区盛泽镇衡悦社区。

065. 陈星观　1931年12月出生于吴江盛泽，现住吴江区盛泽镇新华新村。1951年6月入伍，参加抗美援朝，服役于中国人民志愿军工兵3团，1954年6月退伍。

066. 徐凤山　1930年7月出生于吴江平望，现住吴江区平望镇端市村。1953年入伍，参加抗美援朝，服役于中国人民解放军铁道兵团第2师。

067. 吴四海　1930 年 3 月出生于吴江黎里，现住吴江区黎里镇府东新村。1953 年 1 月入伍，参加抗美援朝，服役于中国人民志愿军 734 部队，1957 年退伍。

068. 张其生　1927 年 10 月出生于吴江黎里，现住吴江区黎里镇直下港。1953 年入伍，参加抗美援朝，服役于中国人民志愿军 0970 部队，1956 年退伍。

069. 吴永林　1932 年 11 月出生于吴江芦墟，现住吴江区黎里镇星谊村。1951 年 1 月入伍，参加抗美援朝，服役于中国人民志愿军 5036 部队，1957 年 3 月退伍。

070. 徐兴林　1933 年 6 月出生于吴江七都，现住吴江区七都镇联强村。1953 年 1 月入伍，参加抗美援朝，服役于中国人民解放军铁道兵团第 3 师，1957 年 6 月退伍。

071. 顾松林　1932 年 3 月出生于吴江松陵，现住吴江区松陵街道庆丰一弄。1953 年 2 月入伍，参加抗美援朝，服役于中国人民解放军铁道兵团第 3 师。

072. 汪寿观　1934 年 11 月出生于吴江松陵，现住吴江区松陵街道中塘弄。1953 年 1 月入伍，参加抗美援朝，服役于中国人民解放军铁道兵团第 2 师。

073. 王建忠　1934 年 2 月出生于吴江松陵，现住吴江区松陵街道南厍村。1951 年 3 月入伍，1952 年参加抗美援朝，服役于中国人民志愿军 8509 部队，荣立三等功一次，1957 年 7 月退伍。

074. 席本根 1933年9月出生于吴江菀坪，现住吴江区横扇街道菀坪社区。1952年3月入伍，参加抗美援朝，服役于中国人民解放军铁道兵团第3师。

075. 刘圣达 1936年7月出生于吴江松陵，现住吴江区松陵街道流虹路。1956年11月入伍，12月参加抗美援朝，服役于中国人民志愿军23军69师207团，1958年回国。

076. 吕春波 1931年6月出生于内蒙古林西，现住吴江区松陵街道环石路。1948年2月入伍，服役于原热河军区168师504团、空8师、空军第8基地、空3师独立大队、空军梁平场站等部队，1950年12月在原空8师，参加抗美援朝，荣立三等功一次，1982年9月离休。

077. 吕应选 1926年4月出生于山东乳山，现住吴江区松陵街道鲈乡二区。1947年6月入伍，服役于原华东9纵、27军司令部、27军79师、60军178师等部队，1950年11月起在中国人民志愿军第9兵团27军司令部，参加抗美援朝，荣立三等功一次，1983年3月离休。

078. 戴马生 1929年12月出生于吴江震泽，现住吴江区震泽镇桥南村。1953年入伍，参加抗美援朝，服役于中国人民志愿军0970部队，1956年2月退伍。

079. 杨仁法 1935年12月出生于吴江盛泽，现住吴江区盛泽镇溪南村。1953年1月入伍，参加抗美援朝，服役于中国人民志愿军60军，1956年2月退伍。

080. 黄雄 1935年6月出生于吴江同里，现住吴江区同里镇栅桥村。

1951年入伍，参加抗美援朝，服役于中国人民志愿军炮兵41团，1953年12月退伍。

081. 姚荣生　1935年1月出生于吴江七都，现住吴江区七都镇开弦弓村。1953年入伍，参加抗美援朝，1957年5月退伍。

082. 周梅生　1930年1月出生于吴江七都，现住吴江区七都镇开弦弓村。1953年1月入伍，7月参加抗美援朝，1957年12月退伍。

083. 周有法　1935年11月出生于吴江七都，现住吴江区七都镇开弦弓村。1953年1月入伍，参加抗美援朝，1957年8月退伍。

084. 卜汉明　1935年1月出生于吴江同里，现住吴江区同里镇屯南村。1953年12月入伍，参加抗美援朝，1956年12月回国。

085. 陈永全　1933年6月出生于吴江同里，现住吴江区同里镇屯南村。1953年12月入伍，参加抗美援朝，1956年12月回国。

086. 范阿纪　1931年1月出生于吴江同里，现住吴江区同里镇叶建村。1953年1月入伍，参加抗美援朝，1954年回国。

087. 顾林生　1936年7月出生于吴江同里，现住吴江区同里镇北联村。1951年8月入伍，参加抗美援朝，1953年11月回国。

088. 沈文斌　1928年2月出生于吴江同里，现住吴江区同里镇叶建村。1951年3月入伍，服役于中国人民志愿军炮兵41团，参加抗美援朝，在金城战役中5处负伤，荣立三等功一次。

089. 屠和生　1932 年 1 月出生于吴江同里，现住吴江区同里镇叶建村。1951 年入伍，参加抗美援朝，1953 年回国。

090. 吴三林　1933 年 7 月出生于吴江同里，现住吴江区同里镇北联村。1953 年入伍，参加抗美援朝，1956 年回国。

091. 徐进福　1931 年 11 月出生于吴江同里，现住吴江区同里镇叶建村。1953 年 1 月入伍，参加抗美援朝，1957 年 1 月退伍。

092. 张仲清　1931 年 9 月出生于吴江同里，现住吴江区同里镇叶建村。1951 年 3 月入伍，参加抗美援朝，荣立三等功一次。

093. 朱根生　1931 年 4 月出生于吴江同里，现住吴江区同里镇鱼行社区。1951 年入伍，参加抗美援朝，1954 年回国。

094. 朱其荣　1933 年 10 月出生于吴江同里，现住吴江区同里镇屯南村。1953 年 12 月入伍，参加抗美援朝，1956 年 12 月回国。

095. 朱岳来　1935 年 1 月出生于吴江同里，现住吴江同里镇屯溪村。1953 年入伍，参加抗美援朝，1953 年回国。

096. 顾祖裕　1934 年 3 月出生于吴江同里，现住吴江区松陵街道中山北路三弄。1954 年 7 月入伍，1956 年 10 月随中国人民志愿军 23 军参加抗美援朝，1958 年 4 月回国。

097. 何建初　1933 年 8 月出生于吴江松陵，现住吴江区松陵街道联杨小区。1951 年入伍，服役于中国人民解放军铁道兵团第 1 师，参加抗美援朝。

098. 杨阿贵　1932 年 9 月出生于吴江松陵，现住吴江区松陵街道油车路。1951 年入伍，参加抗美援朝，1953 年回国。

099. 朱志明　1934 年 6 月出生于吴江松陵，现住吴江区松陵镇街道垂虹路。1951 年入伍，参加抗美援朝，服役于中国人民解放军铁道兵团第 3 师，荣立三等功一次。

100. 陈洪恩　1936 年 8 月出生于吴江横扇，现住吴江区横扇街道新湖村。1953 年入伍，参加抗美援朝，1957 年退伍。

101. 杜云林　1934 年 2 月出生于吴江横扇，现住吴江区横扇街道叶家港村。1951 年 3 月入伍，参加抗美援朝，1957 年 3 月退伍。

102. 钱法观　1930 年 12 月出生于吴江横扇，现住吴江区横扇街道叶家港村。1952 年 7 月入伍，参加抗美援朝，1957 年退伍。

103. 吴金林　1932 年 10 月出生于吴江横扇，现住吴江区横扇街道大家港村。1952 年 2 月入伍，服役于 1794 部队，同年参加抗美援朝，1956 年 2 月退伍。

104. 杨传兴　1934 年 12 月出生于吴江横扇，现住吴江区横扇街道诚心村。1953 年 1 月入伍，参加抗美援朝，1957 年退伍。

105. 杨金奎　1929 年 2 月出生于吴江横扇，现住吴江区横扇街道新湖村。1953 年入伍，参加抗美援朝，1957 年退伍。

106. 宋丽琴　1935 年 1 月出生于河南南阳, 现住吴江区平望镇莺湖路。1950 年 2 月入伍, 服役于原华东军区, 1952 年参加抗美援朝, 1954 年转业。

107. 叶慎吉　1937 年 11 月出生于吴江松陵, 现住吴江区松陵街道中山北路 5 弄。1951 年 8 月入伍, 参加抗美援朝, 1975 年 11 月转业。

108. 钱阿巧　1931 年 11 月出生于江西临潼, 现住吴江区松陵街道江新村。1949 年 11 月入伍, 1951 年 9 月参加抗美援朝, 荣立三等功一次。

109. 王春和　1935 年 2 月出生于吴江盛泽, 现住吴江区盛泽镇庄平村。1953 年 7 月参加抗美援朝, 1953 年 10 月回国。

110. 刘荣良　1933 年 1 月出生于吴江盛泽, 现住吴江区盛泽镇五龙路。1953 年 1 月入伍, 同年 3 月参加抗美援朝, 服役于中国人民解放军铁道兵团, 1954 年 9 月回国。

111. 陈阿江　1930 年 11 月出生于吴江盛泽, 现住吴江区盛泽镇桥南村。1953 年 1 月入伍, 同年 1 月参加抗美援朝, 1954 年 8 月回国, 1956 年退役。

112. 张法观　1933 年 6 月出生于吴江盛泽, 现住吴江区盛泽镇荷花村。1951 年 5 月入伍, 同年参加抗美援朝, 服役于工兵部队参加电台工作, 1953 年 9 月退役。

113. 王文奎　1925 年 8 月出生于吴江盛泽, 现住吴江区盛泽镇坛丘村。1953 年 1 月入伍, 参加抗美援朝, 1955 年 2 月退役。

114. 沈建伍　1934 年 2 月出生于吴江平望，现住吴江区平望镇南大社区。1950 年 10 月入伍，1952 年 12 月服役于 0220 部队，参加抗美援朝，1956 年 1 月退伍。

115. 李维德　1931 年 12 月出生于吴江平望，现住吴江区平望镇南新社区。1950 年 12 月入伍，服役于原北京第 1 炮兵技术学校，1953 年 3 月参加抗美援朝，同年 5 月回国。

116. 金钰媛　1931 年 4 月出生于江苏淮安，现住吴江区松陵街道中山南路。1951 年入伍，1952 年参加抗美援朝，服役于中国人民志愿军 24 军，1953 年 7 月回国。

117. 黄静芝　1929 年 5 月出生于江西临潼，现住吴江区松陵街道。1949 年 11 月入伍，1950 年 10 月参加抗美援朝，服役于中国人民志愿军 0078 部队，荣立三等功一次，1952 年回国。

118. 陆明才　1936 年 12 月出生于吴江同里，现住吴江区同里镇东新社区。1952 年 12 月入伍，1953 年 4 月参加抗美援朝，1956 年 12 月退伍。

119. 殷德明　1932 年 7 月出生于吴江盛泽，现住吴江区盛泽镇庄平村。1953 年 1 月入伍，服役于中国人民志愿军 0199 部队，同年 5 月参加抗美援朝，1953 年 9 月回国。

120. 陈志祥　1933 年 3 月出生于吴江盛泽，现住吴江盛泽镇南庄平村。1953 年 7 月参加抗美援朝，1953 年 10 月回国。

121. 高海金　1933 年 12 月出生于吴江盛泽，现住吴江区盛泽镇大谢村。

1950年2月入伍，服役于中国人民解放军铁道兵团8507部队，参加抗美援朝，1956年2月退伍。

122. 沈菊观　1931年11月出生于吴江盛泽，现住吴江区盛泽镇大谢村。1951年6月入伍，同年7月参加抗美援朝，1956年3月退伍。

123. 沈阿奎　1932年5月出生于吴江盛泽，现住吴江区盛泽镇环桥南弄。1951年4月入伍，1953年3月参加抗美援朝，1957年4月退伍。

124. 沈福泉　1934年8月出生于吴江盛泽，现住吴江区盛泽镇坝里村。1953年1月入伍，参加抗美援朝，1954年4月退伍。

125. 王五一　1932年1月出生于吴江盛泽，现住吴江区盛泽镇西白漾村。1953年12月入伍，参加抗美援朝，1956年2月退伍。

126. 钱应奎　1933年8月出生于吴江盛泽，现住吴江区盛泽镇双熟村。1953年2月入伍，参加抗美援朝，1957年退伍。

127. 陈福生　1932年6月出生于吴江盛泽，现住吴江区盛泽镇坛丘社区。1953年1月参加抗美援朝，1953年11月回国。

128. 祝寿生　1934年1月出生于吴江盛泽，现住吴江区盛泽镇坛丘社区。1953年1月参加抗美援朝，1953年11月回国。

129. 沈胜观　1933年8月出生于吴江盛泽，现住吴江区盛泽镇龙桥村。1951年7月参加抗美援朝，1954年回国。

130. 郯礼明　1934年9月出生于吴江平望，现住吴江区平望镇庙头村。1953年1月入伍，参加抗美援朝，1954年11月回国。

131. 张美生　1931年10月出生于吴江平望，现住吴江区平望镇三官桥村。1953年1月入伍，1953年4月参加抗美援朝，服役于中国人民解放军铁道兵团第3师，获嘉奖三次，1957年退伍。

132. 祁阿祥　1930年5月出生于吴江平望，现住吴江区平望镇莺湖村。1951年入伍，1952年参加抗美援朝，服役于中国人民解放军铁道兵团，1953年回国。

133. 胡耀泉　1933年5月出生于吴江平望，现住吴江区平望镇平安村。1953年1月入伍，同年3月参加抗美援朝，1954年1月回国。

134. 盛学文　1931年6月出生于吴江平望，现住吴江区平望镇南大社区。1949年入伍，1952年参加抗美援朝，服役于中国人民志愿军23军，荣立三等功一次。

135. 王爱生　1934年4月出生于吴江平望，现住吴江区平望镇南大社区。1951年入伍，参加抗美援朝，1954年退伍。

136. 胡金林　1932年10月出生于吴江盛泽，现住吴江区盛泽镇兴桥村。1951年1月入伍，服役于中国人民解放军铁道兵团第7师，参加抗美援朝，1955年6月退伍。

137. 陈志良　1932年8月出生于吴江盛泽，现住吴江区盛泽镇黄家溪村。1953年1月入伍，参加抗美援朝，服役于中国人民解放军铁道兵团，

1954 年 9 月回国。

138. 姚连奎　1934 年 1 月出生于吴江盛泽，现住吴江区盛泽镇七庄村。1953 年 3 月入伍，参加抗美援朝，1957 年 4 月退伍。

139. 钱阿奎　1932 年 12 月出生于吴江盛泽，现住吴江区盛泽镇七庄村。1951 年入伍，参加抗美援朝，1957 年 4 月退伍。

140. 朱大毛　1930 年 8 月出生于吴江同里，现住吴江区同里镇紫来华府。1953 年 2 月入伍，1953 年 7 月参加抗美援朝，1954 年 1 月回国。

141. 方孔友　1931 年 12 月出生于吴江黎里，现住吴江区黎里镇黎花村。1951 年 3 月入伍，参加抗美援朝，1957 年 8 月退伍。

142. 管大昌　1931 年 4 月出生于吴江芦墟，现住吴江区黎里镇大潮村。1953 年 1 月入伍，参加抗美援朝，1957 年 10 月退伍。

143. 蒋老三　1925 年 9 月出生于吴江芦墟，现住吴江区黎里镇群众村。1953 年 1 月入伍，参加抗美援朝，1956 年退伍。

144. 柳银福　1932 年 7 月出生于吴江黎里，现住吴江区黎里镇红旗村。1953 年入伍，服役于中国人民解放军铁道兵团第 3 师，参加抗美援朝。

145. 陆明夫　1929 年 7 月出生于吴江黎里，现住吴江区黎里镇北渔小区。1952 年入伍，1953 年参加抗美援朝，服役于中国人民解放军铁道兵团第 3 师。

146. 桑宏伟 1937 年 3 月出生于吴江黎里，现住吴江区黎里镇金家坝社区。1953 年 1 月入伍，参加抗美援朝，1957 年 10 月退伍。

147. 孙根生 1934 年 1 月出生于吴江黎里，现住吴江区黎里镇雪巷村。1953 年 1 月入伍，参加抗美援朝，1958 年 2 月退伍。

148. 孙永明 1935 年 1 月出生于吴江黎里，现住吴江区黎里镇雪巷村。1953 年 1 月入伍，参加抗美援朝，1957 年 6 月退伍。

149. 唐建中 1932 年 1 月出生于吴江黎里，现住吴江区黎里镇莘南村。1953 年 1 月入伍，参加抗美援朝，服役于中国人民解放军铁道兵团，1956 年 11 月退伍。

150. 唐士明 1937 年 9 月出生于吴江黎里，现住吴江区黎里镇莘南村。1953 年入伍，参加抗美援朝，1957 年退伍。

151. 吴亥生 1932 年 11 月出生于吴江黎里，现住吴江县黎里镇黎新社区。1953 年 1 月入伍，参加抗美援朝，1957 年 8 月退伍。

152. 吴洪生 1928 年 2 月出生于吴江黎里，现住吴江区黎里镇汤角村。1952 年 12 月入伍，参加抗美援朝，1954 年 10 月退伍。

153. 肖火生 1931 年 10 月出生于吴江黎里，现住吴江区黎里镇大潮村。1951 年 1 月入伍，参加抗美援朝，1956 年 9 月退伍。

154. 姚阿根 1934 年 12 月出生于吴江黎里，现住吴江区黎里镇梅墩村。1951 年 1 月入伍，1952 年 11 月参加抗美援朝。

155. 邹士奎　1930 年 6 月出生于吴江黎里，现住吴江区黎里镇群众村。1953 年 1 月入伍，参加抗美援朝，1956 年退伍。

156. 鲁继昆　1932 年 10 月出生于吴江黎里，现住吴江县黎里镇雄锋村。1953 年 1 月入伍，参加抗美援朝，1957 年 1 月退伍。

157. 沈永生　1933 年 11 月出生于吴江黎里，现住吴江区黎里镇高新村。1951 年 3 月入伍，同年 6 月参加抗美援朝，1958 年退伍。

158. 许仁林　1932 年 10 月出生于吴江黎里，现住吴江区黎里镇三和村。1951 年 1 月入伍，同年 6 月参加抗美援朝，1953 年 10 月回国，1958 年退伍。

159. 顾林生　1930 年 6 月出生于吴江同里，现住吴江区同里镇北联村。1951 年 1 月入伍，参加抗美援朝，1955 年 10 月退伍。

160. 徐海荣　1934 年 8 月出生于吴江松陵，现住吴江区八坼街道石铁村。1951 年 8 月入伍，参加抗美援朝，1957 年 4 月退伍。

161. 杨根泉　1933 年 2 月出生于吴江八坼，现住吴江区八坼街道西塘街。1951 年入伍，参加抗美援朝，荣立二等功两次、三等功两次。

162. 殷荣祖　1935 年 1 月出生于吴江松陵，现住吴江区八坼街道联民村。1951 年 6 月入伍，参加抗美援朝，荣立三等功一次，1957 年退伍。

163. 崔连宝　1927 年 9 月出生于吴江七都，现住吴江区七都镇群幸村。1949 年 4 月入伍，1950 年参加抗美援朝，服役于中国人民志愿军炮兵 11

团，1952 年 7 月立三等功一次，1954 年 1 月退伍。

164. 沈金江　1936 年 1 月出生于吴江七都，现住吴江区七都镇开明村。1953 年入伍，参加抗美援朝，1957 年退伍。

165. 徐明奎　1934 年 11 月出生于吴江七都，现住吴江区七都镇丰民村。1953 年 1 月入伍，参加抗美援朝，1956 年 10 月退伍。

166. 李伯意　1932 年 9 月出生于上海枫泾，现住吴江区松陵街道鲈乡新村四区。1953 年参加抗美援朝，同年 10 月回国，荣立三等功一次，1963 年转业。

167. 陆富宝　1931 年 8 月出生于吴江铜锣，现居住于吴江区松陵街道鲈乡新村一区。1951 年 4 月入伍，1952 年参加抗美援朝，荣立三等功一次，1956 年退伍。

168. 汝织文　1933 年 6 月出生于吴江松陵，现住吴江区松陵街道鲈乡三村。1951 年 9 月入伍，服役于中国人民解放军铁道兵团后勤部，1953 年参加抗美援朝，1963 年 5 月转业。

169. 陶云海　1933 年 2 月出生于吴江震泽，现住吴江区松陵街道鲈乡二村。1952 年至 1962 年服役于中国人民解放军总政第一物资部上海办事处，荣立三等功一次，1953 年参加抗美援朝，1954 年回国。

170. 王继震　1933 年 9 月出生于吴江铜锣，现住吴江区松陵街道鲈乡新村一区。1953 年 1 月入伍，同年 2 月参加抗美援朝，服役于中国人民志愿军 60 军炮兵 559 团，1957 年退伍。

171. 吴达勤　1934 年 6 月出生于吴江同里，现住吴江区松陵街道北门街 4 幢。1951 年 7 月至 1963 年 6 月服役于中国人民解放军华东军区装甲兵，1952 年 6 月参加抗美援朝，1953 年底回国。

172. 吴剑云　1932 年 6 月出生于吴江松陵，现住吴江区松陵街道红光路。1952 年至 1956 年服役于中国人民解放军铁道兵团第 2 师，任班长，参加抗美援朝，荣立三等功一次，1956 年回国。

173. 周顺祥　1932 年 3 月出生于无锡新安，现住吴江区松陵街道鲈乡四区。1950 年入伍，服役于中国人民解放军华东警备 16 旅 49 团 6 连，1952 年 11 月参加抗美援朝，在中国人民志愿军 1 军 1 师 3 团任通信员，荣立三等功四次，1953 年 10 月回国。

174. 沈阿木　1937 年 10 月出生于吴江松陵，现住吴江区松陵街道丽湾国际。1953 年服役于中国人民解放军铁道兵团第 3 师，参加抗美援朝。

175. 秦福元　1929 年 12 月出生于吴江松陵，现住吴江区松陵街道小园弄 69 幢。1951 年入伍，参加抗美援朝，1953 年回国。

176. 梅自强　1934 年 2 月出生于吴江区松陵，现住吴江区松陵街道虹兴小区。1951 年入伍，参加抗美援朝，1953 年回国。

177. 乔忠进　1927 年 1 月出生于山东平度，现住吴江区松陵街道中南世纪城。1944 年 7 月入伍，曾先后参加孟良崮战役、解放济南战役、淮海战役、渡江战役、解放上海战役。1950 年 9 月至 1953 年 10 月服役于中国人民志愿军第 9 兵团 27 军 79 师后勤处，参加抗美援朝，1952 年回国。

178. 金炳元　1931 年 12 月出生于吴江同里，现住吴江区同里镇鱼行社区。1953 年 1 月到 1978 年服役于中国人民解放军 89306 部队，任工程师。其中 1953 年 1 月参加抗美援朝，1965 年 3 月参加援越抗美，荣立三等功一次。

179. 朱阿大　1933 年 5 月出生于吴江同里，现住吴江区同里镇鱼行社区。1953 年入伍，参加抗美援朝，服役于中国人民志愿军 60 军，荣立三等功一次，1956 年退伍。

180. 许根全　1930 年 1 月出生于吴江同里，现住吴江区同里镇屯南村。1951 年入伍，1953 年参加抗美援朝，1955 年 11 月退伍。

181. 钱巧声　1933 年 11 月出生于吴江黎里，现住吴江区江陵街道益和路。1953 年入伍，参加抗美援朝，1967 年 12 月参加援越抗美。

182. 徐明初　1935 年 8 月出生于吴江八圻，现住吴江区江陵街道山湖花园。1953 年 8 月至 1957 年 8 月服役于中国人民解放军铁道兵团第 2 师，任通信员，1953 年 12 月参加抗美援朝，1954 年回国。

183. 薛金宝　1929 年 9 月出生于吴江震泽，现住吴江区震泽镇金星村。1953 年 1 月入伍，服役于中国人民志愿军 60 军 179 师，参加抗美援朝，1954 年 11 月退伍。

184. 徐天国　1929 年 11 月出生于吴江震泽，现住吴江区震泽镇金星村。1951 年 3 月入伍，同年 9 月起服役于中国人民志愿军工兵 3 团，参加抗美援朝，1952 年 5 月退伍。

185. 李兴法　1933 年 1 月出生于吴江震泽，现住吴江区震泽镇双阳新村。1953 年入伍，服役于中国人民解放军铁道兵团第 3 师，参加抗美援朝，1953 年 8 月回国。

186. 李凤兴　1930 年 8 月出生于吴江震泽，现住吴江区震泽镇永乐村。1953 年 1 月入伍，服役于中国人民解放军铁道兵团第 3 师，参加抗美援朝，1957 年 7 月退伍。

187. 徐小狗　1931 年 1 月出生于吴江震泽，现住吴江区震泽镇桃花庄村。1953 年至 1957 年服役于中国人民解放军 0472 部队，1953 年参加抗美援朝，荣立三等功一次。

188. 管玉春　1932 年 7 月出生于吴江震泽，现住吴江区震泽镇花木桥村。1953 年 2 月入伍，服役于中国人民解放军铁道兵团第 3 师，参加抗美援朝，1957 年 7 月退伍。

189. 张传根　1926 年 1 月出生于吴江震泽，现住吴江区震泽镇花木桥村。1951 年至 1955 年，服役于中国人民志愿军工兵 21 团，参加抗美援朝。

190. 石腊春　1935 年 12 月出生于吴江震泽，现住吴江区震泽镇砥定社区。1952 年 11 月入伍，1953 年 3 月参加抗美援朝，服役于中国人民志愿军 0099 部队和 0970 部队，1957 年 4 月退伍。

191. 姚文彬　1933 年 5 月出生于浙江南浔，现住吴江区震泽镇新乐村。1951 年至 1957 年服役于中国人民解放军铁道兵团第 3 师，其中 1951 年参加抗美援朝，1954 年回国，荣立三等功一次，1957 年 9 月退伍。

192. 张才福　1931 年 11 月出生于吴江震泽，现住吴江区震泽镇朱家浜村。1951 年至 1953 年服役于中国人民解放军铁道兵团第 3 师，1953 年至 1957 年服役于中国人民解放军铁道兵部队，参加抗美援朝，荣立三等功一次，1957 年 6 月退伍。

193. 沈阿菊　1935 年 2 月出生于吴江震泽，现住吴江区震泽镇贯桥村。1953 年至 1957 年服役于中国人民解放军铁道兵团和中国人民解放军铁道兵部队，其中 1953 年 3 月参加抗美援朝，1957 年 10 月退伍。

194. 方锡荣　1933 年 7 月出生于安徽歙县，现住吴江区震泽镇砥定社区。1953 年 1 月入伍，同年 7 月服役于中国人民志愿军 60 军 179 师 537 团，参加抗美援朝，1957 年 3 月退伍。

195. 徐家云　1931 年 12 月出生于吴江震泽，现住吴江区震泽镇南社区。1951 年 10 月入伍，1953 年 3 月至 6 月服役于中国人民解放军铁道兵团第 3 师，参加抗美援朝，1954 年 6 月至 1956 年 6 月铁道兵学校学员，1956 年 9 月至 1974 年 6 月任铁道兵部队干部。

196. 张峰　1933 年 12 月出生于吴江盛泽，现住吴江区盛泽镇桃苑二村。1951 年入伍，服役于中国人民志愿军 1384 部队，参加抗美援朝，1952 年回国，荣立三等功一次，1969 年退伍。

197. 沈元林　1932 年 8 月出生于吴江盛泽，现住吴江区盛泽镇目澜社区。1953 年入伍，服役于中国人民志愿军 60 军 179 师 537 团，1953 年参加抗美援朝，同年回国，1954 年退伍。

198. 徐巧观　1933 年 7 月出生于吴江盛泽，现住吴江区盛泽镇茅塔村。1953 年 1 月入伍，服役于中国人民解放军铁道兵团第 2 师，参加抗美援朝，同年回国，1957 年退伍。

199. 沈荣春 1930 年 1 月出生于吴江盛泽，现住吴江区盛泽镇七庄村。1953 年入伍，服役于中国人民志愿军 0199 部队，参加抗美援朝，同年回国，荣立三等功两次，1957 年退伍。

200. 王永云 1929 年 7 月出生于吴江盛泽，现住吴江区盛泽镇永平村。1949 年入伍，服役于中国人民志愿军 440 部队，1951 年参加抗美援朝，1958 年回国，荣立三等功一次。

201. 许少卿 1933 年 12 月出生于吴江盛泽，现住吴江区盛泽镇新生新村。1949 年入伍，1950 年参加抗美援朝，1963 年退役。

202. 孙长官 1932 年 11 月出生于吴江盛泽，现住吴江区盛泽镇北淘沙弄。1949 年入伍，服役于中国人民解放军 20 军 59 师 177 团，1951 年参加抗美援朝，1954 年回国，荣立三等功一次。

203. 王海金 1934 年 2 月出生于吴江盛泽，现住吴江区盛泽镇人福新村。1953 年入伍，服役于中国人民志愿军 0199 部队，参加抗美援朝，1957 年回国，荣立三等功一次。

204. 龚小娜 1936 年 9 月出生于吴江桃源，现住吴江区桃源镇宅里桥村。1953 年入伍，服役于中国人民解放军铁道兵团第 3 师，同年参加抗美援朝，荣立嘉奖三次，1957 年退伍。

205. 章生泉 1934 年 11 月出生于吴江桃源，现住吴江区桃源镇宅里桥村。1953年入伍，服役于中国人民解放军铁道兵团第3师，同年参加抗美援朝，荣立嘉奖一次，1957年退伍。

206. 王进才 1927年9月出生于吴江桃源，现住吴江区桃源镇天亮浜村。1951年服役于中国人民志愿军12军31师92团，参加抗美援朝，1957年退伍，荣立三等功一次。

207. 潘阿连 1933年2月出生于吴江桃源，现住吴江区桃源镇青云村。1953年入伍，服役于中国人民解放军铁道兵团第3师，参加抗美援朝，1954年回国。

208. 毕阿虎 1932年11月出生于吴江桃源，现住吴江区桃源镇严东村。1953年入伍，服役于中国人民解放军铁道兵团第3师，参加抗美援朝，1955年回国。

209. 贾再生 1931年6月出生于吴江桃源，现住吴江区桃源镇水家港村。1951年入伍，参加抗美援朝，1954年退伍。

210. 王根生 1931年9月出生于吴江桃源，现住吴江区桃源镇杏花村。1951年入伍，参加抗美援朝，1953年退伍。

211. 吴金龙 1931年7月出生于吴江桃源，现住吴江区桃源镇贤胡村。1953年入伍，参加抗美援朝，1957年退伍。

212. 钮奕铨 1928年2月出生于吴江桃源，现住吴江区桃源镇宅里桥村。1953年服役于中国人民解放军铁道兵团第3师，参加抗美援朝，1956年回国，荣立三等功一次。

213. 刘品根　1935 年 5 月出生于吴江桃源，现住吴江区桃源镇桃花源村。1951 年入伍，参加抗美援朝，1958 年退伍。

214. 顾德明　1935 年 9 月出生于吴江桃源，现住吴江区桃源镇广福村。1953 年入伍，参加抗美援朝，1957 年退伍。

215. 贾文龙　1929 年 4 月出生于吴江桃源，现住吴江区桃源镇铜罗仙南村。1953 年入伍，参加抗美援朝，1957 年退伍。

216. 邱阿根　1931 年 11 月出生于吴江桃源，现住吴江区桃源镇铜罗贤胡村。1953 年入伍，参加抗美援朝，1957 年退伍。

217. 沈云生　1930 年 10 月出生于吴江桃源，现住吴江区桃源镇水家港村。1953 年服役于中国人民解放军铁道兵团第 3 师，参加抗美援朝，1957 年退伍。

218. 宗根生　1931 年 11 月出生于吴江平望，现住吴江区平望镇梅堰社区。1953 年服役于中国人民解放军铁道兵团第 3 师，参加抗美援朝，1957 年 8 月回国。

219. 葛德夫　1937 年 6 月出生于吴江平望，现住吴江区平望镇学才社区。1953 年入伍，服役于中国人民解放军铁道兵团第 3 师，参加抗美援朝，1957 年 6 月回国。

220. 沈杏泉　1933 年 6 月出生于吴江平望，现住吴江区平望镇北河西街。1951 年 2 月入伍，服役于中国人民解放军工兵 21 团，同年 8 月参加抗美援朝，1954 年 5 月回国，1976 年转业。

221. 褚金钊　1934 年 4 月出生于吴江平望，现住吴江区平望镇西塘社区。1953 年入伍，服役于中国人民解放军铁道兵团第 3 师，参加抗美援朝，1957 年 6 月回国。

222. 史应生　1932 年 4 月出生于吴江平望，现住吴江区平望镇城壕里社区。1951 年入伍，服役于中国人民解放军铁道兵团第 3 师，分别于 1951 年和 1953 年参加抗美援朝，1955 年回国。

223. 俞天祥　1929 年 1 月出生于吴江平望，现住吴江区平望镇城壕里社区。1949 年入伍，1951 年参加抗美援朝，1953 年 10 月回国，荣立三等功两次。

224. 袁静　1931 年 2 月出生于吴江平望，现住吴江区平望镇西塘社区。1951 年 2 月入伍，同年 4 月参加抗美援朝，1956 年回国，荣立三等功一次，1979 年退役。

225. 潘月星　1930 年 11 月出生于吴江平望，现住吴江区平望镇城壕里社区。1948 年入伍，服役于中国人民解放军 41 军后勤部，1950 年参加抗美援朝，1957 年回国，1964 年转业。

226. 吴阿会　1934 年 5 月出生于吴江金家坝，现住吴江区黎里镇老场弄。1952 年 11 月入伍，服役于中国人民解放军中南军区炮兵训练大队，1953 年参加抗美援朝，1954 年回国。

227. 陈淑善　1940 年 9 月出生于江苏徐州，现住吴江区黎里镇芦墟浦南路。1957 年至 1978 年服役于中国人民志愿军 21 军 63 师，任团政委，1957 年参加抗美援朝，1958 年回国，荣立三等功三次；1979 年至 1985 年服役于中国人民解放军兰州军区政治部，任直属军事检察院检察长，荣立二等功两次、三等功五次。

228. 潘阿八　1933 年 12 月出生于吴江芦墟，现住吴江区黎里镇牛舌头湾。1952 年 12 月入伍，服役于中国人民解放军铁道兵团第 3 师，1953 年 1 月参加抗美援朝，1957 年退伍。

229. 顾兴庆　1931 年 1 月出生于吴江莘塔，现住吴江区黎里镇东联村莘东新村。1953 年 1 月入伍，服役于中国人民解放军铁道兵团第 3 师，同年 3 月参加抗美援朝，1953 年 10 月回国，荣立三等功一次。

230. 管玉云　1934 年 7 月出生于吴江莘塔，现住吴江区黎里镇莘塔社区鸿禧花园。1953 年 1 月入伍，服役于中国人民解放军铁道兵团第 3 师，同年 3 月参加抗美援朝，荣立集体三等功一次，1964 年退伍。

231. 黄张华　1928 年 10 月出生于吴江芦墟，现住吴江区黎里镇镇东社区。1950 年至 1954 年服役于中国人民解放军炮兵 7 师，1951 年参加抗美援朝，1953 年回国，1954 年退伍。

232. 李新民　1932 年 8 月出生于吴江芦墟，现住吴江区黎里镇东芦小区。1953 年入伍，服役于中国人民解放军铁道兵团第 3 师，同年 2 月参加抗美援朝，10 月回国，1957 年退伍。

233. 缪志荣　1932 年 8 月出生于吴江黎里，现住吴江区黎里镇新市街。1953 年 3 月入伍，服役于中国人民解放军 3002 部队，同年 5 月参加抗美援朝，1954 年回国，荣立三等功两次，1968 年 5 月退役。

234. 潘伟斌　1930 年 7 月出生于吴江黎里，现住吴江区黎里镇塘坊弄。1951 年入伍，服役于中国人民解放军工兵 3 团，参加抗美援朝，1954 年回国。

235. 王德余　1934 年 10 月出生于吴江黎里，现住吴江区黎里镇庳源街。1953 年 1 月入伍，服役于中国人民解放军铁道兵团第 3 师，同年 4 月参加抗美援朝，1954 年 5 月回国，1957 年 7 月退伍。

236. 王树荣　1934 年 4 月出生于吴江黎里，现住吴江区黎里镇汾湖人家。1952 年 1 月入伍，服役于中国人民解放军 8505 部队，1953 年 3 月参加抗美援朝，1957 年 4 月退伍。

237. 谢全根　1934 年 7 月出生于吴江黎里，现住吴江区黎里镇梅墩新村。1953 年 3 月入伍，服役于中国人民解放军铁道兵团第 3 师，参加抗美援朝，同年 9 月回国，1957 年 6 月退伍。

238. 杨富荣　1931 年 9 月出生于吴江黎里，现住吴江区黎里镇新友花苑。1953 年 1 月入伍，服役于中国人民解放军铁道兵团第 2 师，同年参加抗美援朝，1957 年回国，荣立三等功一次。

239. 徐泉观　1931 年 4 月出生于吴江平望，现住吴江区平望镇平安村。1953 年 2 月入伍，参加抗美援朝，服役于中国人民解放军铁道兵团第 3 师，1957 年 1 月退伍。

240. 吕振国　1934 年 10 月出生于吴江横扇，现住吴江区横扇街道莸坪莸缝街。1953 年入伍，服役于中国人民解放军铁道兵团第 3 师，同年参加抗美援朝，1954 年回国，1958 年退伍。

241.徐万安　1932年5月出生于吴江八坼，现住吴江区江陵街道山湖社区。1953年至1957年服役于中国人民志愿军46军136师，其中1953年参加抗美援朝，1956年回国。

242.倪真林　1931年2月出生于吴江震泽，现住吴江区震泽镇花木桥村。1951年入伍，服役于中国人民解放军铁道兵团第2师，同年参加抗美援朝，荣立三等功一次，1957年退伍。

注：此信息资料搜集整理截止于2020年10月。排名不分先后。

抗美援朝吴江籍烈士名录

整理：朱晓红　庞凌怡

序号	姓名	性别	出生年月	籍贯	参加革命年月	政治面貌	牺牲时所在部队及职务	牺牲时间	牺牲地或战役
1	杨文康	男	1931年7月	松陵镇白龙桥村杨家浜	1949年5月		志愿军空军观察员	1950年11月	朝鲜
2	胡登贵	男	1930年10月	松陵镇卢荡村西大陆港	1949年5月		志愿军20军59师176团8连战士	1951年	朝鲜
3	王金生	男	1914年9月	同里镇新填街书场手	1948年10月		志愿军31军92师275团担架员	1950年	朝鲜
4	张木根	男	1933年3月	同里镇溇浜村姚家埭	1951年2月		志愿军炮兵41团2营5连战士	1951年7月14日	朝鲜
5	张洪富	男	1926年3月	同里镇屯浜村金狮浜	1951年3月		志愿军炮兵41团战士	1951年12月23日	朝鲜
6	翁元泉　曾用名：翁永泉	男	1928年9月	同里镇后浜村马家浜	1951年3月		志愿军炮兵41团战士	1951年12月23日	朝鲜

续表

序号	姓名	性别	出生年月	籍贯	参加革命年月	政治面貌	牺牲时所在部队及职务	牺牲时间	牺牲地或战役
7	殷德泉	男	1935年7月	同里镇湖南村曹家浜	1953年1月		志愿军60军179师537团2营6连战士	1953年7月16日	金城战役
8	吴海生	男	1920年2月	同里镇北圩村后浜	1948年11月		志愿军24军209团2营4连班长	1953年6月23日	朝鲜
9	吴凤昌	男	1934年5月	同里镇照浜村葫芦兜	1951年3月		志愿军炮兵41团2营4连战士	1952年9月12日	朝鲜
10	周杰曾用名：胡周杰	男	1923年	菀坪乡菀南村万平	1949年5月		志愿军27军特务团1营战士	1951年5月	第五次战役
11	蒋德生	男	1924年4月	菀坪乡南湖村	1949年5月		志愿军27军81师242团战士	1951年5月24日	朝鲜
12	朱阿来曾用名：朱阿米	男	1925年6月	屯村乡斜港村徐家娄	1951年3月		志愿军炮兵41团监督排战士	1951年7月	朝鲜
13	凌纪生	男	1935年2月	屯村乡三友村沈家港	1951年3月		志愿军炮兵41团3营9连卫生员	1953年7月14日	朝鲜
14	杨孝先	男	1924年5月	莘塔乡南浜村南庄	1949年3月		志愿军26军77师231团2营战士	1950年10月	朝鲜

续表

序号	姓名	性别	出生年月	籍贯	参加革命年月	政治面貌	牺牲时所在部队及职务	牺牲时间	牺牲地或战役
15	潘才发	男	1916年11月	莘塔乡港字村角字	1949年春		志愿军20军58师173团副班长	1950年11月24日	下碣隅里
16	杨回兴	男	1930年1月	莘塔乡友好村菩湾	1951年3月		志愿军炮兵41团3营9连战士	1952年9月18日	朝鲜
17	吴佩庆	男	1930年9月	莘塔乡汤西村吴家村	1953年2月		志愿军铁道兵团3师9团战士	1953年3月19日	朝鲜
18	刘明顺	男	1920年2月	芦墟镇东北街许家弄2号	1948年11月		志愿军38军战士	1950年12月16日	朝鲜
19	费小留	男	1927年6月	芦墟镇东北街14级45号	1949年5月		志愿军20军炮兵16团2营4连通信员	1951年5月10日	第五次战役
20	顾海和	男	1925年6月	芦墟镇秋甸村秋水湮	1951年3月		志愿军炮兵41团3营电话员	1951年10月13日	朝鲜
21	倪留桂	男	1924年4月	芦墟镇新友村孙家湾	1951年3月		志愿军炮兵41团战士	1951年11月4日	朝鲜
22	石称生 曾用名：刘来兴 石春生	男	1924年5月	芦墟镇西北街詹家弄8号	1942年	党员	志愿军40军120师359团3营8连战士	1952年5月8日	黄州郡

续表

序号	姓名	性别	出生年月	籍贯	参加革命年月	政治面貌	牺牲时所在部队及职务	牺牲时间	牺牲地或战役
23	杨祥元	男	1930年5月	芦墟镇西湾村田鸡浜	1951年2月		志愿军炮兵41团战士	1952年8月30日	江原道金化郡远东占上板里
24	张根生 曾用名：张根声	男	1929年5月	芦墟镇爱好村白荡湾	1951年3月		志愿军炮兵41团3营9连战士	1952年9月18日	朝鲜
25	蔡其生	男	1922年8月	芦墟镇新南村南赵田	1950年		志愿军某部战士	1952年	朝鲜
26	凌朴生	男	1927年12月	芦墟镇东玲村	1951年6月		志愿军工兵3团2营4连战士	1953年4月14日	朝鲜
27	吴马金	男	1930年4月	芦墟镇甘溪村	1951年3月		志愿军炮兵41团3营9连战士	1953年6月16日	朝鲜
28	陈卯根	男	1931年4月	芦墟镇芦东村邢上	1951年3月		志愿军炮兵41团战士	1953年7月14日	金城战役
29	陆振帮	男	1927年8月	北厍镇南参村	1949年1月	1950年12月29日入党	志愿军47军140师419团文书	1951年10月15日	朝鲜北部

续表

序号	姓名	性别	出生年月	籍贯	参加革命年月	政治面貌	牺牲时所在部队及职务	牺牲时间	牺牲地或战役
30	严留全 曾用名：严留金	男	1935年10月	北仑镇朱家弯村半爿港	1951年3月		志愿军炮兵41团通信员	1952年1月17日	朝鲜
31	沈根寿	男	1923年12月	北仑镇东泼村	1951年3月		志愿军68军202师605团班长	1952年8月15日	朝鲜
32	章全根	男	1930年	北仑镇元鹤村蛇珠港	1951年3月		志愿军炮兵41团3营9连战士	1952年9月18日	朝鲜
33	凌文钧 曾用名：凌阿夫	男	1921年3月	北仑镇东泼村	1951年3月		志愿军炮兵41团3营9连战士	1952月9月18日	朝鲜
34	凌世福	男	1931年4月	北仑镇东泼村	1951年3月		志愿军炮兵41团3营9连战士	1952年9月18日	朝鲜
35	凌顺卿 曾用名：凌顺官	男	1933年11月	北仑镇西市	1951年6月	1952年3月入团	志愿军后方勤务司令部528部队第1器材部战士	1953年1月25日	阳德内洞
36	夏兴瑞 曾用名：陈瑞生	男	1931年8月	北仑镇西泼村鸭头湾	1951年6月		志愿军工兵3团7连战士	1953年7月	朝鲜

续表

序号	姓名	性别	出生年月	籍贯	参加革命年月	政治面貌	牺牲时所在部队及职务	牺牲时间	牺牲地或战役
37	姚家其	男	1928年2月	金家坝乡杨家村	1951年3月	1951年入党	志愿军炮兵41团警备连战士	1952年1月	朝鲜
38	王二观	男	1929年12月	金家坝乡杨家村九曲港村	1951年3月		志愿军炮兵41团战士	1952年2月	朝鲜
39	梅荣生	男	1928年10月	金家坝乡梅田村梅牌	1951年3月		志愿军炮兵41团3营9连战士	1952年春	朝鲜
40	杨宝金	男	1932年2月	金家坝乡油车港村	1951年3月		志愿军炮兵41团3营7连战士	1952年9月28日	朝鲜
41	吴菊明	男	1928年3月	金家坝乡杨坟头村杨坟头	1951年3月		志愿军炮兵41团战士	1953年7月14日	金城战役
42	顾阿二	男	1924年10月	金家坝乡梅田村梅湾	1951年3月		志愿军炮兵41团战士	1953年7月14日	金城战役
43	周云生	男	1930年11月	金家坝乡双石村转子浜	1951年3月		志愿军炮兵41团战士	1953年7月24日	金城战役
44	沈胜林	男	1933年4月	金家坝乡油车港村钗金田	1949年4月		志愿军26军77师231团3营9连班长	1951年11月26日	平金淮阻击战
45	张国兴	男	1920年	黎里镇大联村杨康	1949年5月		志愿军27军81师242团1营2连战士	1951年5月24日	第五次战役

续表

序号	姓名	性别	出生年月	籍贯	参加革命年月	政治面貌	牺牲时所在部队及职务	牺牲时间	牺牲地或战役
46	周阿兴	男	1929年10月	黎里镇华字村卯字湾	1949年7月		志愿军25军74师220团2连通信员	1953年7月14日	金城战役
47	于阿狗	男	1924年10月	平望镇复兴村低字圩	1949年5月		志愿军27军79师235团6连战士	1951年9月1日	朝鲜
48	沈桂江	男	1924年10月	平望镇端市村东古	1948年		志愿军26军76师228团2营战士	1952年2月	朝鲜
49	吴芝祥 曾用名：吴只祥	男	1926年	梅堰镇龙北村袁家埭	1947年4月		志愿军26军政治部战士	1951年9月	鸡雄山
50	吴阿凤	男	1925年	梅堰镇庙头村对浜	1951年4月		志愿军炮兵20团战士	1952年2月	朝鲜
51	陈来有	男	1926年	盛泽镇茅塔村	1948年1月		志愿军38军112师335团机2连战士	1950年11月9日	第二次战役飞虎山阻击战
52	史雷同 曾用名：史雷国	男	1932年	盛泽镇斜桥街12号	1949年10月		志愿军20军58师174团警卫连通信员	1951年4月26日	第五次战役
53	陈志方	男	1932年6月	盛泽镇双林村南昆	1953年1月		志愿军60军179师537团战士	1953年6月	

续表

序号	姓名	性别	出生年月	籍贯	参加革命年月	政治面貌	牺牲时所在部队及职务	牺牲时间	牺牲地或战役
54	金水木	男	1925	坛丘乡坛丘村	1949年5月	1950年10月入党	志愿军26军77师231团1营副班长	1952年3月23日	五圣山
55	姚桂荣	男	1930年10月	坛丘乡坝里村官查坝	1953年1月	1952年3月入团	志愿军60军179师537团3营9连战士	1953年7月22日	金城战役
56	计生林	男	1933年6月	坛丘乡溪南村溪南浜	1952年3月	团员	志愿军60军179师537团战士	1953年7月22日	金城战役
57	王汉江	男	1916年5月	南麻乡桥南村市头浜	1949年5月		志愿军炮兵11团炊事员	1952年12月6日	朝鲜
58	许德荣	男	1930年	八都乡龙降桥村花园桥	1948年10月	1951年入党	志愿军39军115师343团副班长	1952年7月18日	朝鲜
59	黄俊	男	1932年8月	七都乡双石港村漾南	1949年5月	团员	志愿军炮兵14团1营3连战士	1951年8月24日	朝鲜
60	薄永生	男	1927年8月	七都乡李家港村	1949年5月	党员	志愿军26军78师233团3营9连战士	1951年9月	斗流峰
61	施连宝	男	1932年3月	七都乡吴溇村施家浜	1953年1月		志愿军60军179师537团8连战士	1953年7月22日	金城战役
62	顾兴法	男	1933年9月	庙港乡太平桥村亳里	1953年2月		志愿军60军181师542团3营8连战士	1953年7月	朝鲜

续表

序号	姓名	性别	出生年月	籍贯	参加革命年月	政治面貌	牺牲时所在部队及职务	牺牲时间	牺牲地或战役
63	邱有洪	男	不详	庙港乡唐湾村	1949年5月		志愿军炮兵11团后勤处监护连战士	1952年4月6日	法洞里
64	潘伯明	男	1929年12月	震泽镇勤俭村庙富浜	1945年5月		志愿军战士	1951年11月	朝鲜
65	沈金保	男	不详	震泽镇南横街	1949年4月		志愿军12军35师105团1营3连战士	1952年2月6日	朝鲜
66	严明昌	男	1925年10月	铜罗镇旺家村罗南	1951年3月		志愿军后方勤务司令部2分部内洞工兵器材部战士	1952年10月19日	阳德内洞
67	袁文道	男	1932年10月	青云乡雷墩荡村石衔上	1950年1月		志愿军50军149师445团1营3连战士	1950年9月	朝鲜
68	顾全生	男	1927年	青云乡文头村坟头浜	1951年3月		志愿军68军202师606团机枪连战士	1952年	朝鲜
69	纪荣福 曾用名：计耀章	男	1914年1月	桃源乡九里桥村计家里	1949年春		志愿军第9兵团副班长	1951年4月26日	第五次战役
70	周阿同	男	1933年	桃源乡（原严墓区）八善村	1951年6月		志愿军工兵3团驾驶员	1952年6月2日	朝鲜

续表

序号	姓名	性别	出生年月	籍贯	参加革命年月	政治面貌	牺牲时所在部队及职务	牺牲时间	牺牲地或战役
71	戴金龙	男	1929年12月	桃源乡永新桥村严士浜	1953年2月		志愿军铁道兵团7团3营8连战士	1953年7月3日	朝鲜
72	颜阿二	男	1927年5月	桃源乡永康村鸭来浜	1947年5月		志愿军23军73师218团3连班长	1953年7月8日	江原道铁原郡
73	张洪喜	男	1927年11月	八坼乡友联村吴家馆	1948年7月		26军76师227团1营3连战士	1949年	朝鲜

（2023年1月31日）

第二辑

喋血萦梦

我们中国人民是打惯了仗的，我们的愿望是不要打仗，但你一定要打，就只好让你打。你打你的，我打我的，你打原子弹，我打手榴弹，抓住你的弱点，跟着你打，最后打败你。

——1950 年 9 月 5 日　毛泽东

吴儿向死击胡沙！

朱 荧

偶然的机会，苏州市吴江区老干部局中心活动室副主任孙达发了我一些抗美援朝老兵的资料，王继震的名字一下跳入了我的眼帘——"第60军第179师第537团重炮连"这行字像一道光，照向了我的心头。

吴江籍抗美援朝的烈士有73位，其中明确记录是炮兵的烈士有28位，因年代久远，信息不畅，资料不全，有些吴江烈士只是简单记录成"志愿军战士"，兵种与部队的番号都无从查考。吴江在抗美援朝战场上牺牲的烈士中近40%是炮兵，所以在收集吴江籍抗美援朝老兵资料时，我特别关注炮兵这个群体，特别是健在的炮兵老战士，很希望能深入地了解他们。

1950年11月，在川西和川北剿匪的第60军，接到北上准备入朝作战的命令。1951年3月18日，第60军作为第二番部队，从辽宁安东跨过鸭绿江，徒步入朝参战。第60军下辖第179、

王继震参加中国人民志愿军时留影

180、181师，先后参加了1951年的第五次战役、1953年春季反登陆作战准备、1953年夏季反击战役（含金城战役）。在两年多的作战中，第60军共毙伤俘敌54000余人，其歼敌数量在志愿军各军中仅次于"万岁军"第38军。第60军在朝鲜战场上的战绩相当不俗，但长时间内却被第180师在第五次战役中"险些全军覆没"的失利掩盖，虽然在1953年7月的金城战役中第180师一雪前耻打了翻身仗。

第60军第179师第537团却是1951年第五次战役中一颗"最亮的星"，在前出追击敌人的路上，孤军杀入敌阵的第537团，没能及时收到上级停止追击马上回撤的命令，全团指战员在发现两翼友军突然后撤后，研究决定在没有接到回撤命令之前继续执行上级原先部署的追击任务，"任务重于生命"，第537团孤军血战九陵山。九陵山地处汉城北，是汉城最后的屏障，敌军必拼命死保，可以想象第537团入朝后与美军的第一仗打得有多么的惨烈。伤亡惨重的第537团成为第五次战役中坚持完成任务的"逆行者"，战后得到第3兵团传令嘉奖。在讲究血统的中国共产党军队中，钢铁般的第537团总让人充满了敬意与期盼。当王继震成为第537团一兵时，时间已到了1953年。

"我非常希望能马上采访第537团的王继震老兵。"我给孙达主任发出请求，军人转业的孙主任立马帮忙联系落实，我感觉时不我待，也不管什么疫情，不管会不会被老兵家属拒绝，因为听说90高龄的王继震老人耳朵不大好了，记忆也不清楚了，有时甚至还认不得自家人，而且还身患绝症，但我还是决定马上采访他。

一切似乎都是缘分，采访的请求很快就得到了同意。就在位于吴江市区鲈乡路与流虹路交接处的老旧小区鲈乡一区，我见到了王继震老战士。走在狭小的小区弄堂里，我想，现在有几个人知道这车流滚滚的马路边，还住着一位打过金城战役的中国人民志愿军的老战士呢？

王继震老人比我想象得要年轻，要健康，满脸都是和善的笑容。因为老人听力不行（这是炮兵老战士的通病），我提前将要采访的问题打印在纸上，而且字打得大大的，但是没想到老人对我提出的许多问题，不是回答"不清楚了"，就是回答"记不得了"，额头上快急出汗来的我还是大声地安慰："王爷爷，记不得了没关系，记不得是很正常的。"幸亏老人一直与大女儿王昕波生活在一起，王昕波听了不少父亲当兵打仗的故事，我的采访得以峰回路转。

"男儿何不带吴钩？"

一个小脚女人追到震泽街头，想送别不辞而别的儿子……

1953 年 2 月 1 日，离春节还有 13 天。寒冬腊月里的江南古镇震泽，还显得有些冷冷清清，只是大街上的人们依然热闹地议论着什么。忽然，一个小脚女人一身尘土、满脸是汗地出现在街头，逢人就急急地问："阿晓得志愿军的新兵在哪里啊？"好心人告诉她，欢送大会开过了，新兵队伍已经出发了，都戴着大红花去县城吴江了。小脚女人腿一软，直接瘫倒在大街上，半晌都说不出话来。待她终于放声大哭后，围观的人们才明白，她来自邻镇铜罗，她的儿子叫王继震，刚刚随新兵队伍出发，去朝鲜打仗了。她只有这一个儿子，按照政策独子可以不去当兵，可她儿子偏偏要去，看看镇上报名的人不多，他自己带头报名了。而且这是她儿子第二次入伍当抗美援朝志愿军。两年前，她儿子就带头报名参加志愿军，王妈妈死活不同意，但儿子还是去了。只是不知什么原因，儿子在苏州的新兵团训练 3 个多月后，又回来了，做母亲的也放心了，张罗着为儿子寻找对象，早日结婚生子，没想到事隔一年多的现在突然又去抗美援朝了，真去打仗了，唯一的儿子还能活着回来吗？母子今生今世还能见面吗？儿子只有 20 岁啊！特别令王妈妈生气的是，这次儿子去部队竟然没有告诉她，瞒着自己就走掉了，当妈妈的连送一送的机会都没有。小脚王妈妈觉得自己的命实在太苦了，日本鬼子进村的时候，丈夫因为腿疾不能走路，没法离家逃难，结果被日本鬼子抓到，

1953年2月3日，中国新民主主义青年团同里镇支部欢送参军同志合影（二排右三为王继震）

非说她丈夫的腿疾是枪伤，说他是当兵的，一枪托打在丈夫头上，丈夫当场毙命，这年儿子只有9岁。孤儿寡母相互依撑终于迎来了新中国成立，迎来了好日子，而且儿子还有个令人羡慕的好工作，可现在儿子却不辞而别地去朝鲜打仗了。母子俩可能连最后一面都见不着了，苦命女人不知道以后的日子怎么过了，她只能呼天抢地地坐在大街上哭，哭夫哭己哭儿子。估计小脚王妈妈那天在震泽古镇上哭得家喻户晓了，这古镇本来就不大嘛。

1951年6月，吴江第二次大规模抗美援朝保家卫国的征兵运动开始了，在震泽镇动员有志青年报名参军的工作中，当时在中国百货公司震泽营业所工作的王继震是个积极分子，他努力地动员身边的青年报名参军，但一开始报名人数不太多，王继震觉得动员不如行动，还是自己带头报名参军更有引领作用，虽然自己是独子可以不参军。王继震8到13岁上学，在当时算是个有文化的人；14岁，他从铜罗来到震泽，在震泽永久百货店跟师傅学做生意，学的是百货、西药；王继震18岁时进入了刚刚设立的中国百货公司震泽营业所。有文化的王继震人很机灵，也是个爱动脑筋做事积极的人。

1951年8月，入伍体检合格后，18岁的王继震第一次参军了，编入华东军区新训34团去苏州基地集训；9月，他加入了中国新民主主义青年团。正当王继震在新兵连苦学本领、满腔热情随时准备去朝鲜时，11月的一天，他们突然接到全部回乡生产待命的通知，于是王继震重新回到中国百货公司震泽营业所，公司还给了他干部编制。

1953年2月1日，王继震第二次入伍了。

于是，就出现了小脚王妈妈从铜罗奔跑12里小路冲到震泽的情景。镇上有人说这个王继震不孝，妈妈受了那么多苦，他还要再三去当兵；有人说自古忠孝不能两全啊，这个小伙子保家卫国，好样的。

其实，王继震并没有忘记自己的母亲，他不辞而别就是担心母亲会伤心，会阻止他参军。直到他准备跨过鸭绿江入朝参战了，他才写信给家里，请已经出嫁的姐姐照顾好母亲，因为他真不知道自己还能不能活着回来。母亲哭瘫在震泽大街上的事当时他根本不知道，他只知道，日本鬼子一枪托打死了他父亲；他只知道，美帝国主义是来侵略的，他们和日本鬼子一样凶残，面对国仇家恨，"男儿何不带吴钩？"每一个中国男儿都应当加入保家卫国的战斗行列。

这年王继震成了华东地区16万名志愿军新兵中的一员。

"誓灭胡奴出玉关"

"我是炮兵侦察计算兵，我要做炮弹的眼睛。"

1952年12月，中共中央、毛泽东主席对朝鲜今后战局发展有了清晰的判断。经过两年又两个月的战争，面对以美国为首的"联合国军"，中国人民志愿军能不能打、能不能守的问题已经解决，那么能不能胜呢？答案是肯定的，但取胜的道路是曲折的，取胜的战斗也会很激烈，甚至是惨烈的。为保证在朝鲜把仗打好，尽一切力量赢得战争，中共中央把抗美援朝战争作为1953年国家三大任务的第一大任务。1952年12月11日，毛泽东主席批示同意为防范美军于朝鲜实施侧后登陆而制订的各项战备工作计划和部署，其中一项计划是"1953年动员50万名新兵"。1952年冬至1953年春的征兵运动是抗美援朝期间规模最大的一次。这次征兵，吴江共选送新兵966人，超额完成了任务。

王继震和新兵战友们从吴江各地汇集到县城，集中后再出发去苏州的训练基地。在吴江集中期间他与几位战友还参加了中国新民主主义青年团同里镇支部欢送参军同志的活动，在后来成为世界遗产的退思园的退思草堂前留下珍贵的合影，这合影他珍藏了近70年，那天的日子是1953年2月3日。随后王继震与战友们胸佩大红花，从吴江乘航船到苏州集训，过完2月14日的春节后，新兵战士们背着沉重的背包，步行到苏州火车站，坐上闷罐军列开赴东北。从震泽到吴江到苏州到辽宁，一路上王继震被不断高涨的激情燃烧着，闷罐军列经过了200多个站点，他们来到了大雪覆盖的辽宁安东。这时候新兵战士们"雄赳赳，气昂昂"的热情真的可以把大东北厚厚的冰雪都融化了。

王继震是2月初离开吴江的，在他的个人资料里有一条"1953年2月入朝"的记录，看着资料我当时直接怀疑是不是记录有误，此处还得存疑。但在查阅当年常州籍新兵的资料后发现，他们也是过完春节后坐火车北上的，2月28日就跨过鸭绿江入朝了。

从离开家乡直至来到前线，王继震一路觉得非常的紧张匆忙，他们乘住的军列在安东火车站停靠，新兵战士们下车学唱《中国人民志愿军战歌》，宣誓加入中国人民志愿军，读好中国人民志愿军宣誓词后，他们就坐上军列过了鸭绿江。他们没时间进行全面系统的军事训练，"实战就是最好的课堂"，新兵战士很快就补充到一线的部队中去了。如此紧张地动用新兵，足见当时前线参战部队的战斗减员是比较严重的。

进入 1953 年 3 月以后，志愿军正面第一线交接防务基本完成，为配合板门店的朝鲜停战谈判，正面战线的作战开始活跃起来。当时第 60 军刚刚从第 68 军手中接防，正在朝鲜东线的东起文登里、西至北汉江一线执行防御任务。在军长张祖谅的指挥下，打了不少小型反击战，而且越打越漂亮。

王昕波说父亲以前脑子比较清楚的时候说起过，他刚到前线，也就在前线的战壕里，一位"老兵"扔了一把枪给他说："打！打死一个够本，打死两个赚一个！"这把枪王继震还没学过怎么使唤，"老兵"简单指导后，王继震就拿着枪对敌人开火了。战斗中 20 岁的王继震勇敢机智，一教就会还不怕死。看着这个机灵又有文化的新兵蛋子，"老兵"说你当炮兵去，就这样王继震进了第 537 团重炮连，也就是 82 毫米迫击炮连。"老兵"成了他的老班长，原来老班长是来新兵中挑炮兵的。老班长很喜欢这个江南小

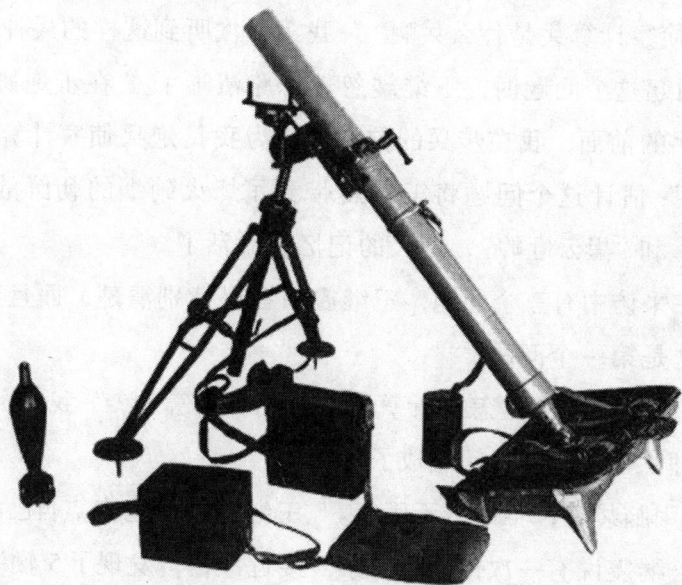

20 式 82 毫米迫击炮

伙子，想方设法把浑身的本事教给他。手把手，开小灶，聪明的王继震似乎天生是块炮兵料子，在迫击炮边拇指一竖，眼睛一眯，就能将弹道算出个八九不离十，于是老班长又带着他做了侦察计算兵。

"老班长姓名叫啥呀？"我问。

"记不得了，现在脑子不行了。"王继震无奈地说，同时歉意地笑了笑。

"那老班长是哪里人啊？"

"也不记得了。"

岁月就是这样不饶人，许多的过往与历史被时间的石磨碾成了粉末，随风飘逝，不留痕迹。而我越发觉得记录身边抗美援朝老战士历史的紧迫感，在我采访的老战士中，几乎大部分都是这样的"记不得了"，而且一边采访，老战士们一边凋零离世，特别是受近三年新冠疫情的影响。但历史是不应该被忘记的，为祖国为人民赴汤蹈火，甚至献出生命的老战士更不能被忘记，没有过去就没有今天，于是抢救性采访就显得非常重要。虽然这些老兵当年只是普通一兵，但那段波澜壮阔的战史离不开浴血奋战的普通一兵，他们是那段历史夜空里一颗颗不可或缺的闪亮星星。

"侦察计算兵是什么兵啊？"我第一次听到这样的兵种。

问起这个问题时，王继震忽然思路清晰了。"在步炮协同作战中，步兵在炮兵的前面，我在步兵的前面，因为我是炮兵侦察计算兵，我是炮弹的眼睛。"估计这个问题将王继震带到了烽火硝烟的朝鲜战场，带到了"轿岩山"和"黑云吐岭"，老人的记忆被激活了。

在采访中有三个问题，王继震回答得特别清楚，而且声音洪亮。

这是第一个问题。

"侦察计算兵是怎样计算的呢？用什么算啊？"我十分好奇，可能自己是学理工出身，刨根问底成了习惯。

"用脑袋算，不用纸不用笔。"王继震用手指点点自己的脑袋骄傲地说。

王继震说有一次他前出侦察，接近敌营，发现了 5 辆装甲车，4 辆是韩军的，1 辆是美军的。记清方位后，王继震迅速跑回连部汇报，重炮连马上启动作战，找准方位轰炸发现的目标，把 5 辆装甲车全部炸毁了。战斗结束后，前出侦察回来的王继震看到连里的战友们全部累瘫在地上了。王继震说当时的 82 毫米迫击炮重 60 多公斤，炮弹重近 4 公斤，作战时战士们 6 人 1 组 1 炮，连续不断地用双手将炮弹从炮筒口塞进去，一仗下来那怎么吃得消啊？说到这里，王继震忽然停顿了一下，在两三秒钟的停顿中，我明显感到老人对炮兵战友们的不舍与关爱。穿越 70 年的时空，那天的战斗场面依然令老人心潮起伏，无法忘怀。那天的炮战估计不是一场小仗，能将战士们累得全瘫在地上的战斗，估计打出的炮弹数也不会是个小数字。据资料记载，20 式 82 毫米迫击炮最大射速可达每分钟 20 发炮弹，可以想象炮兵战士们那天的体力消耗了。因为老人记不清战斗的具体日子或攻打的阵地名称，我无从考证具体是哪场战斗。王继震说他们重炮连参加了许多次战斗，他们打仗很结棍的，不过现在大多不记得了。

我翻阅了相关书籍，想从中了解一下第 60 军特别是第 179 师在 1953 年夏季反击战役中的作战情况，期待能找出王继震所在重炮连的一些战斗轨迹。

1953 年夏季反击战役分三个阶段，第一阶段是 5 月 13 日至 5 月 25 日，第二阶段是 5 月 27 日至 6 月 16 日，第三阶段就是金城战役，7 月 13 日至 7 月 27 日。

据《抗美援朝战争史》记载："（5 月）16 日晚，第 60 军以第 179 师 1 个连，在 82 毫米迫击炮以上火炮 44 门的支援下，攻击南朝鲜第 20 师 1 个加强连防守的 1089.6 东南山脊。经 1 个小时战斗，攻占阵地，全歼守敌，共歼敌 180 余人，后击退南朝鲜第 20 师的多次反扑，巩固地占领了这一阵地。"这是第一阶段的战斗。这个阶段志愿军炮兵在战斗中的支援力度不断加强，一般使用步兵 1 个连，支援炮兵达 10 至 15 个连，可见炮兵打的仗确实是很多的。

"6 月 10 日晚，第 60 军集中 82 毫米迫击炮以上火炮 259 门向敌人阵地实施了 20 分钟的火力急袭，将敌人 70% 的工事摧毁。接着在敌阵地前潜伏的部队如离弦之箭，步兵分 13 个箭头同时向预定目标发起进攻，很快突破了敌人的前沿阵地……经过 1 小时零 10 分钟的激战……占领南朝鲜第 5 师第 27 团主阵地约 10 平方公里地区，首创志愿军进入阵地战以来一次进攻作战歼敌 1 个团大部的范例。""6 月 12 日，中朝联合司令部即发电祝贺并嘉奖第 60 军。"以上是《抗美援朝战争史》中相关第 60 军第二阶段的记录。第二阶段第 60 军打的是北汉江东岸的南朝鲜军，第 179 师作战在山势崇竣、地形复杂的崇山峻岭中。

"不教胡马度阴山"

"我参加过金城战役，打过轿岩山、黑云吐岭，我打仗结棍个！这个我记得的。"

"我是 60 军 179 师 537 团重炮连的！"这是王继震十分清晰响亮回答我的第二个问题。

"我参加过金城战役，打过轿岩山、黑云吐岭，我打仗结棍个！这个我记得的。"王继震高兴地说。

金城以南地区，西起金化，东至北汉江，横宽 25 公里，是敌人战线的突出部，像个拳头一样插入我军阵地，我志愿军一直在准备战机南推拉平战线。此地区是以轿岩山为主的山地。轿岩山由西、中、东 3 个毗连的山峰组成，海拔 700 多米，瞰制金城川以北、北汉江以西的大片地方，是南朝鲜军在该地区的核心阵地。如果轿岩山失守，则南朝鲜军金城川以北阵地即全部动摇。该地有南朝鲜第 6 师、第 8 师共计两个团兵力据守。阵地上构筑了大量坚固工事，火力网交叉密集，加之山势陡峻，路窄难行，是易守难攻之所。轿岩山是金城战役中一块很难啃动又必须啃掉的骨头。

1953 年 7 月 13 日（这个日子王继震记得十分清晰），王继震和战友们急行军进入指定的作战位置，做好战斗准备，王继震说他们的阵地在此次战斗的中线位置。按《抗美援朝战争史》记载分析，是夜第60军是从北汉江西至松宿里西山的2.5公里的地段上，从东往西发起攻击。

此时，金城正面第一线的志愿军共有6个军，有82毫米迫击炮以上火炮1483门，两军兵力对比志愿军3∶1占优势，火炮对比志愿军1.7∶1占优势，此战目标是给正面之敌以歼灭性打击，攻取轿岩山及金城川以北地区。在金城南，东西走向的金城川与南北走向的北汉江呈"十"字形交叉。

是夜，浓云密布，一场大雨即将来临。所有参战的指战员都进入到高度紧张的状态，晚21时整，3颗红色信号弹嘶叫着升上了天空，志愿军1483门大炮瞬间齐鸣，炮弹铺天盖地砸向敌军阵地，隆隆炮声拉开了金城战役的序幕。这是志愿军入朝以来，集中火炮数量最多、火力最强的一次战斗，将1900余吨炮弹倾泻到南朝鲜军阵地上，破坏了南朝鲜军阵地表面工事30%以上。约20分钟的炮火准备后，又一颗红色信号弹腾空升起，

金城战役换装后的志愿军

这是炮火延伸的信号，也是步兵冲击发起的命令，在敌阵前潜伏了 24 小时的第 179 师的步兵战士狂风暴雨般扑向了敌阵。不到 1 个小时，志愿军就全部突破了南朝鲜军 4 个师的防御前沿阵地。到 14 日 18 时，东集团第 60 军达成了第一步作战任务。

金城战役第一步作战打得又稳又狠。炮兵们打得很过瘾，因为那晚的炮弹"管够"，志愿军后勤已建成了一条打不垮的钢铁运输线。王继震有幸参加了抗美援朝战争中最大最强的炮战，难怪他会骄傲地说"打仗我结棍的"。

本来这场金城战役是可以避免的。1953 年 6 月 17 日，朝鲜停战谈判全部达成协议，中国人民志愿军司令员彭德怀已来到朝鲜平壤，准备参加签字仪式。然而，南朝鲜总统李承晚翻脸了，他扣押了朝鲜人民军战俘，叫嚣要单独和中朝军队干下去！

面对这种情况，毛泽东主席指出："我们必须在行动上有重大表示方能配合形势，给敌方以充分的压力，使类似事件不敢再度发生，并便于我方掌握主动。""停战签字必须推迟，推迟至何时为宜，要看情况发展方能做决定。再歼灭伪军万余人，极为必要。"据此，志愿军决定发起金城战役。

金城战役第一步顺利达成后，炮兵转移到一线占领阵地，7 月是朝鲜的雨季，大雨不断，河流水位暴涨，敌机轰炸，桥梁炸毁，道路泥泞，这给炮兵部队的转移增加了很大的困难。在巩固已占领阵地的同时，第 60 军接到了渡过金城川，向南进攻黑云吐岭等地的命令，这次冒雨过河追击溃敌的是第 180 师。7 月 15 日 12 时，第 180 师就占领了黑云吐岭及 818.9 高地一线，但遭到了敌军的疯狂反扑。17 日，第 180 师主力向北撤回金城川以北，留 1 个营在金城川南牵制敌军，孤悬川南的第 180 师 1 个营的志愿军伤亡惨重，其中守卫 867 高地的 1 个连除 2 人突围外其余全部壮烈牺牲。

敌军的反扑一直没有停歇，并且扬言发动最大的反攻，要夺回金城以南失掉的阵地。7 月 17 日，志愿军司令部的首长致电各部队："估计此次敌人反扑的规模之大和程度，会超过去秋上甘岭。"志愿军开始紧张地动员起来，准备迎接更大的战斗。

7月是朝鲜的雨季，王继震和战友们被雨后暴涨的北汉江挡住了去路，不远处的桥已被溃退的敌军炸毁，河水湍急，过河就是几公里的开阔地，这开阔地十分不利我军渡河作战。王继震和战友们准备血洒北汉江。当年挡住王继震与战友们前进的究竟是金城川还是北汉江，我反复与王继震求证，老人坚称是汉江。我尊重亲历者的说法，当年第60军正是征战在金城川与北汉江交叉的"十"字区域。

北汉江边，王继震准备与死神进行第五次决斗！

"何须马革裹尸还？"

"大家都把衣物烧了吧，让我们魂归祖国魂归家乡吧……"

王继震没想到自己还能活着从朝鲜回来，因为至少有四次他都与死神擦肩而过，他说自己是个命大的人，因为战场上还需要他。

王继震说在苏州新兵基地整训时，他差一点淹死在风高浪急的太湖里，王继震两次入伍，两次在新兵基地整训，因老人记不清时间，也不清楚具体是1951年还是1953年了。从王继震入伍开始，从他在新兵连开始，他就开始与死神较量了，他的胆子也越练越大了。

1953年1月至4月，美国空军对朝鲜北方进行了一系列的轰炸活动。3月，美军利用春融季节，发动了名为"春融"的"短促而猛烈的空中封锁交通线的突击"。轰炸火车站、铁路、公路、兵站等交通要道是美国空军的重点之一。

1953年2月底，王继震与新兵连的战士在辽宁安东宣誓后乘上列车过鸭绿江，车过鸭绿江后，战士们都显得兴奋和严肃。兴奋的是终于要走上保家卫国的前线了，严肃的是前线毕竟是血与火的战场。忽然，列车急切而异样地急速向前奔驰，就在新兵战士们还没搞清楚是怎么回事时，一颗炸弹落在了列车上，轰的一声巨响，火光四起。王继震心想，这回完了，才出国门，还没走到前线，就要光荣牺牲了。

但是，王继震没有死，而且毫发无损，他所在的车厢被疾驶的列车带进了山洞，而后面的几节车厢被炸毁了，里面的战友都牺牲了，一天前还在一起的新兵战友就这样没上战场就牺牲了。

死神第三次"眷顾"时，王继震认为自己肯定没命了。那天晚上在朝鲜第一高山的金刚山急行军，伸手不见五指，山路崎岖，王继震突然脚下一空，人跌落到了山崖下，战友们都认为这回王继震没命了，牺牲了，就是可惜没光荣在对敌作战的阵地上，而光荣在这悬崖峭壁的山谷里，连个尸体都找不到。正当战友们为王继震惋惜时，忽然听到下面山崖里传出王继震的呼唤，他竟然还活着，他说他被吊在崖边的一棵树上了，战友们赶紧解下背包带，一根根接起来，将他救了上来。

这回是一棵树救了王继震，第四回救王继震的是他的老班长。那天班长带着他前出侦察，正走着，班长突然叫道："卧倒！"班长和他直接扑倒在地上，一颗炸弹就在他们身边炸开了，幸亏卧倒及时，他们没有被弹片炸着，只是身上被覆盖了厚厚的土石。当时行进的王继震根本没听到什么，老班长却敏锐地听到了炮弹落下的声音，这老班长真的了不起，王继震对老班长更加敬佩了。他们前出侦察时，有时会误入敌阵，甚至有时会进入美军的营地。命大而又不怕死的王继震每次都平安归来。

说起命大，王昕波说有个叫阿雪的吴江铜罗籍志愿军战士才叫命大呢。志愿军夜晚急行军，白天在树林里休息睡觉，时任班长的阿雪带着班里的战士席地而睡。战士们又困又累，很快就睡着了。突然阿雪被什么异动异响给惊醒了，一看竟然是一条蛇！阿雪急忙赶走蛇挪了地继续睡觉。睡梦中，阿雪又被一声巨大的爆炸声给惊醒，睁眼一看，肺都要气炸了，他班里的其他11位战友全被美军炸弹给炸死了！而他因为那条蛇挪了地，竟然奇迹般地躲过了死神，阿雪曾对王昕波说那条蛇是来救他命的。

真正让王继震面对死亡的是在北汉江边，大概在7月26日前后，那天没有战斗，静悄悄的，连长说这样的静悄悄有点奇怪，不正常，这是打大仗的先兆。"我打了那么多的仗，这样反常一般都会有大仗"，认为"事出反常必有妖"的连长对战士们说，"我们必须做好决一死战的准备，要准备死在这河边，我们中国人死后都要'烧包'的，要烧掉死者的衣物，这样吧，大家都把衣物烧了吧，让我们魂归祖国魂归家乡吧。"战士们跟着连长悲壮地烧掉了全部随身的衣物，望着湍急宽阔的河流，希望滚滚流水将自己的思念和魂魄带回祖国，带回家乡，带到亲人身边。望着湍急宽阔的河流，王继震想起了"一条小河"的江南小村，想起了依闾远望的小脚妈妈……烧完衣物后，战士们个个士气高涨，高呼着"打过汉江，打到汉城"的口号，准备破釜沉舟，决一死战。确实，敌人已失轿岩山战略重地，汉城已无险可守了。不过这次"誓死血战"的战士们等来的不是"过河"打大仗的命令，而是朝鲜军事停战协定签字的好消息，那个"大仗"朝中代表团在板门店的谈判桌上打胜了。

1953 年 7 月 27 日上午 10 时，朝中代表团和"联合国军"代表团的首席代表在关于朝鲜军事停战的协定等文本上签字，当日晚上朝鲜时间 10 时起，双方完全停止在朝鲜的一切敌对行为。

第五次准备慷慨赴死的王继震还是没死，确实是个命大的人。

"听说停战了，您当时心里怎么想的？"我想这关键时刻，战士们肯定思绪万千、感慨万分的，也许还有豪言壮语。

"胜利了真好，可以回家了。"王继震第三次响亮清晰地回答我。我没有听到豪言壮语，但我觉得这才是真真实实的。停战了，放松了，完成了国家交办的任务，可以好好地想想家想想妈妈了，王继震想回家看看自己那位小脚妈妈了。我问他在朝鲜打仗时有没有给家里写过信，王继震说一封也没有写，那时心里想的都是怎么打仗。可以想象这大半年里他那位哭疯在小镇街头的小脚妈妈在音讯全无的等待中是如何担惊受怕了。

王继震是幸运的，他是个命大的人。但有 5 位吴江籍的战士，与他同在第 60 军第 179 师第 537 团的战友、同乡，热血洒疆场，再没能回到祖国回到家乡回到亲人身边，永远长眠在朝鲜了。他们是殷德泉（同里镇人）、陈志方（盛泽镇人）、姚桂荣（坛丘乡人）、计生林（坛丘乡人）、施连宝（七都乡人）。他们都是步兵，大都牺牲在朝鲜军事停战协议签订前的7月22日、23日，胜利即将到来，英雄却牺牲在胜利的前夜。

能参加金城战役，是王继震和战友们一生最大的光荣。军史是这样评价这个战役的：金城战役是志愿军转入阵地战以来规模最大的一次战役，也是志愿军对坚固设防之敌实施的规模最大的一次进攻战役，不但在中国人民志愿军抗美援朝战争的历史上，而且在中国人民解放军战史上都具有重要的意义，特别是提供了进行大规模攻坚战役的宝贵经验。

金城战役中，强大的炮兵为板门店谈判献上了一份厚礼！王继震作为此役中的一名炮兵侦察计算兵，更是感到无上的光荣！

"白首相逢征战后"

> 两位本不相识的战友，60年后意外相逢于同一医院的同一病房，生了同一种病，唱起了同一首歌，惊动了整个医院，感染了所有的人……

> 雄赳赳，气昂昂，
> 跨过鸭绿江。
> 保和平，卫祖国，
> 就是保家乡。
> ……

"军歌应唱大刀环。"2013年夏季的一天，苏州大学附属第二医院的一间病房里，忽然传出了嘹亮的《中国人民志愿军战歌》，那气势那情感，不是一般人能唱出来的。歌声"惊动"了不少人，住院部的护士，甚至隔壁病房的病人家属都过来了。歌声是两位躺在病床上的耄耋老人唱出来的，激情的歌唱伴着眼中激动的泪水，感染了歌唱者，也感染了在场的所有人。

两位歌者，一位是 80 岁的王继震，另一位是 82 岁的刘文兵，两位都是上过朝鲜战场的抗美援朝老战士。两位都因为罹患骨癌，住进了同一家医院，住在同一间病房里，同样经历过出生入死的战斗，同样打过金城战役，在战斗胜利 60 年后，竟然在苏州的医院相遇了，除了缘分可能无法用别的来解释了，而以前他们根本互不相识。

这天是 2013 年 7 月 27 日，这是每一个志愿军战士永远无法忘怀的日子，这天是伟大的抗美援朝战争停战 60 周年的纪念日，两位病床上的老战士怎能不忘情地唱起那首刻在他们青春岁月里、跳动着血与火韵律的动人军歌呢？因为两位老人的相遇，我收集的有关抗美援朝的故事又多了起来。

刘文兵，上海市人。1949 年 9 月，加入中国人民解放军。1950 年，在苏南军区南汇县总队任文化干事。1952 年 9 月，刘文兵作为志愿军第 23 军第 73 师第 217 团的一名战士入朝作战。1953 年，获得朝鲜政府授予的军功勋章。1955 年，代表中国人民志愿军回国慰问"特级英雄"黄继光烈士的母亲邓芳芝，并带黄继光之弟黄继恕入伍去朝鲜。后从朝鲜抽调回国组建长沙高级工程兵学校，任语文教员，并编撰全军语文课本一册。1963 年，从南京军区工程兵驻苏某部转业，先后在苏州轧钢厂、轻工系统历任多家企业的领导。

7 月 27 日，对志愿军老战士的

刘文兵

特别意义，可以从刘文兵1994年7月17日的日记中深切体会："今天是7月27日，41年前的今天——1953年7月27日，是美帝国主义侵略者在我中朝人民抗击下被迫停火的一天，因此也是抗美援朝的胜利纪念日。每当是日，总会沉思回忆往昔，正如列宁说的'忘记过去，就意味着背叛'。早晨起床时感觉伤疤酸胀，似乎在唤起我追忆往事，抚摸伤口，陷入了沉思，41年前的情景又浮现……"

白首相逢征战后，青春无悔战火中。

两位老兵相见，谈得最多的是战火中的青春，战火中的无畏，连身上的绝症都忘记了。

1953年夏季反击战役时，参加第一线反击战役一共有6个军，王继震所在的第60军和刘文兵所在的第23军是其中的两个军，可以说两位老战士曾在第一线"并肩"作战过。

刘文兵展示坠毁飞机的残片和从美飞行员尸体上取下的"尼龙避弹衣"碎片

刘文兵身上有几十块无法取出的弹片，那是被美军航空炸弹炸伤的。1953 年 6 月 13 日，刘文兵和战友们正驻扎在通往三八线的伊川大桥附近，清晨，美军轰炸机向伊川大桥投掷了一颗航空炸弹，这是一颗"子母弹"。"母弹"炸开后，8 颗茶缸般大小的"子炸弹"便散落在桥面上，一旦被触动就会立即爆炸。而此时，一列载着朝鲜人民军和中国人民志愿军谈判代表的车队即将到达，代表们要通过伊川大桥去板门店和美国为首的"联合国军"代表进行停战谈判。刘文兵和 3 名战友去桥面上排弹，引爆了 7 颗炸弹，最后 1 颗因卡在了桥板的缝隙里，无法远距离地引爆。眼看谈判代表的车队就要到达，刘文兵自告奋勇地上前察看情况，当他靠近时，可能因为脚步的震动，这颗炸弹突然转动起来，还咝咝作响。他发觉情况不妙立即往回跑，边跑边叫战友卧倒，随即炸弹在他身后爆炸。他被气浪推倒在地，身上炸开了几个口子，右腰被炸伤痛得直不起来。他顺手一摸，发现一块弹片插在了腰间，于是咬着牙把弹片拔了出来，他的裤子、袜子、鞋子都被鲜血浸透。

刘文兵在守护伊川大桥时，王继震所在的第 60 军正在北汉江东侧，通过步炮协同、敌前潜伏等战术，与南朝鲜第 5 师、第 3 师猛烈激战。第 60 军的这一仗是那么关键，那么重要，几乎 20 兵团主要指挥官都亲临第 60 军龙门山临时指挥所指挥作战，志愿军司令部亦派作战科长等帮助指导，可见此战之非同寻常，此战之必须胜利，此战之重中之重，更可见此战之激烈乃至惨烈。6 月 10 日—14 日，第 60 军通过多日激战，最后击退了南朝鲜军 190 余次反扑，巩固了占领阵地，使南朝鲜军逐渐失却了右翼屏障和前沿支撑点，陷入孤立与背水作战的状态。这次夏季反击战第二阶段的战斗中，第 179 师重炮连打了多少仗已无法知道，只能通过王继震那句"打仗我们结棍的"去想象他们的不怕苦与不怕死。

两位老战士相见自然要聊聊抗美援朝战争胜利后的各自情况。

王继震从战场上回国后，从第 179 师第 537 团编入第 179 师炮兵 559 团，随部队入驻安徽省蚌埠市，在部队他抓过特务，当过班长，上过炮校，

王继震（摄于 2022 年）

做过炮兵教官…… 他教的学员比赛常常拿第一，喜报一张张地寄到铜罗老家。小脚王妈妈一边高兴一边焦虑，因为王继震都 26 岁了，在农村都成大龄未婚男青年了，王妈妈一封接一封地写信催儿子早日回家找个媳妇。后来团里也知道了王继震家中的情况，同意王继震复员回家。就在王继震复员回家的那天，营长开着汽车追赶王继震，对他说部队还需要你，王继震说我服从命令马上归队，于是王继震又回到部队服役，半年后才正式复员回家。

王继震的自述是这样写的："1957 年 3 月 15 日复员。回原单位中国百货公司盛泽店，后调严墓批发部，机构调整后并入铜罗供销社生活资料商店。"复员后王继震结婚生女，为了照顾母亲，他调回到铜罗镇，王妈妈也终于放心地与儿子生活在一起了，享受天伦之乐。

可令王妈妈没想到的是儿子竟然还要第三次去部队。1960 年，王继震第三次应召归队，他的小脚妈妈再度焦虑了，她只有一个独生儿子，这次是不是又要打仗？刚刚出生的孩子怎么办？……在母亲、妻子、孩子与部队之间，"编入第一类一等预备役"的王继震还是毅然选择了归队。王继震在自述里这样写道："在 1960 年，铜罗人民公社派人来我家，说你是技术兵，现在国家需要你归队，准备打仗。那时我已经成家，是有老有小的人，但我是复员军人，归队是我的使命，就响亮地问道：'什么时候走？'通知明天就走，到苏州军分区报到。我准时去了苏州，在苏州住了 3 天，结果不打了，重新回到原单位。经由这次变动后，工作到 1993 年退休，持中华人民共和国干部退休证。"

当两位老战士在医院里一同治疗骨癌时，一个上海方面正在寻找刘文兵的消息传来，上海方面想了解抗美援朝战争中那个"一节铁轨'击落'一架敌机"的故事，刘文兵是事件的唯一见证人。住院时，老人的儿子刘越说待您身体好了我带您去朝鲜看看。老人说朝鲜我可比你熟悉多了。刘越想趁父亲有生之年带他再去曾经战斗过的朝鲜看看，但这个愿望最后没有实现。2015 年 6 月，刘文兵老人因病去世，去世后他志愿捐赠了遗体，从一名抗美援朝的志愿军战士到一名捐赠遗体的志愿者，"志愿"两字体现了刘文兵老战士的人生准则，一如他自己写的挽联："生前奉公守法严于律己，逝者一身清白不污众亲。"

我一直非常好奇"一节铁轨'击落'一架敌机"的故事，于是查阅了相关资料，果然找到了，刘文兵老战士是这样讲述的：

　　1952 年夏天，那时我还在团政治处宣传股工作。一天，宣传股派我去师政治部送一份报告……翻越最后一道小山岗时，我有些累了，便坐在地上休息……这时，我见一志愿军战士扛了一根七八米长、形如小铁轨的物件上山来。只见他将铁轨在两山岗间的豁口中央竖起来插入土中，竖插的铁轨犹如埋上的一根电线杆，铁轨的上部用一根军用背带捆住牵绑在山岗上的一棵小树上，铁轨就直立在山岗豁口的中央了……突然空中传来一阵呼啸声，是一架敌机正向山口俯冲下来，企图冲出豁口。敌机飞得很低，座舱内的驾驶员都能看得清清楚楚。就在这一瞬间，这架飞机撞到了刚竖起的铁轨上，铁轨被敌机猛撞到山下去了。但这架敌机也因猛烈撞击受损失控，一头栽向地面爆炸了……我当即向师部来的人汇报，说我目睹敌机是被一节铁轨撞击坠毁的。师部的人叫我把这"聪明的调皮鬼"找来，可是我四处寻找也不见那个"设计者"的踪影。他的设计应被授予战功，可是他却隐姓埋名不计个人功绩；他所独创的妙计，可以说是世界战争史上绝无仅有的奇迹。

抗美援朝战场上曾经"上演"过这样一出匪夷所思，但又大快人心的"好戏"，如今听来还是令人十分激动，"钢少气多"、聪明智慧的中国人民志愿军岂有不胜之理？如果刘文兵老战士不把这个精彩的故事讲述出来，那后人可能就不得而知了，伟大的抗美援朝战史也将少一段精彩的故事。当然精彩的战斗故事其实还有许多许多，但需要后人去认真地抢救记录。

作者与王继震合影

抗美援朝，保家卫国
伟大祖国繁荣昌盛。

王继震 2022.10.26.

王继震题辞

　　王继震的小脚妈妈在她 90 岁那年作古了，王继震也早就离开了铜罗，与大女儿王昕波住在了一起，一直被照顾得很好。王昕波对孙辈们说："不管太公怎么失忆，大家都要敬重他，他打过仗，吃过苦，差点牺牲了，这都是为了我们大家能过上幸福的生活。电影《长津湖》你们都要去看看哟。"

　　"吴儿向死击胡沙！"让我们记住这样一位可敬可爱的中国人民志愿军老战士——王继震！

曾蹈战火慰平生

李阿华

二图村里暖阳斜

山洞，坑道，悬崖。

——这是他和战友的营房。700多个日日夜夜，他为了电话线路的通畅，时刻保持临战状态，没有睡过一个囫囵觉。

敌机轰炸，炮弹飞泻，硝烟滚滚。

——这是他和战友的平常际遇。两年多时间里，他在阵地上穿越，无数次和死神擦肩而过，但他无所畏惧。

这是70年前的故事，似乎离我们那么遥远，但今天听来却又如此真切。

这个故事来自八坼街道友谊村，故事的主人公是该村的一位93岁的老人。他叫顾林生，一位在抗美援朝前线奉献青春和热血的志愿军老战士。

2022年12月6日，在一个暖阳斜照的下午，我们一行来到友谊村——一个东依京杭大运河、西连吴江胜地生态园的"农村别墅部落"。这是一个由政府统一规划建设的小区和一个原生态的二图村组成的小村，村中间流淌着一条南北走向的小河。绿树掩映下的幢幢农家小楼倒映在碧水清流里，分外迷人。

在二图村，我们终于见到了顾林生老人。他精神矍铄，一脸慈祥。尽管他坐着，但身板笔挺，神情庄重，仍然保有军人模样。

带队采访的陈林春老师在部队多年，他边打招呼，边上前给他敬了一个标准的军礼，顾林生立马放松表情，举手回礼。

蓦然间，我发现他今天穿着一件整洁合身的青色中山装。

"这件衣服是我自己做的！"顾林生笑道，脸上泛着自豪的神色，那神色尽管稍纵即逝。

旁边一位六十开外的村民说道："我爸爸年轻的时候，是一个裁缝。"

这位村民是顾林生的儿子顾小荣。

顾小荣告诉我们，他父亲平时沉默寡言、不苟言笑。但当我们说起抗

顾林生与老伴在村里散步

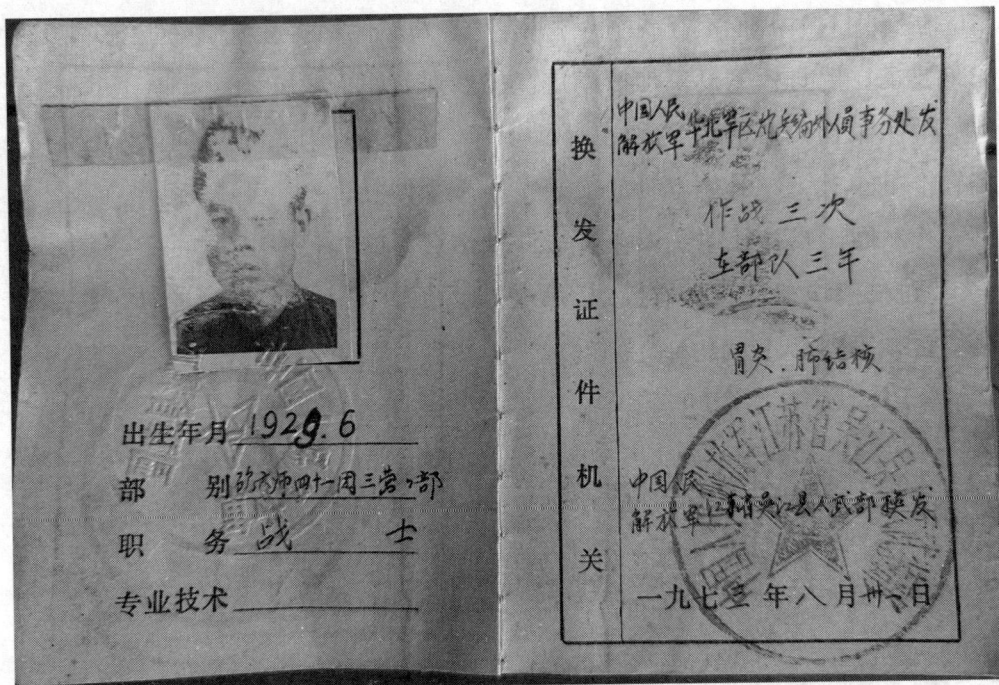

吴江县人武部换发的顾林生复员军人证书内页

美援朝的事，老人蹙起的浓浓眉头舒张开来，朗声说道："等等，让我拿东西出来。"只见他走进卧室，从柜子里拿出一只袋子，小心翼翼取出两包东西。他打开第一包，一层一层翻开，最后露出了一枚抗美援朝纪念章、一本复员证。接着他打开另一包，同样一层一层翻开，最后出现了一只精美的小荷包。

经过 70 年岁月的浸染，这些珍贵的物品已经退去了光泽，但在顾林生心里或许它们仍然闪耀着光芒。

我急切地想知道顾林生在朝鲜战场有着怎样刻骨铭心的经历。

但顾林生告诉我，他的故事要从小时候说起。他年轻时不叫顾林生，叫戈林生。他出生的地方不是本村，而是吴江外地。

莫非顾林生做了上门女婿改名了？但他的妻子姓莫，却是土生土长的友谊村人，叫莫玉英。

谜一样的戈林生。

"鹅司令"成小裁缝

戈林生没有谜。

1930 年 6 月的一天，顾林生出生了。不，戈林生出生了。

戈林生出生的地方在吴县郭巷镇戈湾村，一个以戈姓家族群居的村子。说起来戈姓家族在当地是个望族。在清代，"戈毛毕贝"四大家族属于苏州的"四富"而声名远扬，而排在"四富"之首的戈氏家族更为世人瞩目。

戈氏家族家大业大，但世道更迭，到了戈林生爷爷这一辈，戈家渐渐衰落了。

戈林生出生不久，他的父母因患重病，不幸先后去世。戈家的境况直线坠落。戈林生最小，前面有两个哥哥、三个姐姐。兄妹六人，相依为命。小小年纪的戈林生品尝到了生活的艰辛和无奈。

到了 12 岁时，戈湾村一个养鹅大户觉得戈林生可怜，就带着他摇着船穿过宽阔的吴淞江，来到吴江松陵镇北门一个叫大港上的地方，在鹅棚里住了下来。从此，戈林生与鹅为伴。不管刮风下雨，他赶着鹅群出没在河边、草地、湖畔。日晒雨淋，蚊虫叮咬，那滋味实在难受。如果碰到几只鹅跑丢了，戈林生还要想办法寻回来。

那辰光，正是抗日战争时期。在鹅棚不远处，是出入县城的必经之地。戈林生趁鹅群进棚的时候就到那里转悠。他经常看到全副武装的日本鬼子狰狞着脸，拿着枪托凶残地威逼、砸打无辜的百姓。戈林生憋了一口气，怎么也咽不下去……

到了 16 岁，戈林生不再放鹅了。

这是戈林生二哥的主意。那年，在松陵镇金星村一大户人家做长工的二哥觉得弟弟整天和鹅为伍，会跟自己一样没有出息，应该学一门手艺。

在二哥的介绍下，戈林生来到同里区镇北乡陆联村（"陆联"系谐音，现归属吴江区江陵街道联兴村）拜师学习裁缝手艺。

戈林生的师傅叫姚炳祥，十分善良，他精心传授技艺，见徒弟无家可归，就让徒弟吃住在自己家里。戈林生有些惴惴不安，于是他赶到已出嫁到同里的姐姐家。但姐姐生活拮据，家里住房局促，戈林生住了几天又回到了师傅家。

在师傅手把手的传授下，戈林生划线、裁剪、扣眼、缝纫等手艺日趋精湛。师傅看在眼里，暗暗高兴。

有一次，戈林生跟着师傅去到同里镇的一家裁缝店干活，发现那店里摆放着一台缝纫机。戈林生顿生好奇，上前试了几下，竟然无师自通，运用自如。

戈林生对师傅说道："缝纫机做衣服速度快，以后我也要买一台用用。"

师傅叹息道："一台缝纫机要很多钱，难啊！"

是的，师傅也买不起缝纫机啊！在旧社会，尽管有"荒年饿不死手艺人"之说，但那时荒年多，手艺人的活计还真的很少，基本的养家糊口也成了问题。

戈林生没有吱声，他摸摸自己干瘪的口袋，心中燃起的希望瞬间破灭。

缝衣针变"当头炮"

到了1949年，戈林生心中的希望被重新点燃。

那年春季，吴江解放了。在中国共产党的领导下，穷苦百姓扬眉吐气成了主人。

此时的戈林生出师了，他手提裁缝箱行走街弄乡村，19岁，正是风华正茂的年龄。看到这位帅气俊朗、态度和气的小裁缝，街上的居民、周边的村民都很喜欢他，乐意找他缝制衣服。

戈林生开始挣钱了。在师傅的帮助下，他把户口落在了镇北乡。

每天，戈林生缝制衣服忙个不停。他的愿望就是在同里镇开个裁缝店，买台缝纫机，好好挣钱，再娶个老婆，拥有一个温暖的家。

然而，美国侵略者的战火烧到了鸭绿江，戈林生美好的愿望顿时按下了暂停键。

面对美国侵略者的嚣张气焰，党中央向全国人民发出了"抗美援朝，保家卫国"的号召，全国各地掀起了一场轰轰烈烈的抗美援朝运动。

1951 年新年伊始，吴江为了抗美援朝，成立了接受新兵委员会。

戈林生和两个哥哥看到政府征兵，毫不犹豫去报名。但他的两个哥哥已超过了当兵年龄，不能参军，戈林生被接收了。3 月，戈林生经过体检、政审等环节，最后被征兵部门批准入伍。和戈林生一起入伍的同里区镇北乡共有 26 人。

戈林生和战友们穿上崭新的军装，在家乡人民敲锣打鼓的欢送下，胸佩大红花踏上了征程。戈林生知道，自己奔赴的是战场，"是准备去死的"。自己的生命属于国家和人民，那是无上光荣的。

他们在常州新兵集训基地集中，接受了严格的军事训练。到了 4 月份，戈林生一行坐火车日夜兼程来到到秦皇岛集训。此时，戈林生才知道他要去的是炮兵部队。

在炮兵训练基地，戈林生近距离感受到了炮兵的威武。大炮一响，地动山摇。随着震耳欲聋的炮声，炮口爆出一团火光，在烟花翻腾间，炮弹直飞远方……

炮兵的训练是艰苦的。一门炮配置一个排，一个排三个班，一个班12 人。三个班轮流训练。装填手、瞄准手、放炮手、指挥，一个也不能少。拆炮、组装、瞄准射击，既是技术活，又是气力活，是很累人的。

戈林生担任炮手，要求最高。根据炮长的旗语和手势将炮弹装填、击发。几发炮弹打下来，戈林生又累又热。训练结束，他还要和战友们一起擦拭大炮，精心保养，不能有半点马虎。一天下来，戈林生浑身像散了架。

两个多月的紧张训练结束了，戈林生被分配到华北军区 67 军炮 6 师 41

团。镇北乡的 26 位年轻人大部分被分在同一个团。

戈林生那时不知道，他所在 67 军是一支威名远扬的英雄部队。67 军改编之前，所辖第 4 第 5 旅的部队，来自于八一南昌起义、秋收起义、广西百色起义所创建的工农红军。在抗日战争时期属于八路军第 115 师的主力部队，后又以晋察冀军区为基础发展而来。

1949 年 10 月 1 日，第 67 军第 199 师作为中国人民解放军受阅部队，参加了中华人民共和国开国大典，接受了党和人民的检阅。

这支部队，有着光荣传统的英雄部队。

戈林生作为其中的一名战士，备感自豪。他等待着出征的那一天。

胜负常悬一"线"间

戈林生和战友们终于等到了这一天。

1951 年 6 月，67 军在军长李湘的带领下跨过鸭绿江入朝参战，接防金城以南地区沿三八线 27 公里的正面防务。炮兵 41 团也随之驻扎下来。

此时，正值初夏时节。按理，这是万物复苏、绿意浓浓的时节，但眼前的朝鲜，漫山遍野光秃秃的，空气中弥漫着硝烟。山下的村庄断壁残墙，瓦砾凌乱，一片凄凉。坑坑洼洼的路上，一群群朝鲜妇女带着孩子在逃难……

这是美国侵略者发动战争带给朝鲜人民的灾难。

中国人民志愿军没有被吓到。从 1950 年 10 月 25 日开始，经过 7 个多月、5 次战役的较量，到了 1951 年 6 月初，中国人民志愿军和朝鲜人民军将美国为首的"联合国军"从三八线附近地区打退到汉江南岸地区。美国政府被迫同中朝方面举行谈判，谋求"光荣停战"。

至此，五大战役结束，抗美援朝战争第一阶段结束。

按常规，戈林生一到朝鲜，战争双方面临谈判，暂时不需要打仗了。

没有那么简单。战争双方代表于 7 月 10 日在开城的来凤庄会合，但美帝国主义只是想从谈判桌上得到战场上得不到的东西，谈判很快陷入僵局。蛮横的美军谈判代表在会场叫嚣："让大炮去战场上辩论吧！"

1951 年 8 月中旬，夏季防御战役开始了。

戈林生感受到美军的威力，他们的炮弹像下冰雹似的砸向大地。戈林生看到，天空中常常飞过美军飞机，扔下几颗炸弹，然后摇摇机翼，大摇大摆地飞走了。

美军太欺人了。戈林生摩拳擦掌，很想亲手打下几架飞机，但他没有想到的是他当不成炮手了。当炮手，需要超强的体力。每发炮弹 75 斤，每分钟必须打出 7 发炮弹。戈林生身子骨没达到这样的标准。

部队领导安排戈林生到所在炮兵 41 团指挥连通信班，当一名通信兵。在团指挥连大约过了一个月，戈林生被调到三营营部通信班。

说实话，开始的时候，戈林生有些失落。

但随着几次执行任务后，戈林生发现，一次战斗、一场战役甚至一场战争的胜负常常就悬在通信兵手中的一根电话线上。通信兵十分重要，既是飞毛腿，也是顺风耳，是炮兵部队打击敌人不可或缺的力量。

通信兵体力消耗没有炮手大，但危险增大了。敌军为了切断志愿军的通信联系，千方百计破坏通信线路。通信线路和通信兵成了他们轰炸的对象。

戈林生刚到通信班，就看到有的战友出去了再也没有回来。他们遭到敌人炮火的袭击，已牺牲在半途中。

但不管敌人如何狂轰滥炸，通信联络必须保证畅通无阻。电话通达就是最大的使命。如果哪根线不通，得马上查出这根线是从哪里接过来的，故障点在哪里。但这些问题难不倒戈林生，他通过学习，很快掌握技术要领。由于他是裁缝出身，"手上功夫"不一般，那些接线、布线等技术对他来说可谓小菜一碟。

戈林生每天穿梭在阵地上，除了保证通信线路畅通，还要挤出时间挖防空洞。他握着钢钎打岩石，手臂振痛，手掌里满是血泡，但戈林生咬紧牙关，挺住，坚持。

在阵地上，戈林生和战士们吃饭往往毫无规律，饿了，吃几把炒米和压缩饼干；渴了，喝几口山沟里的水。

挖防空洞是为了保护大炮、战友免遭敌人炮火的袭击，戈林生浑身是劲。但挖掘墓穴的心情就不一样了。在敌人的飞机、大炮的轰炸下，许多冲锋陷阵的志愿军战士壮烈牺牲了。戈林生和战友们忍着悲痛，挖出一个一个墓穴，将那些烈士的遗体掩埋。在一个个墓穴上堆完土，戈林生满含热泪，一一敬礼。

置身于朝鲜战场，面对那些英灵，戈林生的心灵一次次受到洗礼。

至1951年9月18日，夏季防御战役结束。

戈林生还没有喘口气，到了10月中旬，美军又发起秋季攻势。

这次，美军更凶猛。10月13日，美韩军动用了大量兵力、坦克、大炮、飞机进行猛攻，一天之内就将10万发炮弹砸在第67军阵地上。67军将士面临严峻的考验。

戈林生作为炮兵41团通信兵，承担着保证电话线路时刻畅通的重任。在敌人猛烈的炮火中，通信线路常常被炸断。戈林生冒着炮火冲出去，排除障碍，修复线路，一次次完成了任务。

逐山争夺，寸土必争。戈林生所在的炮兵团依托野战工事，在敌人浓密炮火下，英勇抗击。炮兵成为敌人坦克和步兵的"克星"。

戈林生没有当成炮手，但他看到通信线路畅通，一次次炮击后，一群群的美韩军俘虏耷拉着脑袋，哭丧着脸被志愿军押送，心里乐开了花。

经过反复争夺，第67军部队守住了大部分一线阵地。经过3昼夜艰苦鏖战，第67军杀伤敌军1.7万余人，取得了辉煌战果，受到了志愿军司令部的通电表扬。10月19日，《人民日报》在头版报道了"我军三天歼敌一万七千"的喜讯。

秋季攻势，以敌人失败而结束。

但狡猾的美军从来就没有放弃对志愿军的围剿。他们从8月开始预谋，实施了长达10个月的"绞杀战"，即"空中封锁交通线战役"。

1951 年的冬天来临了，大雪纷飞，气温骤降到零下 30 摄氏度。岩石上、山洞口挂满了冰凌子，像刀把子似的，寒光闪闪。

此时，执行任务的戈林生和战友们正在乔岩山上。此山位于金城以南的一处战略高地，海拔 700 余米，山势险峻，寒气尤为逼人。

很难相信，戈林生和战友们还穿着薄薄的单衣呢！

志愿军后勤部门不是没有准备冬衣，而是交通运输线被美军破坏了。

从吴江水乡过来的青年，别说在朝鲜零下 30 摄氏度，就是在隆冬季节、气温在零摄氏度上下的家乡，仅仅穿着单衣也是难熬的。

戈林生和战友们在山洞里冻得瑟瑟发抖。他多想找到布料，为战友缝制衣服，抵挡严寒。但眼前别说布料，就是残破的布条也找不到，他们只能在山洞里跺脚、跳跃，进行热身运动。通信线路出现故障了，他和战友们没有片刻犹豫，咬咬牙冲出去，沿着线路查找故障，及时维修。

志愿军后勤部队的首长们何尝不知道前线战士的处境？他们心急如焚，迅速调兵遣将，冒着敌人的炮火，组织火车、汽车运输，最后人背马驮，越过敌人层层封锁，历经艰险把冬装、食品等物品送到炮兵部队。

领到冬衣等物品的那一刻，戈林生久久地说不出话来，唯有泪水长流。他强烈地感受到在部队的大熔炉里是那么温暖。

戈林生度过了最难忘的冬季。

一晃，1952 年的春天到了。此时冰雪渐融，被炮火摧残的岩石间依然倔强地钻出嫩绿的杂草，和吐露花蕾的金达莱一同迎风舒展。

就是这样一个美好的春季，丧心病狂的美军实施了灭绝人性的罪恶行动——向志愿军阵地投下大量细菌弹。细菌使空气污染、花草枯萎，也让山沟里的一泓清水变成毒水。

四散飘荡的细菌犹如幽灵一样威胁着志愿军的生命，许多战士食欲不振，接着莫名其妙地发高烧，不久就去世了。志愿军的战斗力受到严重影响。

7 月 1 日，美军向 67 军阵地投下大量细菌弹。军长李湘一面组织部队进行防疫，一面率机关人员深入前沿侦察地形。但不幸的是他被细菌感染，病情迅速恶化，于 7 月 8 日去世，年仅 38 岁。

作为 67 军最普通的战士，戈林生并不认识军长，更不知道军长突然去世了。事实上，李湘军长感染了细菌后去世也是多年以后才解密的。但顾林生发现，部队首长十分关注战士的健康安全，不断给战士们发放防疫用品。只要水壶里装入山沟里的水，就要放入一粒药品消毒，确保所喝的水安全。

戈林生没有被细菌感染，但在通信班，危险时时威胁着他。

一天晚上，戈林生在山坡上维修电话线，头顶飞过一架轰炸机，突然，一颗三百来斤的炸弹落在他的身边，戈林生连打几个滚在突兀的岩石边卧倒。幸运的是，落在他身边的炸弹哑了，没有爆炸。

还有一次，也是晚上，戈林生按习惯巡视电话线，突然看到身边出现3 个人影，定睛一看，原来两个志愿军战士架着一个受伤的战士在前行。戈林生一问，他们是去战地医院的。戈林生刚和他们挥手告别，突然，半空中飞来一发炮弹，不偏不倚，炸弹就在 3 个志愿军战士中炸响。

近在咫尺，戈林生眼睁睁看着 3 个年轻的战士倒在血泊之中，全部壮烈牺牲。他摸摸自己的头、身体，竟然毫发无损。

戈林生一次次和死神擦肩而过，但不少战友没有他那么幸运。回到班里，总有战友在铺设、维修电话线时被炮弹击中，不幸牺牲。由于大家忙着，彼此没有时间交流，甚至连名字也没有问，突然牺牲了，戈林生难以接受。

戈林生盘点了一下，自己所在通信班 12 人中，前前后后竟然牺牲了 9 人。

戈林生和战友们挥泪将牺牲的战友遗体掩埋，转身又在前沿阵地奔忙，保障通信线路的畅通。

在前沿阵地奔走，戈林生为自己的炮兵部队自豪。

看，这是来自高射炮部队的镜头：一支支高高的炮筒直指天空，不少美军飞机自投罗网，纷纷被打中，或在空中炸成碎片，或机尾带着一股浓烟在空中翻着跟头，最后栽到山沟里，燃起熊熊烈火。

看到此景，戈林生和战友们忘情地欢呼起来。他多想快快打败美军，让中朝人民过上安宁幸福的生活。

戈林生忘不了，有一次，他执行任务时路过一户家庭。这户人家被美军的炮火蹂躏过，支离破碎，但这户人家收拾得干净整洁。戈林生忽然发现这家人家墙角里摆着一台陈旧的缝纫机。已经两年没有摸过缝纫机的戈林生眼睛发亮，手脚痒痒的。征得主人同意，戈林生上前，在缝纫机的踏板上轻轻踩了几下。缝纫机"嗒嗒嗒嗒"地响着，仿佛唱着一支欢歌。那一家人笑着指指点点，戈林生听不懂他们的语言，但从他们的神态中看出，他们十分敬佩他。

戈林生多想做一件小服饰给这一家人留个纪念，但这一家家徒四壁，哪有什么布料！

戈林生回到营地投入新的战斗。让他感动的是，部队首长在战斗最激烈的时候亲临前线慰问战士，祖国亲人也送来慰问品。

最让戈林生难忘的是部队机关文工团冒着炮火为战士演出。他们以天地为幕，以战地为台，为战士们带来歌舞、相声、快板等。这些短小精悍、轻松活泼的演出大受战士们欢迎。

每次演出结束时，文工团的演员会赠送一些纪念品给炮兵战士。有一个年轻女演员在演出结束后，给戈林生送上一只小荷包。戈林生是裁缝出身，他一看小荷包特别精美，顿时就兴奋起来。只见小荷包用密密的针线缝制，正面还绣着一朵含苞待放的花朵呢！我在这个荷包上，还依稀看到写着"张招生"的名字。

祖国亲人的祝福，部队首长、文艺兵的倾心慰问，让戈林生精神振奋，浑身是胆雄赳赳。

在志愿军的奋勇抗击下，美军节节败退。1953年6月，美军被迫与志愿军进行停战谈判。就在谈判的双方即将签署停战协定的时候，以李承晚为首的南朝鲜军事集团以"就地释放"为名强行扣留了朝鲜人民军2万多名俘虏，并单方面宣布战争没有结束。

李承晚之所以不同意停战，是因为一旦双方达成协议，他以武力统一

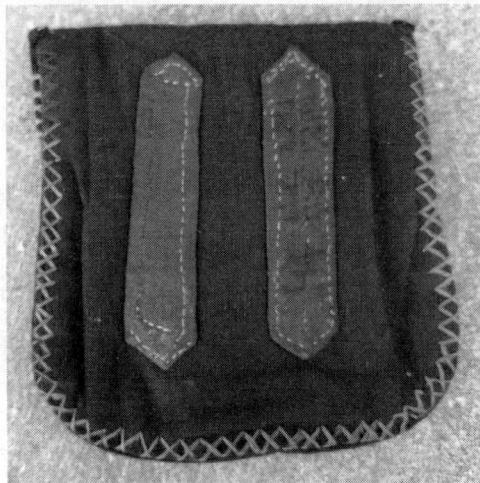

文工团的演员赠送给戈林生的小荷包

朝鲜的计划就将成为镜中花、水中月。

为了狠狠打击敌人，志愿军决定以打促和。金城战役，也是抗美援朝战争的最后一次战役由此打响。

志愿军炮兵云集金城。7月13日晚，夜幕下的金城以南敌军阵地，浓云密布，一场大雨即将来临。21时整，志愿军千门大炮瞬间齐鸣，炮弹铺天盖地砸向敌军阵地，炮火红遍半边天。

戈林生和战友们背着一捆捆厚重的电话线奔走。炮兵指挥所设在哪里，电话线就通向哪里。为了全力保障通信线路的通畅，戈林生豁出去了。

在志愿军的凌厉攻势下，招架不住的韩军低下了头。7月27日，朝鲜停战协定签字仪式终于在板门店举行。

戈林生记住了这一时刻。7月27日晚上10点钟，钟声敲响，阵地上枪炮声戛然而止。这一刻，前沿双方官兵从战壕中爬出来，然后一起欢呼。昨天还在厮杀的对手走到了一起，相互握手，拥抱起来。

戈林生和战友们手拉手跳到河里，痛痛快快洗了一个澡。

爬上岸，戈林生依然沉浸在喜悦之中。

他为自己所在的 67 军骄傲。3 年里，全军歼敌近 9 万人，名列参战的 27 个军之首。他所在的炮兵 41 团，威震敌胆，不仅打掉美军最先进的超重型榴弹炮，而且摧毁了无数的敌人阵地，为冲锋杀敌的志愿军扫清了障碍，战功赫赫。

而戈林生所在的通信班，出生入死，出色地完成了一次次任务，两年多时间几乎没有出过一次失误。虽然算不上奇迹，但足以让通信班的战士自豪。

归来裁剪新人生

金秋季节，硕果飘香。

1953 年 10 月，戈林生带着一身硝烟回到了祖国的怀抱。在北京的部队驻地，他继续接受军事训练和文化学习。

不久，部队对朝鲜参战的战士进行安排。有的继续留在部队，有的复员了。部队考虑到戈林生有一手缝制衣服的手艺，就打算安排他复员，到部队的军服厂工作。当部队征求戈林生意见时，他归乡心切，提出回吴江，建设家乡。

部队尊重戈林生的意愿。1954 年 1 月，戈林生回到了日夜思念的吴江。离开部队前，他获得了一枚抗美援朝的纪念章和一本复员证。

戈林生没有读过书，但在部队打仗的间隙接受过文化学习，他开始认得自己的名字。他发现，复员证上登记的信息有差错，特别将"戈"姓改成"顾"姓了。戈林生猜测在炮火连天的岁月，营部文书进行登记时误将"戈"听成"顾"了。

戈林生想改回来，但修改程序很复杂，何况何时拿到准确无误的证书还不知道。再说马上就要回家了，如果没有部队颁发的证书回去，那是无法办理报到手续的。

戈林生打消了恢复"戈"姓的念头。另外一个重要原因，那就是他的母亲姓顾。戈林生想，跟母亲姓也一样！

于是，从那以后，戈林生成了顾林生。

回到吴江，顾林生发现，同里镇北乡一起出去当兵的26人，回来的只有20人。其中6人负伤，还有6人牺牲在朝鲜战场。顾林生非常难过。

顾林生回到同里区镇北乡后发现，同里已经没有他的家了。他已到了成家的年龄，总不能还住在师傅家吧？

又是二哥出面。二哥在八坼友谊村做了上门女婿，他知道弟弟居无定所后，便在友谊村里寻找合适的女孩介绍给弟弟。在二哥的牵线下，顾林生和莫玉英认识，不久成为夫妻。顾林生将做裁缝时积攒的钱加上复员费，在友谊村建了三间简陋的平房。

从此，顾林生成了八坼友谊村人，也有了一个温暖的家。

脱下军装，顾林生成了一个地地道道的农民。在田野劳作，顾林生常常想在朝鲜战场的情景。但眼前不见滚滚硝烟，只有炊烟袅袅升起；没有被炮火炸成的焦土，只有生机勃勃的田野。置身于此，顾林生感到从未有过的幸福和满足。

在乡间，在田野，顾林生"裁剪"出新的人生。

不久，顾林生一家的境况也慢慢好转起来。此时，他的手技痒痒的，心中又一次升腾起购买一台缝纫机的愿望。不久，他如愿以偿，将一台蜜蜂牌缝纫机运到家里。他围着缝纫机左看看，右瞧瞧，心里真是美滋滋的。

有了缝纫机，顾林生更忙了。不少村民、亲友带着布料过来，量身、画线、剪裁、缝纫，顾林生忙得不亦乐乎。

1958年，在农业合作化运动中，吴江许多乡镇把"五匠"组织起来，成立了手工业合作社（组），友谊村也成立了由5个年轻人组成的裁缝小组。顾林生就是其中之一。

但那时的裁缝师没有工资奖金，是按工分考核出勤的。有时候做裁缝，有时候到田里劳动，戈林生处处积极主动，一干就是五六年。

后来，村裁缝小组取消，顾林生全身心从事于农业劳动。但他的手艺没有丢，家里人的衣服制作由他包了。

顾林生后来又买了一台蝴蝶牌缝纫机，"嗒嗒嗒嗒"的踩机声犹如美妙的乐曲在家里回响。

尽管顾林生使用了先进的蝴蝶牌缝纫机，但渐渐长大的儿女总说他做的衣服老套。顾林生乐呵呵地说，你们不要，那我给自己做。

后来，村里领导安排他当放水员，不久又让他从事养猪、积肥等劳动，有时候抽调他到村部参与村里的土地丈量、协助解决村民纠纷等事务。村领导看到他办事公道，还让他当了副队长。虽然干的是杂活，担任的又是"芝麻官"角色，但顾林生全力以赴，乐此不疲。

为集体、村民办事，顾林生走在前面。而涉及自己的个人或家庭利益，顾林生总是不争不抢，甚至甘愿吃亏。在村里，顾林生"傻"得出名，有的人联想到他有过抗美援朝的经历，就问他："你在朝鲜打仗 3 年，没有入党，也没有拿到立功证书，你不觉得吃亏吗？"

顾林生慢悠悠地回答："在朝鲜战场的时候，我只知道如何完成任务。至于其他，没有想得那么多。那几年里，许多战友牺牲了，命都没有了，跟他们相比，我应该知足了。"

那些人听了顾林生的话，油然而生敬意。他们知道，当兵的人不一样，经过战火淬炼的老兵更不一样。

时光悠悠，岁月更迭。到了 20 世纪 80 年代初，友谊村和其他众多的村一样根据国家政策，实行了土地承包责任制。

友谊村田多人少，在第一轮土地划分时，顾林生一家 4 个劳动力分到了 20 亩田。顾林生和田地厮守，成了一个躬耕乡野的半老汉。

已经没有多少人知道他还是个在朝鲜战场上参加多次战役、度过峥嵘岁月的老兵。

但党和政府没有忘记他们。1987 年，国家对志愿军老战士实行优待。不久，友谊村几个参加过抗美援朝的老兵拿到了相关津贴。

但顾林生没有拿到任何津贴，一查，原来八圻镇政府没有他参加抗美援朝的资料。

　　村里的人纳闷，难道顾林生没有去过朝鲜战场？顾林生觉得无所谓，他对子女说，不要去争，没有就没有嘛！他一如既往在田间劳作。

　　儿子顾小荣决心问个明白，经多方查找，终于在民政部门找到了他父亲参加抗美援朝的资料。原来，顾林生当兵登记的时候不在八圻，而是在同里的镇北乡。后来区、乡、村区域不断调整，加上戈林生变成了顾林生，以至于志愿军老兵优待名单中不见他的名字。

　　虽然费了不少周折，但不久顾林生享受到了一个志愿军老兵的待遇。

　　美好的生活在等待着顾林生。但到了1991年，已到花甲之年的顾林生突然下半身麻木，无法动弹，经医院检查，被确诊为脊椎炎。经过他妻子、

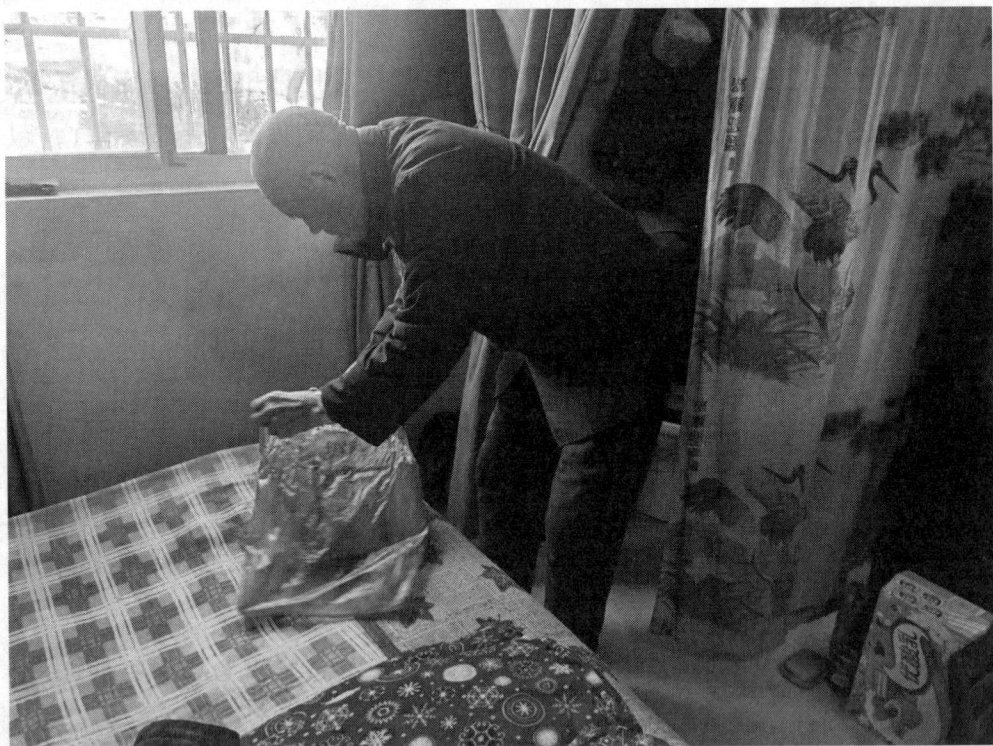

顾林生打开珍藏纪念章、证书等的包裹

儿女的周到照料和医生的精心治疗，两年后他痊愈了。想不到出院后不久顾林生又查出毛病——膀胱有结石，于是再度住院，动了手术。一番折腾，出院后的顾林生的身体不再像之前那么强健了。

作为儿子，顾小荣看在眼里。他考虑到父亲年纪大了，加上身体还在恢复期，于是不再让父亲种田，而是让他在新挖的鱼池上做一些轻便活计。

后来，顾小荣干脆让父亲在家休息。顾林生不罢休，他哪能安静下来，他又拾起裁衣的工具。但年龄不饶人，到了89岁时，顾林生发现，自己的眼睛没有以前好使，连针眼都穿不进了。于是，他终于放下慈父手中线，不管子女身上衣了。

又度一劫童心在

当我再次见到顾林生老人时，时光已跨入新的一年。

2023年1月8日，阳光依然温暖，友谊村更加迷人。但我见到顾林生时，我发现尽管他戴了一副口罩，但一双露出的眼睛显得有点无神。

原来，2022年末，顾林生和家里人感染了新冠病毒。他的症状最严重，连续3天发高烧。八圩街道、友谊村领导得知后，马上派人上门探望，还联系医护人员上门为顾林生检查身体，落实治疗方案。经过10多天的调养，顾林生的身体渐渐康复。

顾小荣告诉我，上级领导想得真周到，作为老兵的儿子非常感激。

我为顾林生高兴，为在硝烟和炮火中经受过洗礼的顾林生在今天又逃过一劫而高兴。

此时，躺在椅子里休息的顾林生突然眼睛发亮，他对我说，他今天比昨天好多了。为了证明他的身体状况，他兴致勃勃走进室内，将一辆座椅电动车推出来，然后坐上去，在屋前的水泥地上转了几圈，一副老顽童的模样。

顾林生告诉我，等他身体恢复，又要在小区里走走，再去隔壁的胜地

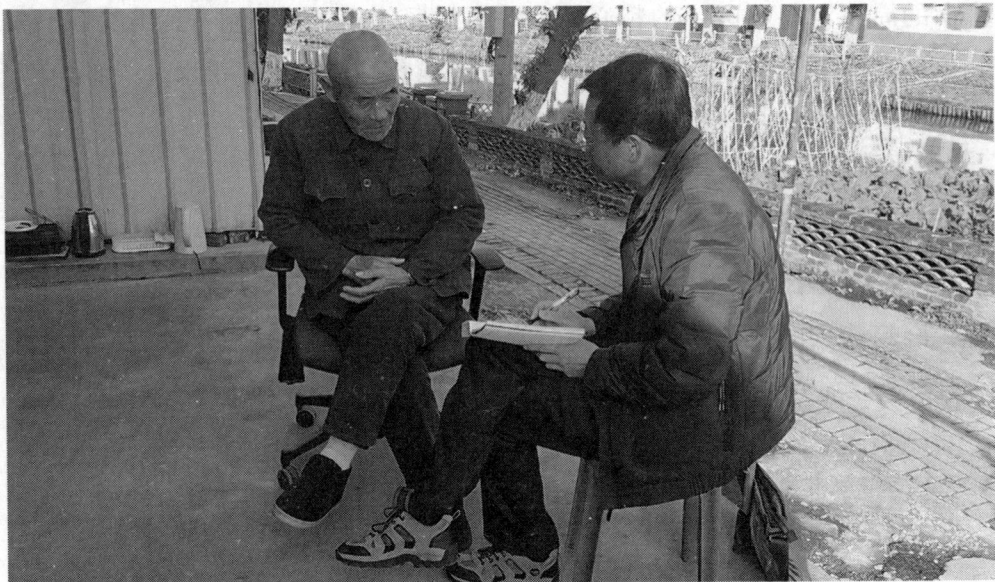
本文作者采访顾林生

公园转转，还要去附近的城南菜场买菜。

一个乐观豁达的老人竟然还有这么多安排？

顾林生怎能不乐观和豁达？如今，他们夫妻俩和儿子顾小荣一家居住在一起，其乐融融。所住的三层楼房建于 2017 年，高大而时尚。而顾林生所住的小区，那道路、河流整洁，环境十分优美。在村里住了 70 年的顾林生越来越喜欢所住的小区了。

还有，更让顾林生满意的是，他每月领到的养老金和志愿军老兵津贴，足够让他过上舒适的生活。如果遇到生病治疗，大部分医疗费还能报销呢。

党和政府对志愿军战士的优待，顾林生心里记着呢，他一点不"傻"啊！

在我的请求下，老人又一次拿出了抗美援朝纪念章、复员证，还有那一只精美的荷花包。凝视着那些珍贵的物品，我感慨万分。

此时的顾林生老人不再言语，他在静静地看着那些保存的物品沉思，眼睛里闪动着泪花。

一盒风烟一盒情

徐建国

叶泽湖花苑一区是吴江经济技术开发区栅桥村拆迁过来的村民安置小区，都是按照统一规格建造的，一排排三层楼房整齐地排列着。1136号门口挂着一块"光荣人家"黄底红字的牌子，里面住着的是一位老兵——一位抗美援朝老战士，他叫黄雄。

2022年8月17日下午两点左右，我们来到他家，一位个子不高、身体硬朗、十分热情的老人迎接了我们。

"我爷爷今年88岁了。"如果不是和我们一起来的这位老人的孙女黄娟介绍，我们怎么看他也不像88岁的样子，最多也就60多岁吧。黄娟是江陵街道退役军人中心服务站工作人员。

我们走进屋内环顾四周，装修得不错，家电家具一应俱全，但就是感觉空荡荡的，忍不住问黄娟："就你爷爷一个人住吗？"

"是的。这房子是我叔叔家的，他们不住在这里；我奶奶过世了，现在就我爷爷一个人住。爷爷有心脏病，一个人住，我们很不放心，可爷爷执意要一个人住，我们只好常来看看。"

当我们说明来意，老人就捧出了一只铁盒子。铁盒大约长30厘米，宽15厘米，高不到10厘米，盒面上的红漆已经斑斑驳驳。

"怎么会有这只铁盒子？"

小铁盒正面

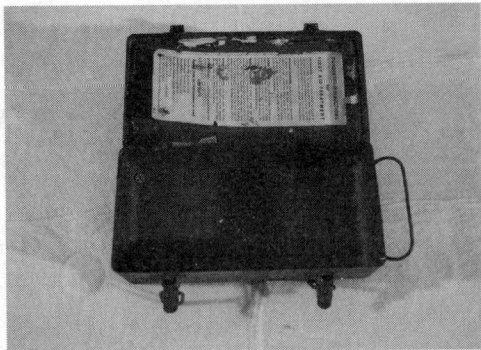

小铁盒里面

　　老人轻轻放下铁盒子，告诉我们："这只铁盒子是战利品，它是美国制造的，是用来放药品的，密封性很好。在抗美援朝的时候，是医疗队战友刘仁连在前线打扫战场时，捡到了送给我的。送给我，是因为我是卫生兵。"

　　盒子被老人轻轻地打开了，里面装着抗美援朝纪念章、和平纪念章及有关证书等。老人摸着一枚纪念章说："以前还有许多徽章，几次搬家，有些被弄丢了。"

　　黄家在当地（栅桥村）是大户人家，却一直为香火担忧。1935年6月，黄雄来到这个世上，那年他父母已经44岁；黄雄出生后，他父母再无生育，于是，他成了家里的独子。童年、少年，黄雄都是喝着蜜水长大的，1950年，黄雄在私立仁美中学（今同里中学）高中毕业。

　　"您是50年代的高中生，当时可是难得的有文化的人才呀！家庭富裕，又是独子，为什么要去当兵呢？"

　　"8岁那年，我亲眼看见日本鬼子在村里烧杀抢掠，无恶不作。抗战胜利后，新四军来到村子里，帮助老百姓干农活，打扫屋子，临走时将地上扫得干干净净，缸里的水拎得满满的，我们从来没有见过与老百姓亲如一家的军队。后来，美国佬打到鸭绿江边了，没有国哪有家呀，1951年底国家招兵，我是在新婚第三天就穿上军装参军去了。"

　　老人轻轻地抚摸着小铁盒，因为里面珍藏着那段刻骨铭心的记忆。

"那年在同里和我一起入伍的有 100 多人，其中 11 人当了卫生兵，我也是卫生兵。我们在常州集合后就奔赴朝鲜战场了。我是志愿军独立炮兵41 团卫生队的，队里有一个兵叫凌建生，是我们芦墟的。我们随部队战地医疗队驻扎在朝鲜一个叫'芦洞里'的村庄里。"

"一个高中生，去当卫生兵，是不是有点屈才啊？"

"话不能这样说！军人的天职就是服从命令，再说卫生兵也需要知识，没有知识也当不好卫生兵的。"

"刚入伍时领导分配我的主要任务是负责看护伤病员，给伤员擦身洗脚，清洗绷带，打扫卫生；同时参加战地培训班学习，学习了战地抢救、护理、解剖学、内科等医疗、救护知识。正因为我是高中毕业生，这些东西学得就是比别人快，很快成了主刀医生的助手。1952 年 4 月的一天，我第一次走进手术室，做了外科医生赵军的助手。"说到这里，老人不经意间流露出了一点小小的自豪。

"朝鲜的冬天是很冷的，从 12 月份开始，一直冷到第二年的 3 月份，气温都在零下三四十摄氏度。仗不好打，抗寒防冻也很难，许多战士不是被冻死，就是被冻伤。我们战地医院隐蔽在离前沿阵地二三十里的山坳里，敌人的飞机经常狂轰滥炸，为了伤员的安全，我们顺着山坡挖防空洞。为了建防空洞，我和战友们踏着齐膝盖深的雪到山上砍树，满头大汗连衣服都湿透了，可脚却冻僵了。我们拖着沉重的树木，深一脚浅一脚回来，刚停下来，衣服都结冰了。

"由于敌机狂轰滥炸，后勤补给常常送不上来。一把炒米、一只红薯，大家分着吃是常事，有时一天一夜没东西吃，在饥寒交迫、冰天雪地中，我们扛着上百斤重的树木艰难地在雪地里行走着；夜里，在山坡下搭个帐篷，裹着毯子背靠背坐着，怕躺下来冻僵了。但我们咬紧牙关坚持着，坚持着……"

说到这里，老人变得兴奋起来："我们的战地医院挖了 20 个防空洞，12 个伤病员住，8 个除了我们住以外，还有手术室、药房呢！我们搭建的防空洞可坚固了，敌人的大炮都炸不塌。"

"住在防空洞里，大炮炸不塌，是不是减少了很多伤亡和牺牲？"听了这样的问话，老人的表情转瞬之间变得悲愤：

　　"是减少了不少伤亡和牺牲，可是，我们还是有许多卫生兵在前线牺牲了，我们医疗队在前沿阵地上就牺牲了七八人。当时卫生兵很紧缺，一个连队只有一个卫生兵，一个营只有一个医生。一批又一批伤员从前线被送来，手术一台接一台。由于许多战士伤势严重，在前线又没有及时救治，有的伤口已经感染了，有的失血过多，许多伤员在我眼前牺牲了；那都是年轻的生命呀，有许多还不知道恋爱、结婚是什么样子，有的还是孩子……"

　　"这么多年轻的战友牺牲在你眼前，一定伤心流泪吧？"

　　"没有。因为我们都是准备死的，从跨过鸭绿江那一刻起，就没有准备再活着回来。那时，死，只是个谁先谁后的问题……"

　　老人脸色凝重，目光注视着小铁盒。那只小铁盒仿佛让我们看到了那战场上的烽火硝烟，看到了年轻的志愿军战士前赴后继倒在血泊中，也仿佛看到了卫生兵在战壕里以死救伤员的身影……

　　老人的脸色更加难看，小铁盒被他抱得越来越紧："我们12个一起当

黄雄

愿祖国越武来强大
人民生活越来越武幸福

黄雄
2022年8月17号

黄雄题字和签名

卫生兵的战友，一个牺牲在朝鲜战场，其他 10 个也过世了，只有我还活着。"

1954 年，黄雄从部队退役。组织上安排他在南京市华东局建筑筹备工程公司工作，当时他享受副连级待遇，每月工资 38 元。

"不错呀，38 块，当时那是高工资啦，而且还在大城市工作。"

"是的，可是，我没去。"

"为什么？"

"去大城市工作，是多少人盼都盼不来的好事。可我是一个农村人，当时父母也已经 60 多岁了，我又是独子，在外地工作的话，父母就没人照顾了。于是，我狠狠心，放弃了南京，放弃了副连级待遇，回到村里干起了赤脚医生，把在部队学到的卫生知识和医疗本领服务村上的乡邻，同时尽孝，照顾年老的父母，也挺快乐的！"

说着，老人摩挲着小铁盒："比起牺牲的、过世的战友，我比他们不知幸运多少，不知幸福多少……"

老人说，那只小铁盒伴随着他走过了七十几个春夏秋冬……里面装着他的记忆，装着他的荣誉，也装着朝鲜战场上的硝烟，更装着他保家卫国的情怀……

暂住在车库里的功臣

灵 犀

因为第一次采访得比较仓促，或者真的再想去看看这位抗美援朝期间两次荣立三等功的老战士，趁周六休息，我再次走进了他的家——朱家浜小区二区的一个车库。恰巧，老先生的三女儿和一个儿子也在。

沈文斌，两次荣立三等功，不管怎么说，也是一个功臣了！一个功臣却住在小区车库里，这会让很多人生出很多想法；有想法，说明大家还有公义立场和对英雄、功臣的尊敬之心。然而，沈文斌是因为房屋拆迁还没有拿到房子，才去借住的车库——事出有因，不是人们想的那么一回事。当然，人们心里寒碜一下还是应该的，借问各方也未尝不可。

沈文斌老先生 1928 年 2 月出生，今年已经 94 周岁高龄了。沈老虽然右耳被炮弹震聋戴着助听器，但腰板挺直，慢慢交流还可以。问起当年参军之事，沈老很是激动：虽说自己家土改时被划为中农，但自己思想上要求进步，1950 年 3 月就加入了共青团。当政府号召青年"抗美援朝，保家卫国"时，自己走到政府人员面前问参军的条件，他们说不是独子就行。而他有个哥哥，便当即就报了名。

那会儿，参军的无上光荣，是现在年轻人无法想象的。沈文斌人还没到家，消息就已到了家。23 岁的他，已是两个女儿的父亲，女儿一个 3 岁，一个 1 岁。同岁的妻子钱金宝，贤惠、明理，得知丈夫要丢下一家老小，丢给自己繁重的农活，去朝鲜打仗，尽管心里不舒服，她还是一句埋怨的话也没说，更不要说流泪哭闹了。沈文斌临别时对妻子说，家里的地你不用担心，队里会帮衬种熟的。这，算不算是对妻子的一种安慰？抑或是一份不舍？

1951年3月，沈文斌从家乡同里星南乡（后改双庙村）参军了。新兵连先到无锡，再辗转到了河北省秦皇岛集训。后来，在嘹亮的"雄赳赳，气昂昂，跨过鸭绿江。保和平，卫祖国，就是保家乡……"的战歌声中，迎着凛冽寒风吹成的哨声，他大踏步地跨过了鸭绿江……刚入朝时，他被编在第67军炮兵41团警备连，后入该团3营8连当了一名炮兵。

说起入朝后的艰苦，沈老说："那个才真叫一个苦呀！一天两顿高粱米饭；急行军将近20天，靠树干上睡觉，能在朝鲜老百姓的屋檐下，倚靠着睡觉是最好的啦；脚上的大血疱挑破了，里边还有小血疱，小血疱里边还有更小的……"突然，沈文斌打住不说啦。沉思片刻，他诚恳地说，"妹妹，这些苦你可千万不能写进书里，坍国家台呢。"于是，我承诺不写不写，但沈老却不肯接着"诉苦"啦。

沉默中，我一一翻看着桌子上的各类证书，有"革命军人证明书"，有中国人民志愿军政治部、司令部向志愿军家属颁发的"立功喜报"等，最抢眼的是两本紫红色封面的"立功证明"。

说起那两次立功，沈老似乎没什么太多的兴奋与骄傲。他回忆道："刚去朝鲜，自己被分配在了团部警备连，当时，部队在做朝鲜金城线阻击战的准备。朝鲜的冬天实在是太冷啦，警备连除了日常的警卫任务，还要伐木、烧窑取炭。"1952年7月一次伐木，他的头部被树枝砸晕过去，这是第一次立功。7月1日立的功，8月11日立功喜报就已寄给我的家人。这功立得也没什么，沈老轻声说完，还嘟哝了一句，"在警备连，自己弄丢过一件大衣，受到队前警告呢。头伤治愈出院，正好团部选拔培训炮兵，就报了名，遂了我当一名真正炮兵的愿望。"

在朝鲜的每时每刻，我们的援朝战士都在经历着生死，沈文斌更是数

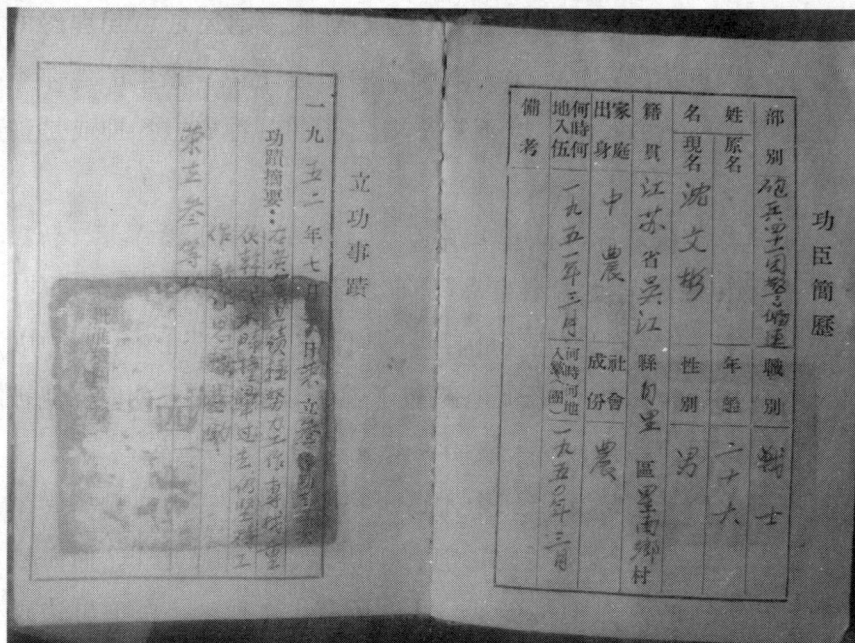

立功证书

立功喜报

度死里逃生。

　　一次，他执行任务走在两山间稍微开阔一点地段时，盘旋在云层中的美军飞机，突然俯冲扫射，子弹就像鲜活的餐鲦鱼在脚前跳跃。

　　再有一次，食堂被炸了。本来，食堂是有掩体的，也不知美军飞机是精确轰炸，还是误打误撞到的。沈文斌和几位战友刚离开，身后的食堂就被炸得稀巴烂，眼睁睁地看着食堂里剩下的十数位战友牺牲了。

　　还有一次，沈文斌更是差一点就长眠在了朝鲜。那是1953年6月24日，十字架山战斗。那时志愿军用的是105榴弹炮，规定连续发射10颗炮弹，就要把炮用树枝等伪装遮盖上，隐蔽好。干什么活都是冲在前面的沈文斌，这次也没例外。没承想，正在他和战友们冲出防空洞的瞬间，美军的一颗炮弹正落在了洞口前，只听"轰"的一声，沈文斌就感觉自己的身体随着烟雾腾空而起，瞬间又被重重地掼在地上……

　　"自我感觉没晕过去，只是满脸满身是血，却又感觉不到一点疼痛……"

第二次立功证书

战友们找来担架，把他担往医院。一路上，3位战友不停地鼓励血肉模糊的他："挺住！挺住！"还不时地探探他的鼻息……3位战友抬着他奔跑了一夜山路，才把他送到最近的战地医院。

沈文斌的右侧头部及耳朵、肩膀、扇骨、臀部、大腿等5处受伤，几乎半个身子被炸烂了。经过战地医院的简单包扎，沈文斌被紧急转回国内，入住辽宁省沈阳陆军总医院治疗。他的右耳被震聋，右臀部和大腿都留有较深的凹陷伤疤，右后背的扇骨受伤最重，边治疗边溃烂，甚至发黑发臭……但沈文斌却奇迹般地死里逃生。于是，沈文斌第二次荣立了三等功。

经过数月治疗后，那天主治医生对他说：你明天可以出院归队啦。那几天，正好沈文斌的哥哥沈文郁来沈阳，探望重伤住院的他。兄弟俩得知他能够痊愈归队的消息，开心得不得了。没承想，也就在那日夜里，沈文斌开始大吐血，甚至被送进了重症监护病房，后被确诊为肺结核，被转送到江西一家部队医院继续治疗。

肺结核病来得突然，这让沈文斌想起了抗美援朝战场上的一些蹊跷事：也是吴江籍的一位战友，在走路时捡到一支钢笔，便本能地去拧钢笔帽，没承想"钢笔"却爆炸了，这位战友竟当场牺牲了。类似的蹊

沈文斌近照

跷事很多很多，甚至团里发通知下来，不许捡地上的任何东西，哪怕一张纸！"美国鬼子打不过我们，就来阴招！"后来，从报纸上得知，敌人用什么细菌战的。他的肺结核是不是感染了细菌，沈老说不清楚。但是，后来才知道，他们67军的军长李湘就是因为感染美国鬼子的细菌弹而牺牲的。70多年过去了，再谈当年这些事，沈文斌还是那么难掩愤恨。"鬼子太阴了……""本来我是可以归队的……"

1954年11月，沈文斌直接从江西复员回到了吴江同里双庙大队。1956年4月，他光荣地加入了中国共产党。七八年后，沈文斌还当上了双庙大队大队长。

在儿女的记忆中，回来后的父亲也常常不在家。粮食最困难的时候，父亲在队里粮站看管粮种。她们没有看到过父亲带回来一把稻米，哪怕让小姐俩填饱一回小肚皮也好啊！饿得实在没法子的小姐俩，去队里偷地里的无花菜（紫云英草），好几次篮子都被人抢去踩烂了。"紫云英是队里长的，集体的，不能偷啊！"

沈文斌复员后又生了2女2子。三年困难时期，三女儿正是蹒跚学步之时。每天，母亲从大队食堂打一小碗粥，让两个女儿端回家给妹妹吃。两个同样是饿急了的孩子，半路上你一口我一口，到家时粥就剩个碗底子……后来还是隔壁人家带口信给母亲钱金宝，说快回家看看吧，你家三丫头不行啦，快要饿死啦。

两次采访，沈文斌的小儿子都没在场，从他的三姐和哥哥口中能感受到，小儿子跟这位"铁面"父亲不但不亲，甚至是"恨"的。

三姐说："八几年的时候，小弟已经相中对象，那对象真是喜欢我弟弟，不谈任何彩礼、酒水，只要造三间平房就结婚。"说到底，只要男方给个窝，这要求一点不为过。而当时，身为大队长的沈文斌，只要有这个想法，借钱是没有多少问题的，但他就是不愿开口去借！最后，小儿子只能做了另一户人家的上门女婿。

"不是借不到钱，也不是不能借钱。不过，那个时候，没有什么富人家，

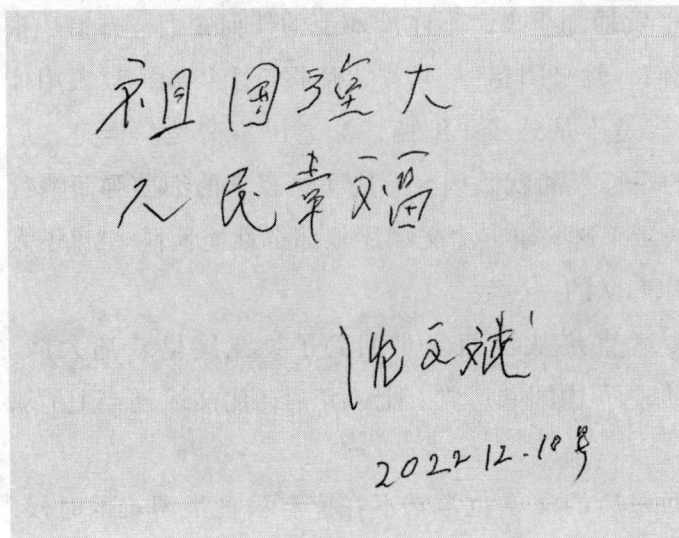

祖国强大

人民幸福

沈文斌

2022.12.10号

沈文斌签名

家家日子都不好过。"数年戎马生涯，多少次死里逃生。"与牺牲的战友相比，活着已是天大的幸事！还求什么！"

2018 年 7 月，叶建村（原双庙大队）拆迁，大儿子沈留宝怕委屈了父亲，本想租一套房一家人跟老爷子同住的，可租户一听说有位 90 多岁的老人，都把头摇得跟个拨浪鼓似的。现在，他们一家三口在养鱼的田埂上，搭了一间彩钢板房将就着居住，老父亲则借住在车库里。在儿子收拾出这些抗美援朝军功证书、喜报时，沈老又板上了他那张父亲加军人的脸："不许去麻烦政府！"

"他这臭脾气，活该住车库！"每每这时，心直口快的三女儿，都会愤愤地怼自己的父亲。

"我都 94 岁了，还能活几年？有得住就行了，车库，有电，有水，有电视，总比战场上的弹坑好吧？"

最后，我请沈老签个名。沈老接过我手中的笔，沉思片刻，哆哆嗦嗦地写下：祖国强大，人民幸福。

永远无法忘怀的胜利味道

陈 军

2022 年 8 月的一天，在盛泽镇坛丘村工作人员的陪同下，我们一同探访了抗美援朝老兵王文奎，了解了那段尘封在他记忆中的故事。

今年 98 岁的王文奎，头脑灵活、口齿清晰、行动敏捷，这不禁让我感到惊讶。当谈及抗美援朝战争，王文奎那饱经沧桑的眼睛里逐渐绽放出光芒，老人非常高兴地跟我们讲起了他的故事。

"当时，'抗美援朝、保家卫国'的口号一直在我脑海中回荡，我就决定和几个同乡一起参军入伍。入伍后，我对保家卫国的认识更深刻了。"王文奎是 1953 年 1 月入伍的，成为 60 军 179 师 537 团机炮连的一名战士，是一名重机枪手。"印象里是在苏州木渎完成集结，过完年后立即赶赴了朝鲜战场。"

参军参战，意味着牺牲。报效祖国的路，有时就是在死亡线边缘游走！"你们年轻，没经历过战争，战争真是太苦了！那会儿天气凉，走在路上，经常能听见战友背的军用水壶被冻裂的声音。战场上，一个炸弹过来，轰的一声，人就没了……"说到这里，老人不由得叹气。

王文奎所在的部队，任务是要上前线，完成交替补充作战。因为带着机炮，部队只能靠车子运输，白天防空袭，晚上"急行军"。每天不定时有敌机侦查和轰炸，为了躲避敌机，白天不能生火做饭，躲在山洞里防空时，

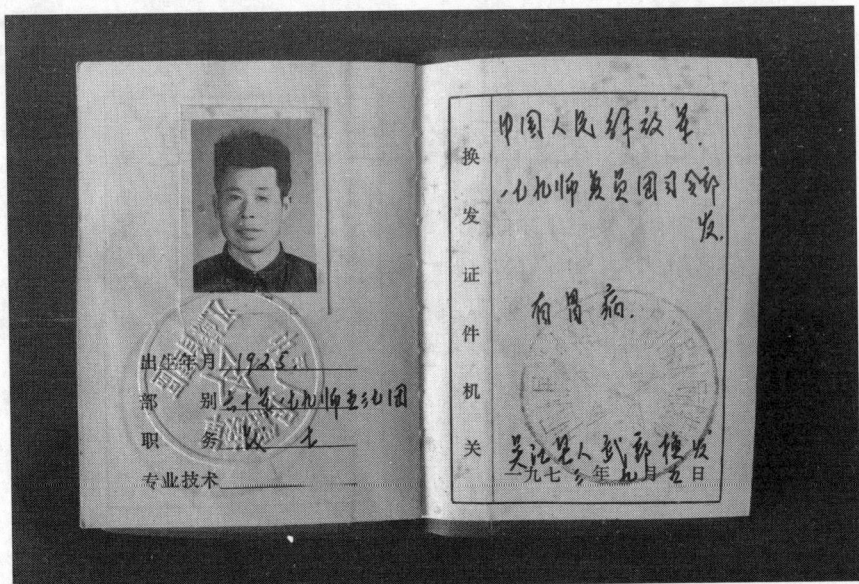

吴江县人武部换发的退伍证书

三等功喜报

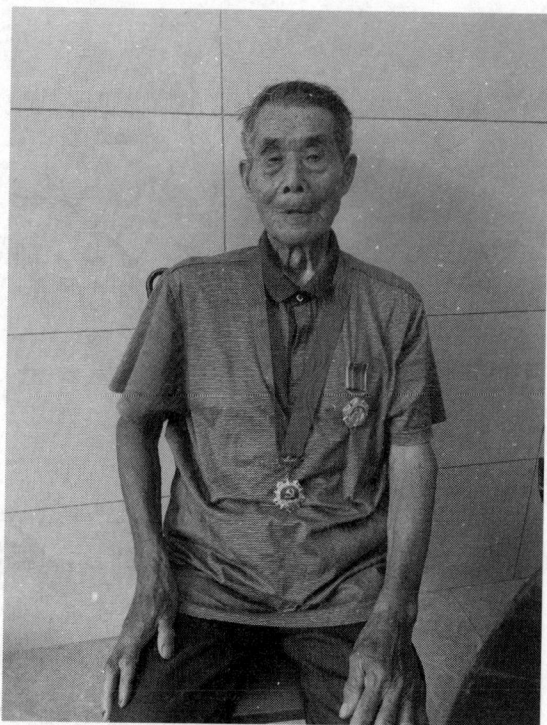
王文奎近照

大家就装上一些煮熟的土豆，压缩饼干很少，主要留着上前线打仗的时候吃。"在零下三四十摄氏度的气温下，土豆很快就冻成一个'石头'，硬得像鹅卵石，啃起来挺费劲，而且冻过的土豆，味道是苦涩的，大家都不爱吃。但就是这种又苦又硬的食品，也常常是吃了上顿没下顿。我的胃病也是那时候患上的。"王文奎说。

除了敌机侵扰和食物匮乏，还有一大难题就是水。山洞里没有水源，部队会指派两三名战士，每人身上挂一二十个水壶，悄悄下山找水。结果是有的战友幸运地取到水，有的一天也找不到水，有的牺牲在找水的路上……

行军路上的困难还有很多，比如由于山洞潮湿，战士们很容易患上皮肤病；再如深夜行军时遇到敌机巡逻投下的照明弹，一旦暴露目标就有生命危险。"还没到前线，已经有不少战友牺牲在敌机轰炸之下，一起从盛泽

王文奎签名

出来的就有两名战友牺牲了，他们来自盛泽的溪南村和坝里村。"

"三八线前有个湖泊，湖的对面就是敌方阵地了。"王文奎终于跨过了三八线，准备跟美国鬼子大打一场，可是，停战了，停战协议正式生效了。"遗憾啊，我到前线没有打出一发子弹。高兴的是，我们迎来了胜利！"

几十年过去了，王文奎回想起抗美援朝胜利的画面，依然历历在目。宣布停战时，每个战士满脸满身，从肌肤到毛孔，全蒙着厚厚的黑色灰尘，可战士们还是敲锣打鼓，振臂高呼"共产党万岁""毛主席万岁"……炊事班还为大家加餐，香肠、罐头、鸡蛋粉等，那是永远无法忘怀的胜利味道。

"没有共产党，就没有新中国，更没有我们现在的幸福生活。我们要倍加珍惜今天的和平环境和安康生活，这一切都来之不易！"王文奎几度哽咽地说。

1954年1月，王文奎从朝鲜撤离，跟着部队来到了安徽蚌埠，负责部队营房的建设。由于建设成效显著，王文奎还荣立了一次三等功。1955年2月，王文奎退伍回到盛泽，不久加入了中国共产党。在村里，他先后担任领导等职务，后来又借调盛泽镇工业公司办公室，之后又担任了农技站站长，直至退休。王文奎在不同岗位上发光发热，没忘记时刻保持一名志愿军老兵的光荣。

"北溪 2 号"有个上甘岭老兵

陈 军

"抗美援朝，保家卫国，曾经经过枪林弹雨，是我这一生啊，最珍贵的回忆。"在盛泽镇荷花村北溪 2 号，住着一位参加过上甘岭战役的志愿军老兵。

这位老兵名叫张法观，今年 90 岁了。回忆起在上甘岭战役的日子，表情特别凝重，长长的长寿眉都有点微微抖动。他一边抚摸着抗美援朝纪念章，翻开泛黄的复员军人证明书，一边慢慢道出那段充满激情、充满艰难的岁月。

1951 年 3 月，张法观响应国家号召，报名参军参加抗美援朝。由于是独子，家

张法观近照

人和长辈都非常舍不得他离开，但张法观还是毅然决然地走上了"当兵路"。

"上半年，在驻吉林的部队里学习文化知识，接受军事训练，下半年就出发前往朝鲜了。"张法观说，他是第二批入朝的中国人民志愿军，当时村里和他一起去参军的共有 3 人，只有他一人去了朝鲜。

还没入朝打仗，部队就经历了一道难题。在他们前往朝鲜的前一天，

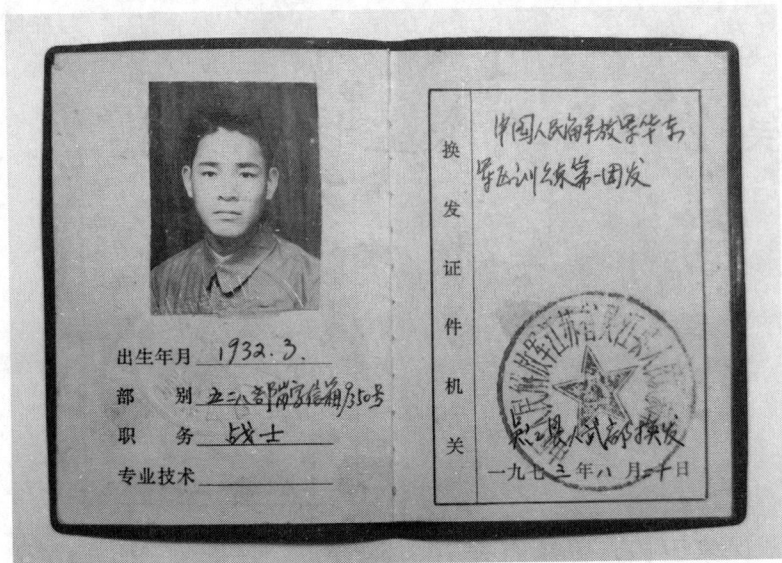

吴江县人武部换发的复员证书

美军的炸弹炸毁了鸭绿江上的大桥。

无奈之下，志愿军只能靠轮船摆渡。这是 1951 年 11 月 23 日，寒风刺骨，天空中飘着鹅毛大雪，零下 30 多摄氏度的恶劣环境，让张法观提前感受到了严寒与战争的残酷。

张法观回忆，那个时候，每天都有敌机在头顶上一轮一轮地飞过，张法观看到，几乎每次都是 12 架，排成人字形，只是不知道它们会在什么时候扔炸弹，反正我们随时都有生命危险。为了隐蔽行踪，不被敌军发现，白天全体人员只好潜伏在山洞里，晚上再"急行军""办事情"。

但即使在深夜，志愿军也不能使用照明设备，不能生火，一旦使用就会暴露目标和位置，引来敌机轰炸，后果不堪设想。因此，大家只能摸黑行动，同时还要注意一旁的山沟，山沟里全是厚厚的雪，一不小心掉下去，几乎很难活命。

此外，如出外执行任务，必须"全副武装"，头上戴上插满树枝条的帽子，肩上也要插满枝条，身上也要挂满树叶，把自己伪装成一株植物，避免被敌人发现。

"行军路上，我们也到过朝鲜一些村子里，里面几乎没有男丁，只有老弱妇孺。当时，朝鲜是全民当兵，他们保家卫国的钢铁意志，让我们深深感动。战士就在想，只要我们坚定信念，也一定能夺取战争的最终胜利。"

在朝鲜战场，初中毕业的已经属于知识分子了，张法观因为是个初中生，便当了发报员。1952年10月，上甘岭战役打响，美军集中兵力对上甘岭狂轰滥炸。张法观非常荣幸地参加了这次著名的战役。行军中，他们不仅要身背电台、手摇马达、天线等器材，还要携带自己的东西，大家一路上发扬团结友爱的精神，相互帮助，互相扶持。到达阵地后，大家马上构筑工事，架设电台，及时与上级电台沟通联络。战斗开始后，来往电报很多，工作极其紧张。有一次，为了躲避敌人的炮轰，他们被困在山洞里七天七夜，饿了吃一点炒面粉充饥，渴了喝一点山沟里流下来的水，经常分不清白天黑夜，

张法观接受采访

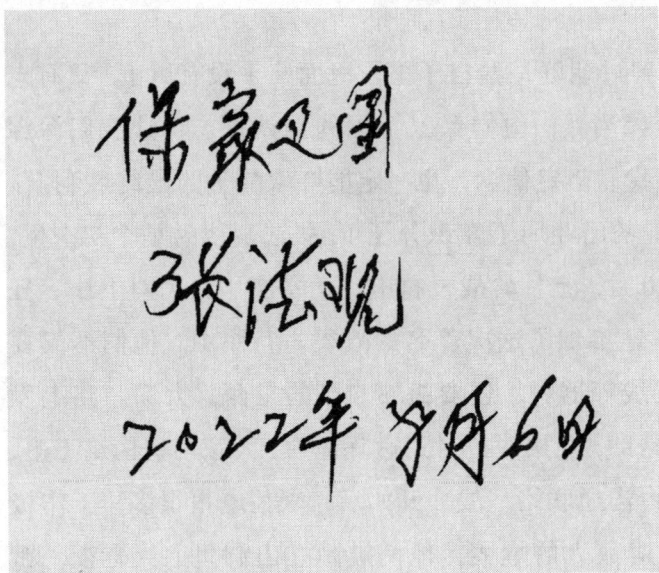

只听飞机飞过的轰鸣声和一直不停的炮声、枪声。残酷的战争环境，张法观现在还记忆犹新。他们只能发扬不怕苦、不怕累、不怕牺牲的精神，时刻保持着高昂的战斗意志，度过了一道一道难关，终于迎来了漫长黑夜后的黎明——上甘岭战役的胜利。在这次战役中，电台班比较圆满地完成了通信联络任务，战后，师司令部、政治部为电台班荣记了一次集体三等功。

1953 年 7 月，《朝鲜停战协定》签订，同年 9 月，张法观因为身体不适回到祖国，被分配到华东军区训练第一团继续当战士。1953 年 10 月，张法观复员回村。此后，张法观在村里干了一辈子，担任过互助组组长，负责抓村工副业生产，担任过治保主任和民兵营长。如今，张法观与老伴身体尚好，衣食无忧，住的也是全新的大别墅；家庭幸福，四世同堂。90 岁的张法观，经常笑在脸上，像荷花一样灿烂。

我会画"祖国万岁"

灵 犀

在同里工作了 20 多年，并在同泰弄西隔壁居住过多年的笔者，居然不知道同泰弄 5 号住着一位抗美援朝志愿军老兵。带着深深的敬意和歉疚，笔者一行走进了 108 室朱阿大志愿军老兵的家。

1933 年 5 月 28 日出生，虚岁已是 90 高龄的朱老爷子，腰板挺挺，身体硬朗，唯一不足的就是听力不太好。寒暄几句后，当老爷子弄明白我们是为他抗美援朝那段光荣历史而来，就赶紧让老伴帮他去取助听器。

中华人民共和国成立初期，一场抗美援朝保家卫国热潮在全国掀起。时年 20 岁的朱老爷子正是热血青年，1953 年 2 月 13 日，他毅然参军，被送往苏州木渎进行短暂新兵集训。随即，朱老爷子就像歌里唱的那样："雄赳赳，气昂昂，跨过鸭绿江……"

10 多年前，朱老爷子罹患脑梗。10 多年后，他还能麻溜地说出自己 70 多年前参军是在 60 军 179 师 537 团，但他已记不清是 3 分队还是 4 分队了，这让老人家很是懊恼，可更让老人家懊恼甚至遗憾大半生的是"抗美援朝我连枪都没摸过"！"枪都没摸过！"采访中，朱老爷子几次摊开双手激动地表述着。

因听力不济，采写中笔者所问与老爷子所答，时常不在一个频道上，我就想请教其老伴李阿婆。以为相伴了大半个世纪的夫妻，李阿婆总会知

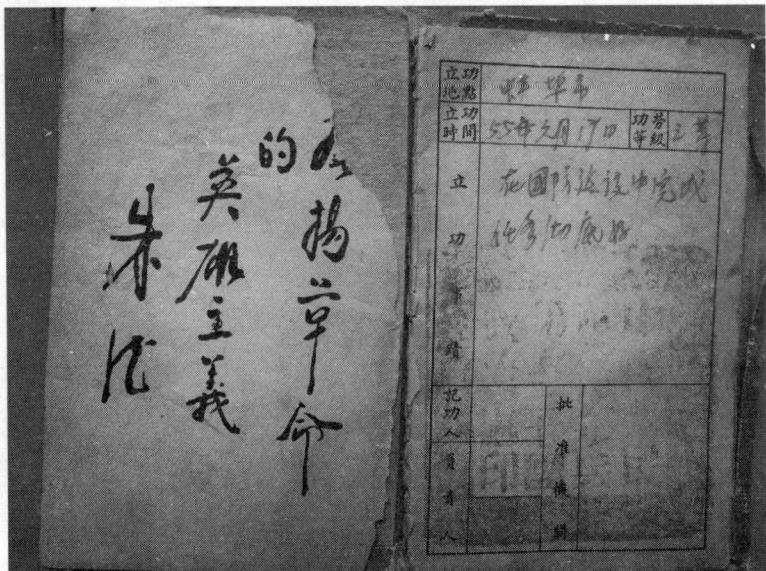

朱德签署的嘉奖令

道不少朱老爷子抗美援朝的感人故事，没想到，李阿婆总是摇头："抗美援朝的事情他从来都不愿意提的。"没摸过枪！作为一名"雄赳赳，气昂昂，跨过鸭绿江"的战士，也许至谢世，这都将是一份无法言说的"坍台"事情。

其实，在抗美援朝的战场上，也会有一些人是不拿枪的，而后勤保障并不逊色于厮杀于前沿阵地，朱老爷子所在的后勤保障担架队，也是成天在血与火的威胁与考验中。6人组成一个小分队，2人一副担架，往山上运送米粮，往山下抬伤员和牺牲的战友遗体……黑夜，也只能在黑夜行动。战士们穿山越岭，躲避头顶上飞机的扫射，钻过层层涂着病毒的铁丝网……记得，那次是运送50斤大米上山，一枚炮弹嘭地就砸在朱老爷子运粮小分队担架旁边。万幸的是，那枚炮弹没爆炸，只要活着，就只有一个信念，那就是继续飞奔……

什么叫枪林弹雨，没上战场的人永远无法体会。朱老爷子没被枪林弹雨击倒，双小腿外侧却被带毒的铁丝网扎伤，慢慢地伤口感染长蛆，最后腐烂，深可见骨……

朱老爷子是在抗美援朝取得最终胜利后回国的，从朝鲜回来就被部队安排进了安徽蚌埠烧窑，成了真正意义上的为国防建设添砖加瓦之人。那时一块砖8斤重，年轻体健的他每次都要搬18块，140多斤重。也许，他是想用砖的重，去弥补在抗美援朝没有摸枪的遗憾吧。最终，他患上了严重的腰疼病，辗转多家部队医院医治，都未能痊愈。至此，朱老爷子的腰痛病算是落下了根儿。1955年元月17日，他得到了"在国防建设中完成任务彻底好"荣立三等功的嘉奖令。

1955年5月底复员的朱老爷子，回到了同里，被安排进了同里合作商店。这个合作商店的全称是同里供销合作社，1951年6月正式成立。在工业还很滞后的当时，这是一个很不差的单位。带着行伍作风的朱老爷子，做事

朱阿大夫妇与采写人员合影

勤快，为人谦和，工作没多久就被小他 5 岁的李金妹相中。娶妻生子，顺顺当当，但时不时袭来的腰疼和医治费用，以及相继出生的一双儿女，让他一家生活举步维艰。特别是在三年自然灾害期间，吃了上顿没下顿。"我没向政府开过一次口！"老爷子颇为自豪地回忆道。

朱老爷子居住的同泰弄是一处老弄堂。10 多年前，因邻居家发生火灾，老爷子上滩的卧室被连带烧毁，只留下了下滩厨房兼吃饭间。当笔者提到志愿军奖章及证书纪念物时，朱老爷子夫妇忙不迭地说："有！有！两块奖章是藏在下滩抽屉里，才保留下来的，证书和其他物件都被烧毁啦。"看着两块黑乎乎的奖章，笔者心里沉沉的。在两位老人的脸上，没有为治腰疼带来了生活拮据而喋喋不休，也没有邻居火灾殃及自家而愤愤不平。他俩满心欢喜说的全是退休工资够花，政府每半年都要发慰问金，哪个哪个部门来慰问等的满足感。看着一对耄耋老人，知足就是幸福和长寿吧？书写着的笔端情不自禁地慢了下来……

采访策划方案的最后，是请老兵签名。

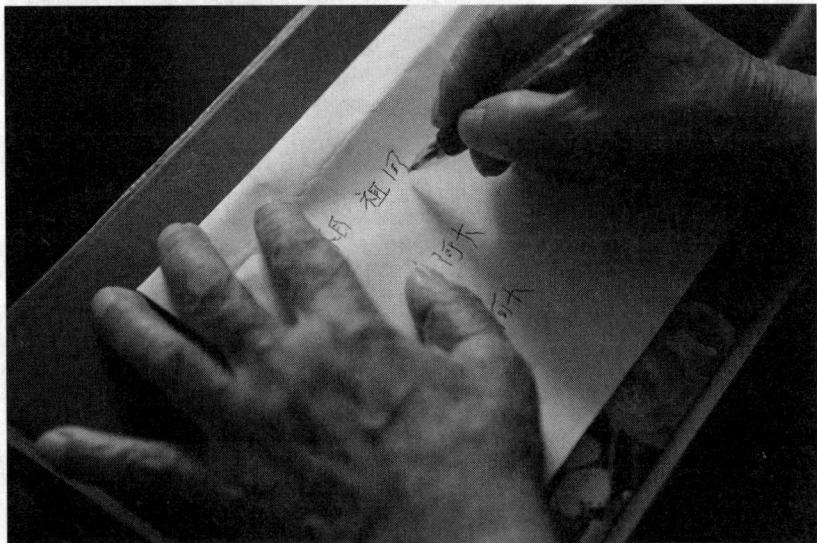

朱阿大在认真地画"祖国万岁"

笔者问："老先生，想请您帮签个名，行吗？"

老爷子答："我不认字，但名字会写。"于是，老爷子努力又工整地写下：朱阿大。

笔者随手在笔记本上写下：祖国万岁。递到他面前，没想到老爷子居然读出了声："祖国万岁！"

"你认识'祖国万岁'？"这让笔者既兴奋又遗憾，"要能写就好啦！"

"我能画出来！"老爷子出人意料地说道。

于是，我们都敛气屏息，静静地看着老爷子一笔一画、毕恭毕敬地画出了——"祖国万岁"4个字。

从准新郎到真战士

李红梅

　　1955 年的一个秋日，一场简单而隆重的婚礼吸引了开弦弓村的男女老少，他们用鞭炮和热闹表达着对新人由衷的祝福。新郎周梅生正在满脸笑容地发烟发糖，时不时回头看一眼他美丽而娇羞的新娘。这是一场迟到的婚礼，这是一场在周梅生心头演绎了无数次的婚礼，这也是一场来之不易的婚礼。

　　把时光的镜头切换到 1953 年一个秋日的下午。周家的门厅上挂着一头刚刚杀好的大白猪，四邻八乡的亲朋好友也在陆续往周家会集。第二天，是 24 岁的周梅生举行婚礼的大喜之日。庙港乡下的规矩，婚礼正日的前

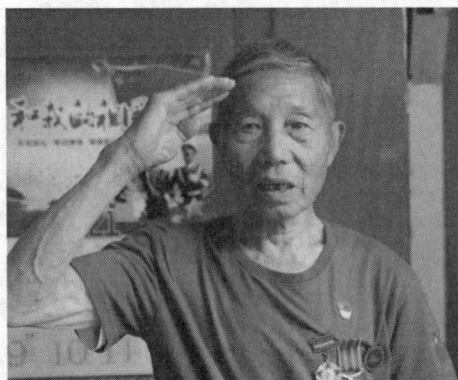

周梅生近照

周梅生老伴姚福金近照

一天，亲戚们就要来搞气氛，吃落桌夜饭，也就是婚礼的预备饭。几乎就在开席的同时，周梅生突然接到了公社发来的通知，要他立即收拾行李，立即去吴县木渎集合，部队很快要开赴朝鲜前线。

婚礼和新娘，战争与前线，军令如山，周梅生没有时间纠结，母亲帮他准备了衣物，父亲去通知亲家和大伙，婚礼取消。他的准新娘，只来得及拉着他的手说"凡事小心，我等你回来"。热泪涌出了周梅生的眼眶，他暗暗下定决心，一定要活着回来。

"匆匆告别亲人，去木渎短暂集训，出发上战场。从苏州出发，乘坐火车，经过七天七夜，我们才到达了鸭绿江边的安东市。长途跋涉，身心疲惫，每个人都灰头土脸，没了精神气。"那段经历是如此铭心刻骨，即便是对于70年后的周梅生来说，清晰如昨。"我们接到的第一个任务是在安东修建一个临时机场，时间紧任务重，战士们整夜整夜地干活，累了就找个地方躺一会，醒来继续干。在这样极度的疲惫中，难免神情恍惚，我的脚背被意外砸伤了，无法动弹，我只好送到附近的居民家中养伤。虽然身体无法动弹，但我的心里很是焦虑。躺在北方人家的炕头，我却想到了千里之外江南的家，想我那来不及过门的媳妇。我不知道接下来我要面对的是什么，上了战场之后，还能否活着回去；如果我牺牲了，她怎么办？离家好几个月了，她一定也在担心和思念着我。"

一个月后，周梅生的伤养好了，安东机场也修建完成。"雄赳赳，气昂昂，跨过鸭绿江"之后，部队一刻不停，继续前进。没日没夜地急行军，实在太累了，走路都打瞌睡，时不时有战友走着走着就从山上滚了下去。但是，时间就是生死，那时，战争正处于胶着时期。正逢著名的上甘岭战役结束，尸体堆积如山，周梅生所在的部队最主要的任务是打扫战场，掩埋尸体。条件异常艰苦，吃的是干粮，喝的是旁边沟里的血水，加一片冷水片消毒，晚上睡觉，就在边上铺一块油布，就是睡在死人堆里。但这一切都没有什么，每当他看到那一张张失去了生命的年轻面孔时，内心都难过不已。他本能地想，不知道他们有没有结婚，在家乡有没有等待着他们的爱人。异国他乡的夜晚，周梅生自然而然地想起自己的爱人，他知道她也正在想念着自己。唯一能让他安慰的是，因为自己的出征，一定有另一个，不，应该是更多的"周梅生"可以安稳而幸福地守护着他的妻子，守护着他的父母。小家和大家，这分量不用掂量。

不久，一桩意外的悲剧深深触痛了周梅生的心，他同乡的一个战友，不慎踩到了一颗遗漏的地雷，当场就被炸得血肉模糊。年轻鲜活的生命就这样瞬间消失在眼前，这是一种非常恐怖的体验，当晚，周梅生给他的未婚妻写信，"如果我牺牲了，请你一定要忘记我，好好生活。当然，我一定争取活着回来，娶你！"

好在，战争很快结束了，周梅生是幸运的那一个。回国后，周梅生随着部队开赴安徽蚌埠，在那里参加集训和地方建设工作，还荣立了三等功。

1955 年，周梅生退伍回乡。结婚，当然是天字号第一件大事，这就有了本文开头的那个婚礼场面。面对着新娘，百感交集的周梅生只说了一句话："对不起，我让你担心了，也让你久等了。以后，我一定会对你好的！"

作为一名退伍军人，周梅生保持着军人的作风，下定决心为地方发展服务。退伍后的周梅生做了多年的村干部，直到 20 世纪 60 年代中期，因为家乡经济发展的需要，周梅生又毫不犹豫地扛起庙港缫丝厂的创办任务，担任第一任厂长。1967 年 8 月 7 日筹备造厂，共 8 个大队投股；1967 年 9 月 23 日造车间；1968 年 10 月 25 日造草棚、打水间、厕所……翻开周梅生保存了 50 多年的庙港缫丝厂记录本，这一笔笔记录，一张张人口统计表、职工名册，仿佛穿越了岁月的云烟，看到他 1967 年筹备开厂后的那一串串艰辛的脚印，汇成了乡村企业发展的奋斗历程。

在周梅生兢兢业业、勤勤恳恳的耕耘下，庙港缫丝厂从 30 多名工人发展到 500 多名工人，从 10 多台机器发展到 300 多台机器，产品质量也一次次跃上新的台阶。缫丝厂规模一年年扩大，收益一年年增加。缫丝厂的成功创办，带动了本地就业，增加了农民的收入，取得了良好的经济效益和社会效益。

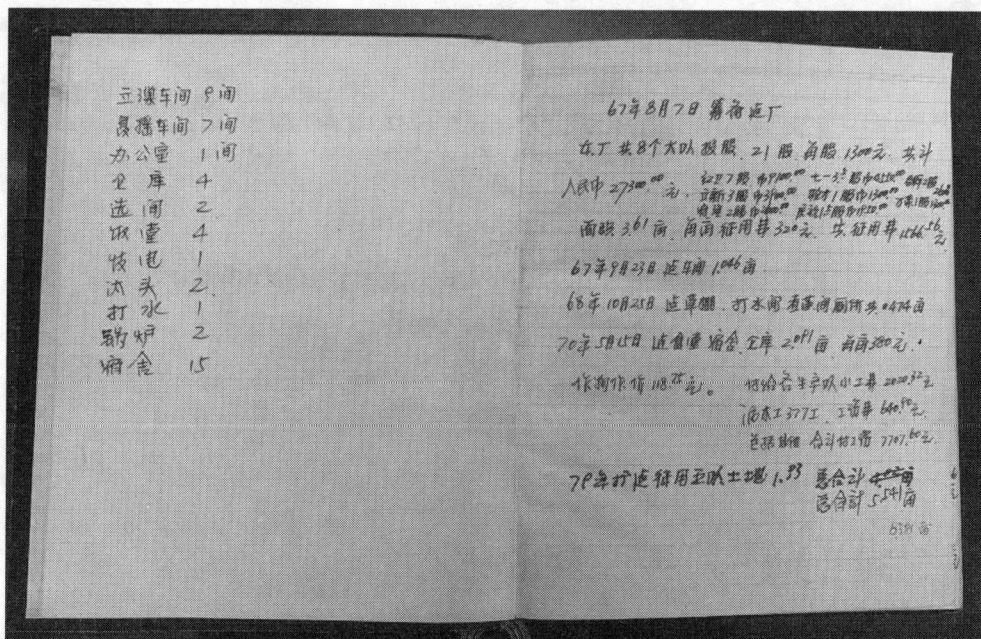

周梅生保存了 50 多年的庙港缫丝厂记录本

93 岁的周梅生看上去不过 70 多岁，梳理得十分整齐的头发还有一多半是黑色的，衣着笔挺，除了耳背，哪哪都好。但是耳背并不影响我们的交流，因为说到那 70 年前抗美援朝的经历，老人家神情兴奋，滔滔不绝。比周梅生小 3 岁的老伴也身体硬朗，脸色红润。60 多年的婚姻里，两人同甘共苦，相敬如宾，一儿一女都事业有成，家庭幸福。

周梅生所在的开弦弓村是费孝通笔下的江村，是吴江的明星村，也是苏州市唯一的中国美丽休闲乡村。宽敞整齐的村道，村舍俨然，家家户户都有鲜花盛开的美丽庭院。生活在这样美丽宁静的地方，难怪 93 岁的周老依然身体健朗，神采奕奕。

英雄不会老去，还有他们的爱情和精神，永远青春！

人民不会忘记你们

徐建国

"您能把现在最想说的话写下来吗？"

"嗯，好。"

我拿出一张白纸，摆到老人面前，只见他认认真真地写下了："希望祖国越来越好，人民不要忘记我们！"

"人民不要忘记我们！——哈哈，放心吧！人民永远不会忘记你们的！"

老人笑了，在一旁的老阿姨也笑了。

2022 年 8 月 25 日，这天是我很难忘记的一天。

虽说已是 8 月下旬，可天空中的太阳还是像个顽皮的娃娃那么热烈、兴奋，不知疲倦。下午 2 点左右，我们来到庞山湖社区庞中公寓。这是一个老旧小区。走进小区，这里住着的大部分是苏北老人，听到的也是苏北方言。

当我们踏上楼梯，走近 1-202 室时，一位身高超过一米七的老人，穿着短袖，精神饱满，神采奕奕地在门口迎接我们。

"您老 92 岁了！"

"是的，92 岁了！"老人爽朗地笑了，笑得像个孩子似的。

我们走进屋内，方桌的中央摆上了切好的西瓜。我端详着老人，只见老人的头发已经花白，两只眼睛却特别有神，腰背挺直，好像还有一点军

阮彩红近照

人的风采。环顾四周，墙壁上挂着一幅中国地图，有些泛黄，应该有些年头了；房间内，床单铺得平平整整，被子叠得四四方方。

这位老人叫阮彩红。

"听说您参加过淮海战役、渡江战役、解放上海战役、长山岛战役和抗美援朝，是吗？"不知道老人有没有听懂，他用苏北方言回答的话，我们也听不懂，好在社区一起来了位50多岁的老阿姨，给我们当起了翻译。

老阿姨说："这个小区里住的都是苏北来的，年纪大的都是当年在国营庞山湖农场工作的，我们都用家乡话交流，听起来亲切，就像一大家子的人。"

阮彩红出生于苏北兴化农村，家境贫寒，在家是长子，有两个弟弟，还有一个妹妹。当年父母靠给地主家打短工维持生计。他没上过学，后来是在部队里参加识字班，有了高小毕业的文化水平。

老人自然听懂了"翻译"的话。他拿出了珍藏70多年的各种纪念章，回忆当年，眼中依然闪烁着光芒，向我们讲述了他的戎马生涯。

"17岁那年，由土豪、地主和恶霸组成的还乡团经常到我们村上烧杀抢掠，无恶不作。我参加了苏北游击队，为了躲避还乡团的报复，父母带着弟弟妹妹背井离乡，逃难到了吴江庞东村。我还在游击队里。我们游击队员每人三发子弹，训练三天就上战场。还乡团不但有步枪，还有机关枪。为了打败还乡团，我们就进行夜战，这样敌人在明处，我们在暗处，经常打敌人个措手不及，用缴获的武器来武装自己。

"不到半年，我们就成立了兴化独立团，后来部队人数不断扩展，在独立团的基础上又成立了兴化军分区。1947年2月，兴化军分区编入了中国人民解放军24军72师，我当了山炮团一名炮兵。"跟随部队，先后参加过淮海战役、渡江战役和山东长山岛战役。1950年我加入了中国人民志愿军，奔赴抗美援朝战场。"

92岁的老人说起七八十年前的事情，竟然思维清晰，井井有条，让我们感到吃惊和敬佩。一旁的"翻译"阿姨说："老人的脑子清楚得很，下午还经常去老年活动室参加活动，有时几个老人还打打麻将呢！"

"我清楚地记得，我第一次参加的战斗是渡江战役，我们炮兵部队最后一批渡江，渡江后驻扎在南京中华门。解放上海战役打响后，我们炮兵团直奔昆山，从昆山方向去参加解放上海战役。当我们炮兵团刚到上海市郊时，敌人已经投降了。真想用大炮好好揍那帮国民党匪徒，这也是我最遗憾的事。"

阮彩红觉得当炮兵十分光荣，因为他的三等功是当炮兵的时候获得的，而抗美援朝则是他第一次出国作战。

"1950年10月，为了响应毛主席'抗美援朝，保家卫国'的号召，我随部队跨过鸭绿江来到朝鲜战场。我们部队入朝后先到东线后又到南线，在通过敌人的封锁线时，天上敌人的飞机狂轰滥炸，地上敌人的机枪疯狂扫射，许多战友没到前线就光荣牺牲了。我们山炮团是预备部队，我们最害怕的是敌人的飞机。为了确保随时拉得出，打得响，我们用树枝给大炮进行伪装，同时加紧训练，每天5点训练开始，重点训练填弹、瞄准和发射的动作要领。

"每天练啊，练啊……盼啊，盼啊……上前线没盼着，竟练出了全连唯一的技术标兵，练出了一个三等功，还当了班长，入了党。

"我在部队整整待了11年，从战士当到副班长、班长、副排长再到排长。11年里，我一心想上前线，可是一直没有上过前线。我是太平兵啊。"

"没有上过前线，却去过朝鲜；没有参加过战斗，却立功入党——太平兵也有贡献，也很光荣，是您一生的骄傲啊！"

"也没有什么值得特别骄傲的，朝鲜战场上牺牲了那么多战士，是他们用生命和鲜血换来了胜利，值得骄傲的是他们。

"1955年12月，部队回国，我被安排到中国人民解放军商丘步兵学校学习，1958年响应国家加强农村建设的号召，因为父母在吴江庞东，我就复员到了吴江庞东担任生产队队长。后来，又在国营庞山湖农场当民兵营长。"

从进门现在，我们没有见到他老伴，又不好意思问。这时边上的老阿姨似乎知道我溜到嘴边的话，她告诉我们："他老伴3年前生病去世了，子女早已成家。当时庞山湖农场属于事业单位，他是从这里退休的，因此，每月都有退休金，他一个人花不完；女儿住得很近，常来的，邻里之间也

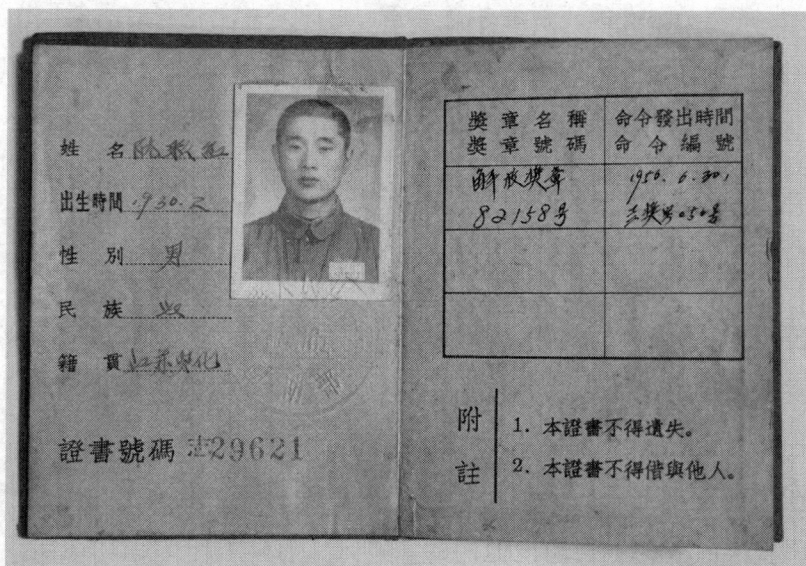

阮彩红获得奖章的证书

希望祖国越来越好
人民不要忘记我呦！

阮彩红

2022.8.25日.

相互照顾，老人也很乐观的。"

大概是老人都喜欢怀旧吧，又向我们讲述了当年在国营庞山湖农场的工作的情景：

我从 1958 年从部队来到庞山湖，那时条件艰苦，住的是泥打墙的瓦屋，有的还住在茅草屋里；吃的是自家腌制的咸菜，没有荤菜吃，一个月的口粮 24 斤，干活时带上一把炒米，饿的时候，往嘴巴里塞点。农场里不仅种水稻蔬菜，还养猪，但都是国家的，谁也不会去随意获取。过年时吃上个大肉圆，是最鲜美的味道。

身旁的老阿姨兴致勃勃地插话道："那时我们日出而作，日落而归，虽苦也乐呀！每每看到一望无边绿油油的稻田，看到湖面上闪亮的浪花，天空中飞翔的鸟儿，看到水边一丛丛芦苇，一天的疲劳也没了。"

采访结束后，阮彩红老人热情地送我们到楼下的大门口。在阳光下，在门前草坪上的那棵高大挺拔的松柏映衬下，老人显得格外精神。

人民真的不会忘记他们的。

（2022 年 9 月 2 日）

硝烟重忆满青云

朱　荧

2022 年夏天，实在是太热了，苏州和全国一样，都遇到了 1961 年有气象记录以来所没有过的极限高温，采访吴江抗美援朝健在老兵的计划一推再推，已到了不能再推的地步！8 月 4 日，气温仍然超过 40 摄氏度，我终于开启了"火热"的采访行动，驱车来到吴江桃源镇青云村（原名百花村）。捧着抗美援朝老兵潘阿连递过来的、吴江西南地区待客最高茶礼——薰青豆茶，我入口入肚，通体清爽。从高温中"复活"的我，开始聆听潘阿连的抗美援朝故事，入心入肺，感慨而感动……

安东空战

潘阿连没想到还没跨出国门，就如此快速真切地接近了战争……

"天上都是飞机啊！火车开到安东站，突然接到命令：全体下车。命令要求我们两人、三人一堆地散开，隐蔽到周边山上的树下。"

"天上都是飞机啊！"从潘阿连讲述的口气里，我似乎听到了"满天"飞机的轰鸣声和炮火声，看到了鸭绿江两岸的硝烟战火。这是 1953 年中国清明节后的某一天。此时的安东，就是 1965 年改为现名的辽宁省丹东市。

潘阿连近照

在华东军区新训 4 队 1 营 4 连新兵连集训结束后，潘阿连和战友们乘上了驶向北方的军列，这天他们刚刚到达安东，准备乘火车过鸭绿江。突然一声令下，部队全部下车隐蔽。潘阿连没想到还没跨出国门，就如此快速真切地接近了战争，中美空战近在咫尺，就在眼前。紧张、激动、兴奋、愤怒、仇视、鄙视、蔑视……潘阿连心头五味杂陈，热血沸腾，他越发感觉到肩头"保家卫家"的责任有多么沉重！

小战士潘阿连个子不高，长得白白净净，从小生长在苏州吴江那个充满江南春意的小村庄——百花村。百花村地处当时的严墓区青云乡，离浙江南浔不远。说潘阿连是个"小战士"，既因为他年纪刚刚 20 岁，也因为他是一个"发育中等"的小个子。"发育中等"的评语来自潘阿连当年的体检报告。

1953 年 2 月 27 日，是他当兵入伍的日子。3 月下旬，潘阿连所在的新兵连离开苏州木渎田沟村的营房，从苏州火车站出发，乘着首尾各有一个火车头的火车一路向北……

此行是他第一次乘坐火车，第一次出远门，更是将要第一次走出国门。

那天，潘阿连也分不清天上飞的是什么型号的敌我战机，不过那日的天空中或许会有绰号"佩刀"的美军 F-86 战斗机，或许更会有绰号"柴捆"的被誉为"绝对武器"的苏制米格 -15 比斯歼击机。米格，应该是中国人民志愿军空军部队的飞机。潘阿连和战友们一起隐蔽在山林里，偷偷看一眼天上轰鸣的战斗机群，弄得人眼花缭乱，却仍抑制不住好奇与期待。那天，鸭绿江两岸的天空给潘阿连留下了极其深刻的印象，他与我说的第一个故事就是这充满画面感、战斗感、紧张感的"安东空战"，虽然他讲述时只一句话："天上都是飞机啊！"

我曾经翻阅与简单研究过《抗美援朝战争史》《决战朝鲜》等资料，当年清明后在安东发生的较大空战，在《抗美援朝战争史》中是有记载的："1953 年 4 月 7 日下午，志愿军空军第 15 师第 43 团的 12 架米格 -15 比斯歼击机在楚山、碧潼地区上空与美 F-86 机群战斗后返航时，又遇到了'猎航组'。美空军飞机击伤并紧追一架正在下滑着陆的志愿军飞机。志愿军飞行员韩德彩见此情景，不顾自己的安危，向美机冲去。经过一番角逐，韩德彩一举将这架美机击落。驾驶这架 F-86 飞机的是美国空军'双料王牌'飞行员、美国空军第 51 联队上尉小队长哈罗德·爱德华·费席尔，他跳伞后被守卫机场的高炮部队活捉。"所谓的"猎航组"是由敌方一些飞行时间长达一两千小时的"王牌飞行员"组成，专门偷袭正在起飞或降落的我军飞机，这曾使志愿军吃过几次亏。

1953 年 1 月至 4 月，美国空军对朝鲜北方实施了一系列的轰炸破坏活动。其间美军混合机群数次企图强袭鸭绿江沿线重要目标，军列、火车站、铁路、桥梁，是美军飞机轰炸的主要目标。

楚山、碧潼，在朝鲜境内。韩德彩击落费席尔，是在安东凤城大堡镇上空，大堡，今天到丹东有五六十公里。因此，当年潘阿连或许没有亲眼看到韩德彩与费席尔惊心动魄的空战，但两军飞机在安东上空呼啸盘旋而过的场景，想必他在山上亲眼看见了，因为"天上都是飞机"！

后来，放牛娃出生的韩德彩击落美军飞行员的英雄事迹，传遍了入朝参战的各个部队，潘阿连为韩德彩的英雄行为欢呼过。

那个时候，空袭、空战是经常的。因为那个时候，美国总统已经是艾森豪威尔了。坐上美国第34任总统宝座后，艾森豪威尔一改竞选总统时给全美国人民许下的承诺："和平事业是自由人民眼中的瑰宝，新政府的第一个任务，便是结束这场涉及美国千家万户、孕育着第三次世界大战凶险的悲剧冲突。"可上任不久，在南朝鲜走了3天，艾森豪威尔便"不能容忍朝鲜冲突无限期继续下去"，他考虑结束这场战争的"最佳"办法是"打得对手躺在地上"，于是他们搞了个"8-52作战计划"，轰炸突袭中国境内目标也是此项计划中的计划。

潘阿连参加的不是空军，是铁道兵。

为了防备以美国为首的"联合国军"在朝鲜北方东西海岸实施登陆进攻，中国人民志愿军总部从1952年冬至1953年4月，全力部署反登陆作战准备。为保证反登陆作战胜利，改善朝鲜境内铁路交通状况是一项重要任务，于是中国人民志愿军铁道兵团全面进入反登陆紧急战备抢修阶段，至此中国10个铁道兵师先后全部奉命入朝参战。1953年全国招收新兵50万，潘阿连成为50万分之一，成了一名光荣的铁道兵战士。

雪夜行军

班长跳进了零下20至30摄氏度的冰水里，扶着我们新兵快速地走过一根根木头连起的"独木桥"……

"七山一水分半田，半分道路和庄园。"安东地处长白山余脉，以山地和丘陵为主。那天，潘阿连他们在安东的树下三三两两地过了一夜。

"山上都是厚厚的积雪啊！"潘阿连给我说了第二个有关"雪夜行军"的故事。

"清明前后，江南早变暖了，吴江都穿单布衫了，可在安东还要穿棉袄。"那夜，隐蔽在安东山上的战士们大有枕戈待旦的样子，一整夜连背包都没有打开，就和衣坐在树下，随时待命而动。虽然此时鸭绿江已进入了"春融"季节，但晚上的气温达零下20多摄氏度，从没见识过如此极寒天气的潘阿连，过了70年还"念念不忘"那个"真冷的夜晚"。听着他的"真个冷啊"，我忽然想起了朝鲜盖马高原的长津湖。好在那个晚上，他们并没有挨炸，也没接到出发的命令。

"全体起立，马上出发！"第二天中午11点钟左右，命令下来了，潘阿连他们立即整队出发。此时，战士们正在山头吃午饭，"有的战士吃了两碗，有的只吃了一碗，有的碗里还有一半也来不及再扒一口了，出发了，来不及吃的饭菜只能倒在山上了。"

终于，战士们用双脚一步一步地跨过了横跨中朝两国边境的鸭绿江大桥。"雄赳赳，气昂昂，跨过鸭绿江……"战士们唱着那首著名的《中国人民志愿军战歌》，走出国门，走向朝鲜，加入到那场影响世界格局，树立新中国国威的伟大战争——抗美援朝战争。

潘阿连所在部队是铁道兵第3师第7团第1营第4连，他当时肯定不知道，他已经成为当时在朝135万中国人民志愿军的一分子。这时，中国军队在朝鲜的数量达到了最高点；这时，中朝军队的正面战场已经得到巩固，完全掌握了战争主动权；这时，中共中央、中央军委和毛泽东主席准备同敢于扩大战争的艾森豪威尔大打特打一番。两个月前，毛泽东主席铿锵有力地说："那么好吧，就打下去，美帝国主义愿意打多少年，我们也就准备跟他打多少年，一直打到美帝国主义愿意罢手为止，一直打到中朝人民完全胜利为止。"

当潘阿连和战友们一步步走过鸭绿江，跨过国境线时，他们和所有的中国人民志愿军战士一样，心中充满坚毅、不舍、忘死。想到的是：身后是祖国，为了祖国人民的和平前进！

中午开始的行军，直到第二天早上才在朝鲜的一个村庄结束，因为夜晚是属于中国军人的，在朝鲜他们为避免被敌机轰炸，行军一般选择在晚上。那天，他们在小村庄里休整了一个白天，夜晚还在一位朝鲜老乡的家里住了一宿。第二天，他们乘了3个小时火车后，又改雪地行军，直到第二天早上才到达目的地。

"朝鲜的雪真大啊！都是没膝深的积雪，有半米多深。行军路上，有些河上搭的是简易桥，所谓的桥面就是一根木头。我们是新兵，夜行军，从结满冰雪的'独木桥'上通过，真的有点害怕，速度慢了，便影响行军。没想到班长竟然跳到了冰冷的河里，扶着我们新兵快速地走过那些'独木桥'……要知道，当时是零下20至30摄氏度啊！"

班长，可能是每个战士心头亲人般温暖的称谓。这位班长，可能是位老铁道兵，能毫不犹豫地跳进冰河里，这不是一般人能做到的。可是，这种超过人体极限的行为，对铁道兵战士来说是"家常便饭"。为了抢修桥梁和铁路，与敌机的轰炸抢速度，不管怎样的严寒、疲劳、饥饿、轰炸，都挡不住他们保家卫国的信念与完成任务的决心。

气温零下20多摄氏度，难道河流不封冻吗？人还能跳入河中吗？也许有人会有这样的疑问。其实，零下几十摄氏度，河流不封冻，是常见的自然现象，不同地方、不同河流，不封冻有不同的原因。潘阿连解释不了朝鲜那些河流极寒天气而不冻的原因，但他确实看到了不冻河流就在他的眼前。同样，1950年11月27日，第39军116师就是在零下20多摄氏度的天气里，涉冰水渡过九龙江，全歼美军第25步兵师步兵C连，这也是抗美援朝战争中向志愿军投降的唯一完整的美军建制连队。

跨过鸭绿江，跨过大宁江，跨过清川江，潘阿连到达了铁道兵团第3师第7团第1营第4连的战场，开始修铁路，架桥梁，抬泥土，扛枕木。潘阿连当时的战场具体在哪里，他已表述不清。根据我查阅的相关资料，应该在安州、西浦、价川的"三角地区"。"三角地区"是朝鲜北部铁路运输线的咽喉地带，也是美军攻击轰炸的重点，距离朝鲜西海岸数十公里，当时也是铁道兵最重要的战场之一，因为西海岸是中朝两军部署反登陆作战准备的重点。

逢山凿路，遇水架桥。战争打到哪里，铁道兵就要战斗到哪里。"铁肩膀，英雄胆""一支特别能吃苦、特别能战斗的铁军"，这些都是对英雄的铁道兵的赞誉。

1950年6月25日，朝鲜战争爆发。1950年10月19日，中国人民志愿军入朝参战。1950年11月6日起，铁道兵团所属部队先后有10个师奉命跨过鸭绿江入朝参战，执行铁路保障任务。在整个抗美援朝战役各个阶段的抢修和新建铁路中，铁道兵指战员舍生忘死，用鲜血和生命筑起了一条"打不烂、炸不断的钢铁运输线"。

彭德怀司令员曾经这样说过："朝鲜战场打胜仗，一半功劳归前方浴血奋战的同志，另一半功劳归负责维护交通、保证供给的同志，他们也是在冒着敌人的狂轰滥炸，天天在拼搏呀！"

美国第8军军长范佛里特哀叹道："虽然美军的空军和海军尽了一切努力……然而共产党仍然以令人难以置信的顽强和毅力把物资运到前线，创造了人间奇迹。"

就连美国媒体也不得不感叹："美国和其他盟军的飞机一直在轰炸共产党的运输系统，但他们仍有火车在行驶……坦白地说，他们是世界上最坚决的建设铁路的人。"

铁道兵，是一支神兵，是一支铁兵。那时的潘阿连没想到这些，他只知道自己是一个普通的兵。

大宁江上

连续数天泡在雨里、水里，身上的皮肤都烂了，长出了脓疮……

1953年7月，朝鲜进入了雨季，朝鲜平安北道的大宁江上急流翻滚，浪高涛急。这也是大宁江每年发生洪灾、特大洪灾的季节。

从大雪覆盖，到夏雨如注，潘阿连到朝鲜已经 3 个多月了，皮肤由白得发嫩变成了黑不溜秋，力气似乎长了不少。

"原来是两个战士扛一根枕木，后来我自己一个人就能扛一根了。"潘阿连骄傲地回忆道。

一根枕木长 1.4 米左右，重 100 斤左右。他和战友们一样都憋足了劲，要与敌机的轰炸比速度，要与敌军的登陆作战比速度。不过，没多久，潘阿连的体检表上多了一项"腰椎酸痛"的毛病。

潘阿连来到朝鲜的 3 个月里，敌机轰炸频繁，他们炸铁路，炸桥梁，炸兵站。在这个多雨的 7 月，潘阿连的部队已转战到了大宁江桥边，这是一座十分重要的、火车必经的铁路大桥。

朝鲜有三大铁桥，分别为大同江桥、清川江桥和大宁江桥。第五次战役结束后，敌军对志愿军后勤运输线展开了"绞杀战"，"不惜炸药"狂轰滥炸，几乎所有的重要铁路线和桥梁都被他们反复炸毁过。大宁江桥地处交通要道，关系到整个京义线的畅通，敌人死死地咬住了这个关键点位，反反复复地进行轰炸，我铁道兵就反反复复地进行抢修。大宁江桥是被敌军炸得最厉害的一座大桥。为了保障大宁江桥的运输通畅，铁道兵与敌人斗智斗勇，修建了四座便桥。你白天炸，我晚上修；炸掉东桥，我有西桥；炸掉主桥，我有便桥；你炸一座桥，我修数座桥；你炸水上桥，我修水底桥……

潘阿连所在的铁道兵第 3 师，曾是一支英雄的队伍，其前身为 1948 年 8 月成立的东北铁道纵队，后改编为中国人民解放军铁道兵第 3 师，后又数次更名，2001 年改制成立中铁十三局集团有限公司。

7 月的一天，天上的雨下得还是很大，没有雨衣穿的战士们在抢修阵地上拼命地忙碌着。他们正在抢修的是大宁江桥的主桥，主桥已被敌机炸得面目全非。因为朝鲜停战谈判代表团的专列要在 10 天后通过此桥，所以上级首长下了死命令，必须在 10 天内将桥修好，确保通车。这本来是要两三个月才能完成的任务，可是，军令如山，任务必须执行。"铁 3 师"开始了

铁2师部队在抢修大宁江第三便桥（采自网络）

铁道兵抢修被炸毁的大宁江铁路大桥（采自网络）

一场挑战极限的"战斗"：所有官兵和技术人员白天黑夜连班倒，雨大风狂不停工，尽全力要将不可能变成可能。可惜，最后工程的完工时间还是比上级要求的时间晚了28个小时，部队的相关领导与技术人员均受到了处分。

"真个苦啊！"想起当年的"战斗"，潘阿连说，"更难受的是身上长满了疮。"朝鲜的盛夏季节，又潮又闷又热，连续数天泡在雨里水里，潘阿连和战友们一样，身上的皮肤都烂了，长出了脓疮……

和着雨水吃饭，长着脓疮拼命，"铁3师"全体指战员就这样"用命换桥"。

潘阿连清楚地记得，朝鲜时间1953年7月27日晚上10点一过，他眼前一片光明："电灯都亮了！"原来，随着关于朝鲜军事停战的协定的正式签订，朝鲜停战了！

潘阿连同样清楚地记得，为防止敌机轰炸，停战前的晚上电灯是不能开的。战场上电灯的点亮，标志着中国人历时两年9个月的抗美援朝战争结束了，胜利属于中国人民志愿军！失败属于美帝野心狼，铁老虎终于变成了纸老虎！

"大概9月份，我们就回国了，我们是坐在运铁和炮的货车里偷偷回国的。"潘阿连微笑着说，"虽然停战协定生效了，但我们还得高度警惕，部队的调动还是不能让敌人知道的。过了鸭绿江，我们就换乘了一列火车，火车一路向西，我们到了西安。"

愧对"宝成"

指导员吴盛全写出了他的病情，潘阿连已不宜待在部队了……

潘阿连后来知道到西安去的使命："我们到西安去，是准备修建宝成铁路的……可是，我是没能参加宝成铁路的修建，想起来就感到惭愧。"

到了西安后，潘阿连发觉自己经常咳嗽、胸痛、流鼻血，副排长带着他从连队看到师部医院，诊断的结果是肺结核。于是，潘阿连在西安时，总是从这个医院转到那个医院，经常住院，陪他看病的总是他所在 2 排的副排长。副排长是山东人，直到今天他对副排长仍念念不忘，但是西安一别，他与副排长再也没有联系过。

由于久病不愈，潘阿连复员了。1954 年 5 月 18 日，在"回乡转业建设军人登记表"上，潘阿连的指导员吴盛全写了他的病情："身体有肺肿、吐血病，经常地住院。"军医也给出了"结论"："肺肿大，体弱，不适合部队。"

潘阿连的病会不会与美国鬼子的细菌弹、细菌战有关，我一直高度怀疑我抗美援朝战争中幸存归来的外公，后来突然英年早逝，也是缘于朝鲜战场的细菌弹。

事实上，在抗美援朝时期，美军确实使用过毫无人道的细菌武器，我第 67 军军长李湘就是因为感染美军投放的带有细菌的武器，成为我国牺牲在朝鲜战场上最高级别的将领，从发病到牺牲仅仅 7 天时间，年仅 38 岁。

在朝鲜战场上，被美军细菌弹"击中"的不仅有李湘，还有 1953 年与潘阿连同在铁道兵第 3 师，同在大宁江桥抢修主桥的铁道兵第 3 师工程师裘采畴，裘采畴是著名作家裘山山的父亲。

裘山山曾这样写道："轰炸不见效，敌人又换了一种方式——投掷细菌弹，用以杀伤这些'最坚决的铁路建设者'。父亲不幸'中弹'，他被美军飞机投下的细菌弹染上了斑疹伤寒。这是一种死亡率极高的传染病，父亲被送到战地医院，昏迷整整 5 天后才醒过来。醒来后又马上重返战场。"

看了裘山山描述的其父病况，发现与我外公的病状极其相似，不同的是我外公昏迷一周后就再也没能醒来。

为了挽回战场上的失利，美国当局违反国际公约，违背人道主义，从 1950 年 12 月起就秘密进行细菌战，1952 年初，更是在整个朝鲜北方和中国的部分地区实施了细菌战。因此，毛主席曾亲笔题词："动员起来，讲究卫生，减少疾病，提高健康水平，粉碎敌人的细菌战争。"

为削弱中国人民志愿军和朝鲜人民军的防御力量，美军不择手段地扔潘阿连"回乡转业建设军人登记表"

掷细菌弹，特别是针对"打不烂、炸不断"的铁路运输线。在铁道线上，美军除了扔炸弹，还扔定时炸弹，更扔细菌弹，一些志愿军战士终生受其害。潘阿连在部队时由于接受多种治疗，病情得到了控制，复员后虽然常有咳嗽之类的后遗症出现，但没有深度危害健康。

1954年8月31日，潘阿连复员回到百花村，做农民，做农技员，做乡办厂副厂长……最后，乡办厂改制了，他又成了农民。

喝过百花村的熏青豆茶，我的采访也要结束了，站在他

建设中的沪苏湖高铁（摄于2020年8月4日）

家门口一抬头，便看见一排高高大大的铁路墩身很壮观地"站着"，上面还未铺设路面。潘阿连说："这是在修高铁。"我知道这是正在建设中的沪苏湖高铁，即上海经苏州至湖州的高速铁路。由中铁某局修建的路墩离潘阿连家不远，建设中的沪苏湖高铁，竟然修到了修路人的家门前，并且中铁某局的前身就是中国人民解放军的铁道兵部队。

修建高铁工程的热闹就在潘阿连家的窗外，这位耳聪目明的铁道兵老战士看着而今机械化修路的高速高效，想必会有很多的感慨……将来，当一列列高速列车从一位中国人民志愿军铁道部队的老兵家门口驶过时，将是一幅何其美好的画面。

老来无声泪有声

金晓琴

他努力张大嘴巴，想说什么，却始终发不出声音，而眼泪却流淌了下来，我们仿佛听到了吧嗒之声。

这位即将百岁的老人，走过近一个世纪历程，虽然已经失去了语言功能，记忆还在，听力还在，那颗只要祖国需要，但尽绵薄的心还在！

他叫陈萍，他是一名抗美援朝志愿军老兵。

2022年的夏天，苏州连续一个多月的超高温将大地、树木、房屋都烤得炙热。古镇黎里老街上，几乎看不到什么游客，我和黎里建南村的民兵营长一起走进了新蒯家弄，经过了弯弯曲曲的弄中弄，终于来到一间底楼的老式小屋。小屋的帘子拉着，透过若隐若现的帘子，我们看到了身穿白衬衫、灰色中短裤的陈萍老伯，他坐在椅子上，看着电视。

一位身穿碎花衣衫的老太，从旁边灶披间里走出："你们来了啊，我老头子在里面。"因为提前打过招呼，老太太一下子就知道了我们的来意。

老先生很郑重地看了我们一眼，嘴巴发出"嗯嗯"之声，一定是在给我们打招呼；忽然发出一阵急促的咳嗽，老太太连忙起身给他揉背，他很快安静了下来。

这是一间20来平方米的屋子，几个陈旧的柜子靠墙放着，有两个床铺。老先生床铺上放了隔尿垫，还有一个电铃按钮，卫生间用一个布帘子隔开。

陈萍前几年的生活照

屋子虽小，打扫得还挺干净。

"妹妹啊，这房子是我们租的，临时性的。我们家在建南村，房子要重建，所以搬出来，等造好了，再回去。我们希望有生之年能住上新房子，享享福。"老太太和我解释说。

"阿婆，老伯能说话吗？"

"去年还能说话，今年过年后就开不了口了。"老太太一边说，一边凝望着老先生，眼角流出了泪。看来无法与老先生进行面对面交流了。

"我家老头的事我女儿知道，我不会讲，我给她打电话。"说着，老太太拨打了女儿的电话。

没过一会，一位50来岁的女子进来了，她身穿红色短袖，笑着自我介绍："我是陈萍的小女儿陈金兰。"

陈金兰在她父亲的床边坐下，叹了口气说道："我爸的一生是不是有一点传奇式色彩啊？你看他当过壮丁，当过地方兵，当过解放军，当过志愿军，当过农民！"

她接过她母亲从橱柜里拿出的陈萍老先生的身份证，说"我父亲是

1925 年 4 月 13 日出生的，今年虚岁 98 了"。陈萍本不是黎里人，父母是平望人，4 岁时候母亲和父亲"离异"，他跟着父亲生活在平望，母亲则改嫁到黎里，少年时期，思母心切的陈萍到黎里寻找母亲，找到后，就跟着母亲和继父生活。20 岁那年，陈萍被国民党部队抓做壮丁，一年多后放出来。1949 年初，共产党招兵，24 岁的陈萍在母亲的鼓励下参了军，加入了金佩扬负责的吴江地方武装部队，成了后勤人员；4 月 29 日吴江解放后，这支部队与解放军部队会合，从此，陈萍成为解放军战士。1952 年 10 月，陈萍所在部队前往朝鲜战场，他也成为一名志愿军。

陈萍去朝鲜的时候，抗美援朝战争已经进入"积极防御、持久作战"战略阶段，陈萍的工作仍然是后勤保障。那时候中国部队物资严重缺乏，后勤运输遭遇美军飞机的封锁。陈萍是连队司务长，为改善战士们的伙食时常绞尽脑汁，一次外出采购粮食，忽然遭遇敌机轰炸。等到他跑到安全区域，擦汗发现有血，血是从自己右耳淌出来的，这时候他才发现右耳似乎听不到了。由于战事紧张，他没有向部队领导汇报受伤情况，坚持以一只耳朵听取战友们的心声。1953 年 7 月，抗美援朝战争结束以后，陈萍带着一枚和平鸽纪念章和一枚抗美援朝纪念章回到黎里探亲，因为长期没有得到治疗，陈萍的右耳永久性失聪了。那年，陈萍已经 28 岁，母亲看着儿子依旧单身，就托人介绍了比陈萍小 10 岁的黎里姑娘朱丽华认识。因为家庭贫困，朱丽华 15 岁时被父亲卖到别人家做"冲喜新娘"，嫁过去没多久，"新郎"还是死了……直到 23 岁，朱丽华遇到如兄长一样的陈萍，两个命运坎坷的人惺惺相惜，永结同好。结婚后，陈萍转业去了黑龙江部队农场，朱丽华跟着一起去。在部队农场里，陈萍被提拔做司务长。

由于北方天寒地冻，两个子女不适应那里的环境，经常生病，夫妻俩便决定申请回家乡。1963 年，他们回到了黎里建南村，从此开始常年务农生活，后来又生了两个女儿，陈金兰是姊妹四人中最小的一个。

从军人到农民，从干部到平民，对于这种"自找"的生活轨道，陈萍倒没什么后悔，可是，因为他当过国民党的壮丁，"文革"中挨批挨斗是少

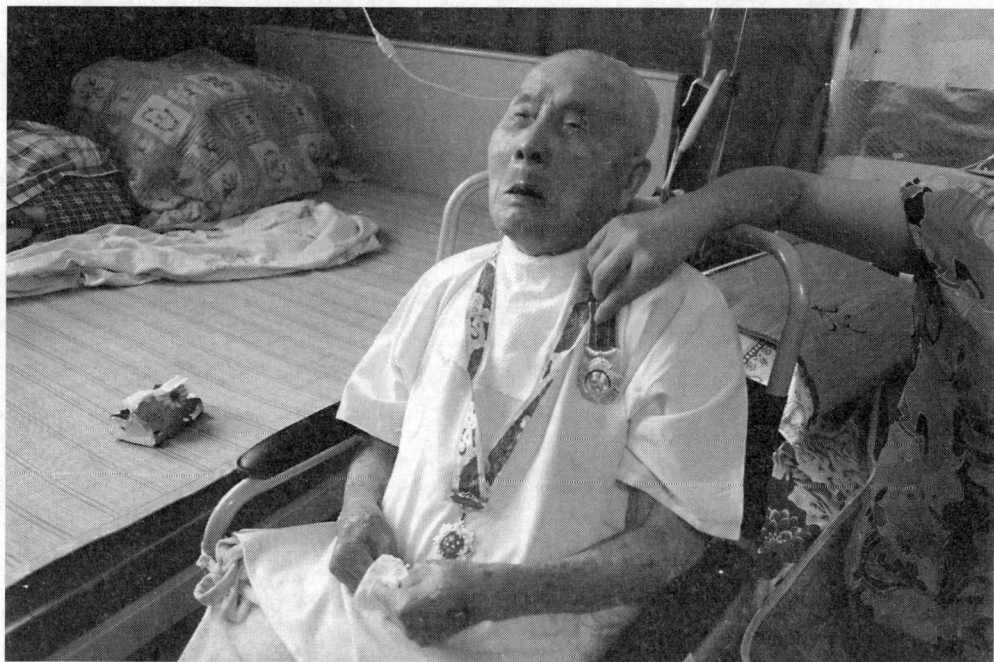

重听《中国人民志愿军战歌》时陈萍泪流满面

不了了，不光妻子一起受苦，就连两枚纪念章都被毁了。但是，他们都咬牙坚持下来了。"父亲一直有一个信念，就是要好好活着！既然没有在战场上光荣，就不能在冤屈中死去！"

"文革"结束十年后，陈萍获得平反，并收到了国家重新颁发的抗美援朝纪念章。那时，陈萍已经 60 出头。

陈金兰说，对于毁而复得的纪念章，"父亲十分爱惜，平时把它藏在柜子里，还经常拿出来擦拭。"除此之外，"我父亲最喜欢的一首歌，就是《中国人民志愿军战歌》。"说着还模仿父亲唱歌的模样唱了起来，还没唱几句，我们忽然听到一阵哽咽声，仔细一看，陈萍的脸上已经流出了老泪……

"想想还是很自豪的！"

陈　军

　　"抗美援朝时，志愿军铁道兵虽然不是一线作战部队，可是没有铁道兵用血肉去建造、抢修那些铁路、桥梁，抗美援朝就不能胜利。我曾经是一名铁道兵战士，现在想想还是很自豪的！"今年 91 岁的陈志良回忆起抗美援朝的日子，眼神中透露着欣慰与坚毅。

　　"抗美援朝这场仗打了好几年，我去朝鲜之前已经打了两年了。"陈志

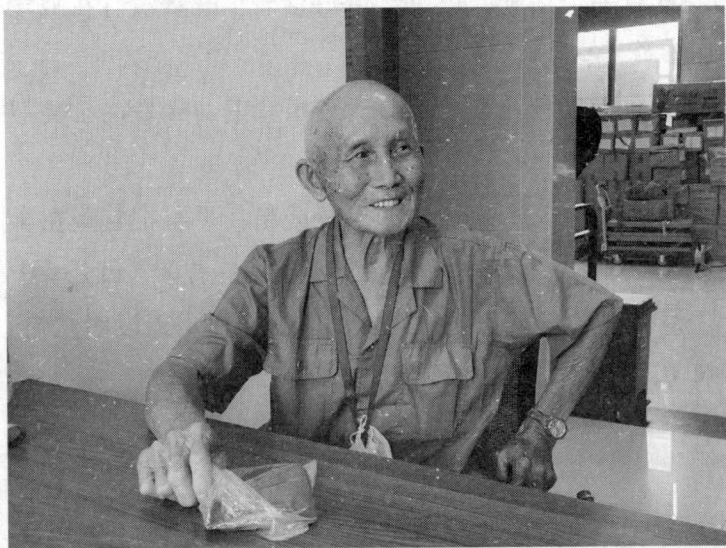

陈志良近照

良是盛泽黄家溪村人。"当时，村里召集所有青年开会，地点在胜天茶馆，会上讲了战争形势，号召村里的青年报名参军。我也报了名，那年我23岁。"

陈志良清晰记得，他是1953年3月9日跟着部队出发，3月14日晚上进入朝鲜的。一路上，战士们斗志昂扬。在国内，是乘着车到鸭绿江边的。进入朝鲜后，不准坐车子了，全部改成步行，而且都是夜行军。"白天休息，晚上天一黑，就马上出发。"陈志良说。

运输线是战争的大动脉。抗美援朝所需军事物资和所有补给，只能全部依赖国内。因此，保证铁路畅通，把这些物资、给养及时运到前线，是一个十分重要而艰巨的任务。

"美军拼命轰炸，我们拼命抢修。整个抗美援朝期间，我们的主要任务就是抢修铁路。"虽说不是最前线的工作，却也是危机四伏。

"敌机炸的都是一些要害地方，好像他们都很熟悉，炸坏了还不走，常常晚上还在天上巡查，怕我们抢修，一直扰乱到深夜。"陈志良说，修铁路时，要眼观六路，耳听八方，随时应对出现的危险。敌机一来马上疏散，去路边趴着，有时候重复10多次，有时候重复20多次。每次抢修都要与

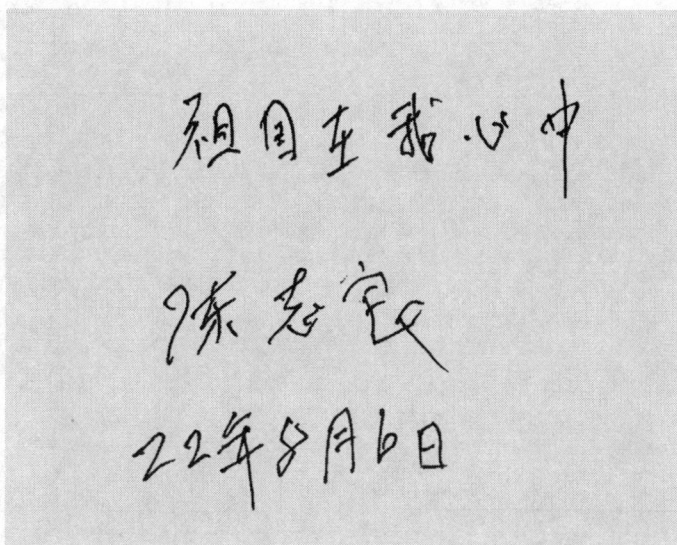

祖国在我心中

陈志良

22年8月6日

陈志良题字与签名

敌机周旋，一个晚上感觉很长很长。虽然这样，战士们的意志丝毫也不会减退。记不清是哪一天，陈志良白天站岗，晚上参加抢修铁路，也不知是干什么活时扭伤了腰，但他没有退缩，没有休息。他心里一直想着工期紧张，临时轨道铺设的任务必须及时完成。"不及时修好，火车按时来了怎么办？"因此，抗美援朝时的铁路运输线，就是铁道兵用生命、鲜血和意志一起浇铸的钢铁运输线！"事因经过方知难"，尽管70年过去了，陈志良一直觉得这句话是非常正确的。

1953年7月，朝鲜停战协定的签订，标志着抗美援朝战争取得了伟大胜利。1954年9月，陈志良跟随部队来到广西，继续参与铁路建设。3年后，陈志良退伍回到了盛泽，在盛泽机电站工作，驾驶挖泥机、推土机，积极参与地方建设，为社会经济发展做贡献。

由于向往田园生活，后来，陈志良回家务农，专心种田，一直种到了现在。"每天下田劳动都很开心，就像是在锻炼身体。要是哪天不捣腾一下田地，身体就会不舒服。"陈志良的身体一直很健康，没有高血压、糖尿病等老年人常见病，他笑着说，这是在部队训练时，身体基础打得好。

"我们靠的是一股气！"

王小萍

"印第安文化里，有个关于黄昏的仪式。夜晚来临时，他们会面朝太阳落下的方向，高举双手，缓缓鞠躬，如此三次。落日磅礴，仿佛能吞没凡尘所有的尖锐与幽暗，人的心，就在这简单而郑重的黄昏仪式里，平静下来。"读着这段文字，让我联想起在当今浮躁的社会里一个不容易被人记起的群体——抗美援朝老兵。他们虽届黄昏时，却如夕阳洒金。

家住黎里镇莘塔西岑村的戴文良就是其中的一位。90 岁高龄的老人，走路快捷稳健，生活完全自理，上街购物，种菜养花，还不忘关注时政新闻，似乎关于老人的词汇在他身上均无用武之地。戴文良和老伴在大儿子家居住，大儿子全家都在吴江工作，平时就老两口生活。按约定的时间，在一幢周边环境幽雅、院落整洁安静的农村自建房内，我有幸与这位健谈风趣的老兵展开了一场愉快的交谈。

那日正值夏季高温，戴文良和老伴热情地迎我进入空调房内。只见他身穿军绿色圆领 T 恤，左袖口上印有鲜艳的五星红旗图案，格外醒目，可见老人对绿色军营的怀念与留恋。"其实我很平凡，没有什么值得赞美的。感谢政府一直没有忘记我们这些老头子，这辈子也算值了。"说完，戴文良便笑呵呵领着我去他的房间看照片。不大的卧室西侧，开辟了一面照片墙，上面有戴文良与家人的全家福，有他参加各种会议的荣誉照片，有每年去

戴文良在朝鲜时的留影

疗养时与老战友们的合影……这面特别的照片墙形成了别具一格的装修风格。老人还拿出了影集里那些珍藏几十年的老照片给我看。其中有分别在朝鲜和回国后拍的军装照，另一张是他和爱人当年的结婚照，照片里的戴文良儒雅中透着一份英气，新娘也是温婉可人，可以想象，这在六七十年前可谓时尚至极。见我好奇他是否富家子弟时，老人笑着打开了话匣子。

他说那套西服是拍照时向照相馆里借的，自己出身很苦，父亲给人当长工，家中就他和妹妹两个孩子，他13岁就辍学跟人拜师学了木匠。1950年，国家百废待兴，但美帝国主义却想扼杀新中国于摇篮之中，于是，抗美援朝战争被迫开始。1953年1月，吴江县人武部发出了年轻人参加抗美援朝志愿军征兵号召，19岁的戴文良尽管是家中独子，但血气方刚的他想起自己的亲叔叔被日本鬼子打死的事，心中总是藏着一股报仇的劲，在他看来，不管是日本人还是美国人，只要敢欺负我们中国人就决不答应。最终戴文良说服了父母，与好多有志青年一起报名参军，奔赴战场报效祖国。

经过短期培训，1953年3月份，他和一批新兵被编入了中国人民解放军铁道兵部队，送往朝鲜加入了志愿军的战斗。从苏州到沈阳，从沈阳至丹东，再跨过鸭绿江直达朝鲜，战士们单薄的衣衫与朝鲜冬天的气温难以对抗，加上超负荷的行军，一路的艰辛对戴文良这样文弱的江南后生来说都是一种挑战。

到了朝鲜，由于戴文良有木工的一技之长，很快被调至一个老兵连队，并被任命为副班长。他不骄不躁，深知自己是个新兵，虚心向老兵学习，加倍努力工作。他曾多次获得嘉奖，但总是主动让出个人荣誉。他说："艰苦的条件下，战友们都付出了太多，这是大家的功劳，我不可以独享。我们后勤保障部队做的这些事真的不算什么，前线的战士才是真正的英雄。"

说到这里，戴文良忽然就别过脸去，等了片刻才缓过神来："想起这件事我就伤心难过。当时我们头顶上美军敌机数量多得像麻雀，密密麻麻。有一次我们两队乘坐汽车的志愿军正行至交会处，被敌机发现后就扔下了炸弹，结果一次就死了70多人，真是作孽呀！有些牺牲的战士还是满脸稚气，那次就是我和老兵一起负责搬运战士遗体的。由于条件有限，部队在当地百姓的帮助下，临时做了许多大的棺材，

戴文良退休后在北京长城留影

作者与戴文良合影

一口棺材里好几位战士合在一起就地掩埋，幸好后来和平年代都陆续将烈士遗体运回了祖国，这也算是对英雄们最好的告慰。当年光在我手里就掩埋过100多位牺牲的战士。"当年戴文良在铁路边工作，经常看到装载伤员的火车开过，里面的战士不是缺胳膊就是断腿，受伤战士们痛苦的呼喊声伴着火车的轰隆声，在他耳旁呼啸而过，这一幕让他永生难忘。

　　健谈的戴文良给我讲述了他在朝鲜亲眼所见的战后惨状，以及朝鲜百姓对志愿军热情款待的动人故事。他还分析了当今世界局势，说美国整天野心勃勃，不仅以前想发战争财，现在还这样，他们迟早会栽跟头的。"中国已经不是以前的中国了！抗美援朝时期，我们没有先进的武器，靠的是一股气！美军不行，钢多气少，我们是钢少气多！毛主席和彭总说过类似的话。现在祖国强大了，我们拥有先进武器，不会去侵略别人，但是，可以保护自己，打击侵略者。"

　　戴文良生性率真，一辈子始终保持着军人的人生姿态。1958年复员回到家乡的他，被委任为村干部，但他觉得自己"不是当干部的料"，于是主动辞职。后来，戴文良创办了一家水泥预制场，用自己的聪明才智和勤奋努力，把厂子办得风生水起，一干就是几十年。事业上的成功并没有让他获得多少成就感。他经常对家人说，自己一生平凡，没能给小辈留下什么财

签名中的戴文良

富，唯有参加抗美援朝的经历和从朝鲜战场上带回的那些"宝贝"，才是他最大的家当。

聊起他压箱底的宝贝，戴文良起身就要去三楼拿给我看，我担心他爬楼不便，他老伴却说："没事的，让他去吧。"果然我的担忧是多余的，我们话音刚落，老人已取来宝贝下楼了。打开包裹，一件仍很新的军装在我们面前展现，一股弥漫开的樟脑丸的香味收藏了岁月的气息。

"你活着，是其他战友用命换来的"

陈 军

 2022 年的夏天，我们来到吴江区盛泽镇大谢村 10 组的一栋平房里，采访抗美援朝志愿军老兵高海金。

 跨越了大半个世纪，当年的翩翩少年，如今已是雪鬓霜鬟的老人。登门时，高海金正与妻子在卧室里看电视。老人穿着白色短袖汗衫，精神饱满，仿佛还是个"小伙子"。平房共有三间，左边厨房，中间客厅，右边卧室，装修风格是老式的，家具也都有些年份。夫妻两人相濡以沫几十年，生活一直很朴素。但在高海金看来，这样衣食无忧的生活，已经比过去自己年轻时候要好得太多了。"看到现在国家繁荣昌盛，觉得我们当时参军报国是对的，和平和安定是打出来的，繁荣和幸福是奋斗出来的。"高海金说。

 老人知道我们要去，早早就把当年抗美援朝颁发的纪念章和由中共中央、国务院、中央军委颁发的纪念抗美援朝出国作战 70 周年纪念章拿了出来。一提起抗美援朝的往事，老人似乎燃起了青春时代的激情，讲述着他经历的故事。可见，当年参加中国人民志愿军是高海金一生中最为难忘的记忆，最引以为自豪的光荣。

 小时候，高海金家里的生活条件是很差的，母亲在他 9 岁时就去世了。姐姐出嫁后，他就跟父亲相依为命，从小就承受了生活的艰苦，放牛、农活，样样都干。

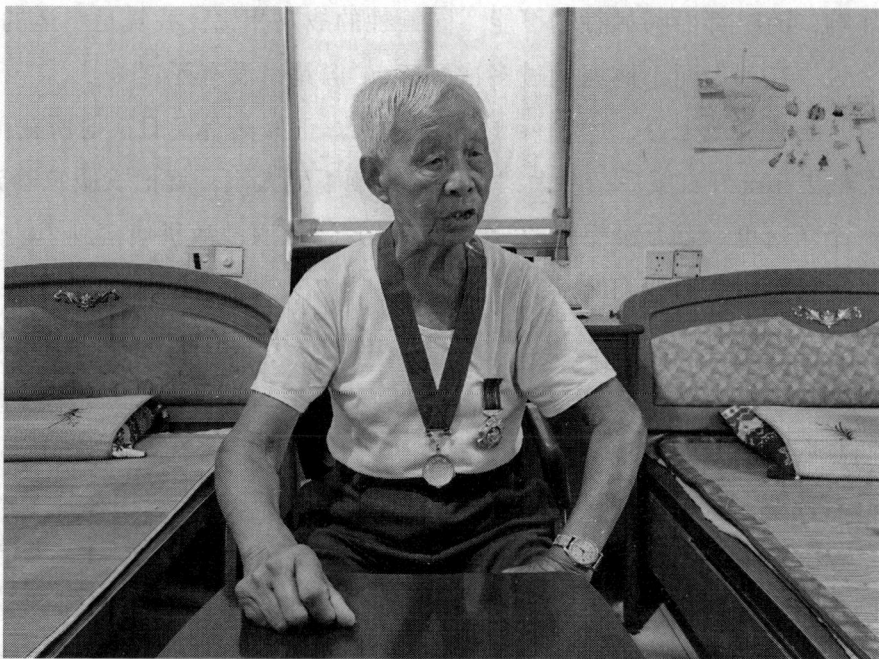

高海金近照

　　1950 年 10 月，高海金 16 岁那年，轰轰烈烈的抗美援朝战争打响，他立马萌生了当兵的念头。于是，他立即征求父亲的同意。随后，他穿上了军装，来到了当时驻扎在内蒙古铁道兵 8507 部队。

　　1951 年 11 月，高海金所在部队开赴朝鲜，主要任务是负责修复被敌机炸毁的铁路。高海金长得比较矮小，个头只有 1.56 米，营长看他做不了重活，人却比较灵活，就让他当营部警卫员。

　　"在朝鲜，我脑子里就有一个念头，那就是保护首长安全。"就这样，高海金天天跟着营长跑前跑后。指挥和检查铁路抢修了，他冲在营长前面给营长带路；要开会了，他就穿越各连驻地，把会议通知一个个送到连长手里。营长安排的各项工作，高海金完成得都很出色，所以深得营长的赞许。

　　"我在朝鲜战场上待了两年时间。当时的环境极其恶劣，在朝鲜崎岖道路上到处都布满着弹坑，夜间敌人的飞机在头顶盘旋，炸弹常常会在身边炸响，随时都面临牺牲的可能。同牺牲的战友相比，我算是幸运的。"高海金说，在朝期间，他遇到过多次危险，"但是，没有死！"

他清楚地记得，1952年11月的一天，正好是休息日，他所在部队的一名战士在洗好衣服后，考虑到衣服老是晒不到太阳，就把衣服晾晒到山头上一个角落里。万万没想到的是，晒着的这件衣服被敌机侦察到了。于是，敌机对这个山头和他们的部队，进行了7天7夜的猛烈轰炸。为了躲避轰炸，部队只能待在山洞里，每天只吃一顿饭，靠压缩饼干充饥，连喝水都成了难题。"躲着难受，出去更不行，唯一的办法就是硬挺，坚持下去就是胜利。"回想起这些危险经历，高海金说，抗美援朝时期实在是太苦了，战士们真的太苦了，"保住一条命就是万幸，你活着，是其他战友用命换来的。"

由于警卫工作做得不错，高海金荣立了一次三等功。1953年11月回国后，高海金又在部队服役了4年，1957年11月，他退伍回到了盛泽大谢，在村里负责民兵工作，当机房工。1960年10月，高海金光荣入党，成为一名中国共产党党员。

吴江县人武部换发的退伍证书

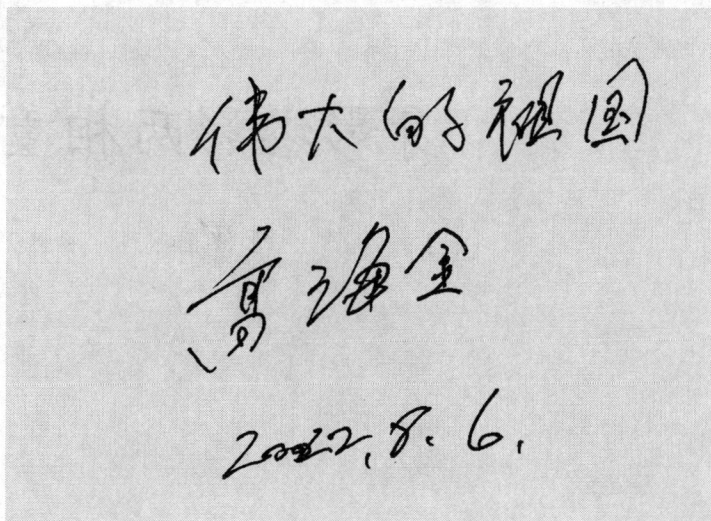

　　出生于1933年12月的高海金，今年虚岁90了，仍然身体健康，瘦小而精神。让他感到自豪的不仅是他自己参加过抗美援朝，还有他的大儿子也当过兵，打过仗——"在对越自卫反击战中，他也上了前线……"真是大谢有佳话，父子都上阵！

身影塔影两相重

陈林春

麟角坊 10 号，住着的不是麒麟，而是一位老兵——一位抗美援朝志愿军老兵。

2022 年 3 月 9 日上午 9:40 左右，这位老兵在麟角坊 10 号的门牌前，亲自迎接我们的到来。

"90 岁了？" "90 岁了！" "不像啊，好像只有 70 多岁吧？"

姚文彬近照

一身卡其布蓝色中山装，今日难见；一顶海蓝色单布小帽，已经有了年头。这位 1933 年 5 月 12 日出生，90 虚岁的姚文彬，穿着好像还停留在 20 世纪七八十年代！只是两鬓露出的倒三角白发，毫不作假地表明他的岁月沧桑；而瘦削的身材，发光的双目，清晰的言语，洪亮的声音，好像他多少还有一些在朝鲜战场上的"麟角"与锐气。我快步上前，与他紧紧握手，抢了第一个镜头……

麟角坊 10 号，在震泽古镇的老街区，顿塘河阳就是慈云禅寺，慈云古塔隔河耸立在它的屋后。

这是一座沧桑得很的老屋，小瓦式平房，应当有个七八十平方米，说是 50 年前"民政上帮助造的"。简陋、低矮、潮湿，是这座老屋现在的基本特色。在 20 世纪 70 年代的震泽镇区能给他建造这样的房子，肯定是对抗美援朝老兵的一种特别照顾与褒奖了！

屋宇正面不宽，南北却颇有进深；所有的空间都堆满了杂物，可惜不是"麟角"。最能引起我某种记忆的是地面，没有铺设现在的地砖或者地板，而是赤裸裸的泥土！一室不扫何以扫天下？大概 50 年来扫得多了，泥土已经变得油光锃亮，疙里疙瘩。见到这样的地面，我感到十分亲切，因为我老家草屋的地面也是赤裸裸的泥土，也有 50 多年了，实在沉稳，太接地气。

姚文彬其实并不是震泽人，而是出生于浙江南浔。震泽、南浔在地缘上原本就是一个板块。因为早年姐姐嫁到了震泽，姚文彬 10 多岁便到震泽一个烟杂店当起学徒，成了震泽新乐村一个村民，住的那个地方叫油车基，也是 10 号。朝鲜战争爆发后两年，他响应号召，报名参了军，走进了"打败美帝野心狼"的战斗序列。因为是个初中生，在那个年代便是难得的"有文化的人"了，所以，他所在的 8503 部队因材施用，让他当了一名驾驶兵，到长春第一汽车制造厂学了 3 个月驾驶技术，他便成了一名专往前线运送粮食、弹药、药品、装备等物资的后勤兵，还负责拉送伤员。战争打的是后勤，抗美援朝的后勤补给是无比困难的。"粮食、弹药，什么都是有的，就是送不上去啊！""人家有飞机，炸炸炸，车炸翻了，人炸死了……我们开的卡车是嘎斯 –51，苏联的，很多次被炸，很多次翻到沟里。王山宝（音），吴县人，我们一起的，那次他的车在前面，飞机来了，一下把他炸死了……我跟在后面，一个急刹车，下沟了……还有一次，方向盘被炸断了，车也翻了，翻到沟里了……"说到这些，姚文彬古铜色的脸上表情十分凝重。

"唉，开始以为汽车兵不用真刀真枪地去杀敌，比较安全，还真感到有点幸运。可是，汽车兵一点也不安全，死掉的大多是被炸死的，有的有个全尸，有的尸首都没有影了……车子一开出国门，开一里有一里的危险，开十里有10倍的危险；天天与死亡打交道，死亡就在车轮前面等着，开出去就不知道能不能再开回来了……""有一次过清川江大桥，还差点当了俘虏。我们一个车队，前后都被敌人包围了，天上飞机在炸，我在中间，赶快跑啊，跑掉了。跑是跑掉了，可我的大腿上钻进了一块弹片，当时还不知道，也不疼，后来才发现了有一个洞。"说着，姚文彬撩起右侧大腿，一块红色伤疤露了出来，"还好，没伤着骨头，现在到了阴天还酸痛……"

"当后勤兵光荣吗？""当然，至少我们有饭吃，有衣穿，前线可苦了，不是饿死，就是冻死，我们送不上去啊……"随着时光的流逝，姚老也越来越清晰地认识到："我们打得那么艰难，就是因为前线将士们吃不饱，穿不暖，弹药也不充足，武器也不好，不然早把美国鬼子打趴下了！"说到这里，姚老脸上好像一脸愧色："想想我们这些后勤兵真对不起前线将士，他们爬冰卧雪，流血牺牲，还饿着肚子，冻掉手指……可是，一点办法也没有……不过，中国人真的不是好欺负的，就这样，不是照样把他们打趴下了吗！"说着说着，姚老从方凳上站了起来，表情显得有些激动——90岁了，我发现他的身板还很硬朗，仿佛自己还能再上战场。

是的，这么大岁数了，可他的身体真的很硬朗，除了有胆结石，基本没什么毛

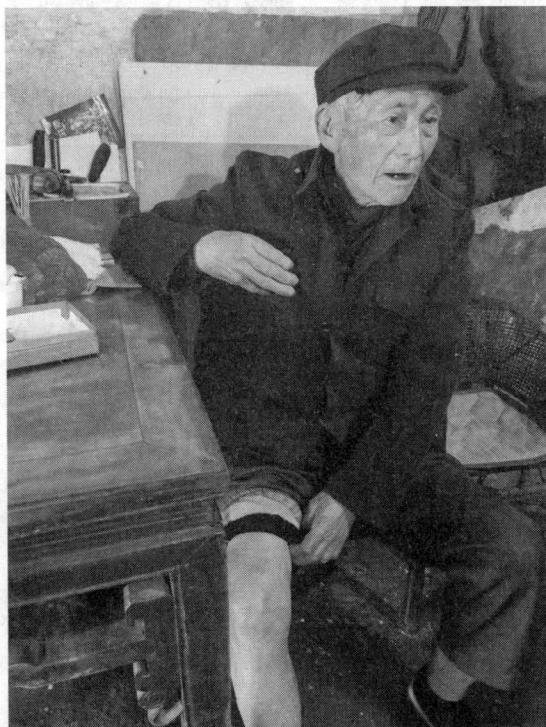

姚文彬右侧大腿钻进一块弹片

病，如果有"召"，他或许真的想"回"！

姚文彬不抽烟，不喝酒，站起来的他，打开八仙桌上的热水瓶，给我们倒水，也给自己倒了一杯，喝了一口，突然有点感慨："我们要有飞机多好啊，美国鬼子炸死了我们多少人啊！我们的副连长就是被飞机炸死的。那次开班务会，我们点着菜油灯，副连长来了，飞机也来了，一通平射，11个人被打死了8个，副连长也被打死了……"说到这里，姚老显得十分伤感，或许他真想拿起枪，也来个一通平射，打死十个八个美国鬼子，可是，他在朝鲜战场上没有机会亲手杀过鬼子，枪是摸过的，每次汽车被炸或者翻到沟里，他总是第一时间抢出卡宾枪，"那可比人的生命还重要的"。

"您送过多少物资？""没统计，不知道。""您开过多少公里里程？""不知道，没统计。"

我知道我提出这样的问题，没有多少意义，那个年代的人，工作和生命的意义不在用统计数字报表去换金钱。在朝鲜战场上的他，一个月也只有2.6元津贴，他们照样可以去玩命，去送命！还玩出激情，还送得慷慨！为什么新中国能够"免得百拳来"？就因为那个时候的人们能用自己的热血与性命"打得一拳开"！

是的，姚文彬虽然参加了抗美援朝，但是，他没有可歌可泣的故事，也没有惊天动地的壮举，没有立功，"只当到一个副班长"。但是，他是编写可歌可泣故事、创造惊天动地壮举的人们中的一员，他是光荣的，祖国感谢他，历史感谢他，后人敬仰他。

1957年冬天，他带着这份光荣，复员回乡了。

回来后，先是被安排到吴江水利站震泽抽水站工作，两年后，自己跳出"龙门"，考取了苏州航运公司，驾驶苏杭班轮船；一年多后，再次跳出"龙门"，自己单干。或许因为有"内燃机、钳工"的专业技术，他在震泽开了个店，专门为人修理柴油机、水泵、脱粒机之类。"文革"中，因为他开的是"地下工厂"，挨过批斗，于是他又到东风化工厂、染化厂开发电机。20世纪90年代，他重操旧业，开店单干……"我是游击队出身，没有固定职业。"

1959年结婚后，姚老育有三子一女。老伴先他而去，黑白遗像还挂在客厅北面的墙上，老伴一脸的慈祥忠厚；三子一女皆已成人，不用他管。"我现在每月2800块钱（当兵补贴），烟酒不沾，够了。吃饭自己烧，一直烧到烧不动为止。想想那些牺牲的，我们活这么大，还有什么想不通的？人嘛，好过嘛就算了，人比人气煞人。一个人要乐观，心态要平衡，能过得去就行了……"

　　"一个人要乐观！好！您还能写字吗？"

　　"写会写，眼睛看不清楚了。"

　　"不要紧，您随便写，就写'一个人要乐观'几个字，签个名字。"

　　"好。"

　　我打开采访本，在一面空白页上，请他写上了"一个人要乐观"。

　　字写得有些歪斜，但是，一看那几个字，便知功力不错，那个年代的

作者与姚文彬合影

初中生不是虚浮的。

名字下面写上"90 岁"吧。

"您就让我活 90 岁啊？"

"哈哈，那就写'90 岁写'吧。"

那个"写"，他写了硬宝盖的繁体：寫。

我拿到他的题字与签名，赶着去采访下一位。

他又站到"麟角坊 10 号"门牌前与我握手告别，我从心里对他说："祝您活到 190 岁！"

他激动地送到巷口，我回头一看，他的身后就是 1700 多年前的慈云寺塔，他的身影与塔影重合在了一起……

（2022 年 3 月 17 日）

鸭仙桥头拄杖人

陈林春

应该在午时一刻，我们见到了张才福。他拄着一根拐杖，站立在鸭仙桥北堍东侧临路的车库门口。

这里是朱家浜村地界，一条公路跨过鸭仙桥，南北延伸。虽说是支线，车辆却也川流不息。谁让震泽的工业好呢，北面就是大船港，我知道有个做彩钢板的公司；西面又靠近南浔。

奇怪的是这桥为什么叫鸭仙桥呢？难道在远古时期有只鸭子在这里得道成仙？

张才福不像姚文彬那样精干，身材很是魁梧，年轻时一定非常壮实，孔武有力，穿着一件羽绒服，敞着衣襟。国字形的脸上有不少老年斑，毕竟 92 岁了。

他拄着拐杖，把我们领进了临路的车库，没想到这里竟是他住的地方。后来知道，他不是没有房子，在车库的东北方向，就有个一栋三四开间的老式平房，泛着古味，空着。住车库可能是为了出脚方便吧。

说是车库，只是像车库而已，从开始建造就不是为了停车而是为了住人的；不是一间，而是两间；里面一间像是套房，放了一张床，被褥齐全。外间为起居室兼客厅，还兼厨房，东南角沿墙放着的长条桌上的电饭煲正冒着热气——不用问，那是今天的中午饭。虽然有儿有女，可他现在是一

张才福居住在鸭仙桥头形似车库的房子

人生活，一人吃饱，全家不饿。

拄拐是因为腰不好。他虽然坐到了椅子上，拐杖还拿着。"这根拐杖不错嘛！"山里纯天然长的藤条，直径有四五厘米粗细，和他人一样，很是壮实，砸不烂、弯不了、断不了的那种。"是一个老板的儿子送我的，他叫我干爷爷的。"

除了鸭仙桥、住车库和这根藤拐让人意外外，张才福还有让人意外的地方，那就是他竟然两次入伍，竟然是位三等功的功臣。而能当上功臣，竟然实证了我对他年轻时孔武有力的判断——他的功臣完全是靠力气干出来的。入朝当的是铁道兵，天天抢修铁路，天天扛铁轨、枕木，别人扛一根，他扛两根。扛来扛去，扛出了一个功臣。

至于两次入伍，其实也不复杂。第一次入伍是 1951 年 12 月，兵当在了家门口，是吴江地方部队，据说是看监狱的。兵龄不长，也就年把时间，退伍回乡继续务农。1953 年，国家征兵入朝参战，他才 22 岁，血气方刚，正是"打鬼子"的好辰光。不能看着鬼子欺负咱们吧？一身的力气总不能老是使在锄头上，要使到鬼子头上去。于是，他带着一身力气与正义，二次入伍，入朝打鬼。"怎么你又来啦？"他碰到了老连长，老连长也入朝参战了。

让他没有想到的是，二次入伍，除了碰到老连长，就是入朝没得仗打，因为他所在的8503年部队是铁道兵部队，主要任务就是维护抢修入朝铁路。不过，这是他在木渎学习两个月军事知识，坐火车到了鸭绿江边后，才知道的。

真的没仗打吗？修铁路不是打仗吗？第二天，他一过江，美军飞机就来了，铁路炸了，枕木飞了，铁轨弯了，还有血肉在飞……张才福不是死脑筋，一下子就明白了：他就是在打仗，抢修铁路也是打仗；铁路是抗美援朝的生命线，是保证前线打胜仗的大动脉。打仗是一盘大棋，每一个棋子都关系到每一仗的胜败，"不是用锹挖地那么简单！"张才福立马感到作为一名铁道兵的光荣，感到自己一身力气有了用武之地。于是，他干起活来能扛两根不扛一根，能挑两百不挑一百。他不是为了表扬，可表扬总是给

震泽镇军人服务站工作人员（左）与张才福的合影

张才福的老屋

他。在朝一年，他扛了多少枕木，他不知道；他抢修了多长铁路，他不知道。1954 年回国，他带回了一本三等功证明书……

回国后他又在铁道兵部队继续服役了 3 年，在福建修铁路，因为"创立功绩"，1957 年底他复员回乡时，再次带回了由铁道兵政治部颁发的先进生产（工作）者的荣誉证书。

张才福两次入伍，虽然参战，却是当了一个"太平兵"。他说，在朝鲜战场上他所在的连队没有人牺牲。张才福虽然当兵 7 年，经历却像铁轨一样平凡，像枕木一样普通，他这个功臣是平凡造就的，他的光荣的底色就是普通。他说他的三等功是扛出来的，然而，他这个功臣靠的就是一把力气吗？那些立功证书、先进工作者证书、在乡老复员军人立功荣誉金领取证、抚恤补助证、荣军疗养证，似乎无声地显示出了什么。

我们离开鸭仙桥，他拄着那根质地坚硬，断不了、弯不了的藤拐杖把我们送到了桥头……

长港村里老"门卫"

金晓琴

北厍长港村在稻田深处，肖佰英家很大，有楼房，有院子。

"啊，你们来了啊！"肖佰英站在院子里，表示欢迎。若不是简历上写着他的出生日期——1936年6月2日，我很难想象他已经虚岁87了。

门口第一栋是别墅，崭新而气派，而肖老伯住的是中间的普通楼房的底楼一间，里面光线有点暗，堆满桌椅和各种废旧物品，看上去有点杂乱。

肖老伯有点不好意思地说："一个人住这边，也不想整理；这些东西有年份了，不舍得丢。我现在就是我们家的门卫，专门负责看着这一大排房子！"

门卫？门卫好啊！我的思维发散了一下，70多年前，肖佰英不就当了一回门卫吗？——新生的共和国的门卫！

听从长港村陪同采访的干部建议，我们的采访就在有两只狗儿踱步的院子里进行。

"我从小就爱学习，父母让我读了两年书，学了一些文化。可是，家里实在穷，不容许我多上学，12岁那年开始，我去学了3年裁缝，15岁满师，自己做。"

"您还会做衣服？"

"对呀，我是个做衣服的，哈哈！不过，裁缝这个活实在无趣，也没什么生意。我觉得我应该做一些有意义的事情，于是，我报名参军了。"

"报名去朝鲜，参加抗美援朝？"

"是的，我是1953年1月报名参军的，训练两个月后就去了朝鲜，当了中国人民志愿军。不过，是铁道兵！"

"那年我只有17岁。可能从小吃得不好，营养不良，人长得瘦小，到了朝鲜战场，修铁路，扛枕木，扛不动，连队首长看我这么瘦弱，对我很关心，又看我有点文化，识不少字，就让我做了连队通信员，所以我虽是铁道兵，跑腿跑得多，枕木没扛几根，没受什么苦呢！"

"有文化，就是很幸运啊！"

"是的。我们的战士来自全国各地，和我一起的有安徽的、有江苏北部的，但多数没上过学，没有文化，不会写信，但他们非常想念家乡和家人，所以他们经常请我帮他们写家信，我很乐意，总要找个空闲时候，为他们代写，交给他们，他们很感谢我。"

"烽火连三月，家书抵万金。他们能不感谢你吗？"

"是的，是这样的。"

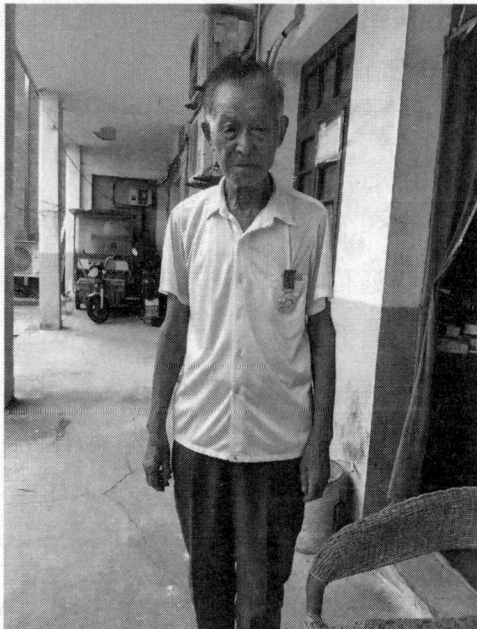

别着勋章的肖佰英

二儿子改造的别墅

在朝鲜战场，每一次部队去修铁路，都要事先看好周围有没有埋伏，一发现情况不对，立马要撤。由于战士们来自全国各地，口音不同，有些战士听不懂口令，跑得慢了，就不幸牺牲了。说这些的时候，肖佰英脸庞上露出了遗憾和难过。

1954 年 1 月，肖佰英随部队离开朝鲜，去了陕西，继续修建铁路，继续担任通信员，一年后又去福建江西修建鹰厦铁路，肖佰英从通信员变成了团长的警卫员。

1958 年，22 岁的肖佰英复员了，回到家乡北厍娶妻生子。婚后，他到苏州一家工厂学了模具工，4 年后回到北厍，在机电厂做技术工人。眼看日子过出个模样，可是，28 岁的妻子竟然中风了……于是，他照顾妻子近 30 年，最后，妻子还是走了，但 4 个子女在他的拉扯下长大了……小女儿学了服装设计，2019 年被单位派去新西兰工作，外孙留学在日本。大孙子参了军……

从身形上来看，肖佰英一生"苗条""精悍"，87 岁了，仍是享受着千金难买老来瘦的优待。一生的苦辛已经吃完了，现在他有着满满的满足感和幸福感。"乡下人房子多，我把房子分给了孩子们，我留一间就够了。我现在过得不错，国家给了我补助金，我一个人用绰绰有余。女儿马上要回国了，自己国家多好呀，以后就不出去了，安心在自己家乡。"肖佰英特别强调，这是"我最开心的事"！

肖佰英生活完全自理，清早骑着电瓶车进镇买菜，三餐自己烧，3 个儿子总希望他到他们家吃饭，但他坚持"不麻烦"子女。"儿子们有他们的事，很忙，早出晚归，也很辛苦，我每天都能看到他们，这就行了。政府对我们这批志愿军老兵很关照，连续两年有专车接我们去无锡疗养院去疗养，我认识了很多朋友。"他指着墙壁的照片上说，"整个苏州就这么些老同志了。因为疫情，我们三年没有碰面了……"

（采访日期：2022 年 9 月 16 日）

永远铭刻于心的旋律

王慧君

那天午后，我和学才社区工作人员小王，来到紧靠 524 国道的一条弄堂里——莺湖路 40 号 3 幢。房屋建于 20 世纪 80 年代，四层商品房，葛德夫家在一楼左边 104 室，属于一梯三户的结构，他家门上镶嵌着两块牌子，一块是红底黄字的，写着"新风户""平望镇人民政府"；一块是浅黄底红色字的，写着"光荣之家""江苏省人民政府退役军人事务部监制"。

我们站在门前，小王敲门，听见里面有说话声，就是没人过来开门。小王再敲，还是没人过来，但里面的讲话声越来越大，仿佛一声呼喊一声应答。

我跟小王说，不会有什么事吧？

小王说应该不会的，刚刚通电话时，好好的。接着她又敲了几下门，终于听见里面有人向门边走来。

开门的是葛德夫的老伴曹冬英，干净利落的一个女人，看得出年轻时她应该是很漂亮的，也不像是有 80 多岁的人。

想着这个岁数，是因为我知道葛德夫今年 86 周岁，那他的老伴应该是他的同龄人，这是我的想当然。

老式的房子，老式的家具，墙壁和地面有些斑驳，家具用品陈旧，有的还有破损。也许是因为底楼，感觉有点潮，光线有点暗，还有点霉

葛德夫戎装照

腐的味道。

曹冬英一边把我们引进一间有雕花架子床的房间，应该是他们的卧室，一边对坐在床前椅子上的老人说，是社区人员来了。

这位老人就是葛德夫，身材高挑，瘦骨嶙峋，衣着干净，脸色苍白，手上的皮肤也是一样，没有一点血色，像长久没有见过阳光的样子。他仰着头，一双眼睛睁得很大，却很空洞，嘴里"哦，哦"回应着曹冬英。

我心中满是疑虑，下意识想用手在他眼前摇晃一下，但最终没有那样做，觉得有些冒失。

曹冬英一直在用方言跟小王交流着，并用手指着自己的头，说葛德夫的头曾经被撞过，留下了一块淤血，始终是一个隐患，最近又突然生病，很危险。

说着，她拎起桌上的一包白色方便袋，里面装满了药，说这都是葛德夫的药。其实，桌上也堆了一些相同的药。我还是第一次看见一个人的药，用袋子装，就像去超市购物一样，心里五味杂陈。

小王很有礼貌地回答了曹冬英的问题。在她们的交流中，看得出社区工作做得很细，信任感满满。

我还是没忍住，问了曹冬英，说："阿姨，叔叔的眼睛怎么了？"

曹冬英说："他本来就有青光眼的毛病，年纪大了，渐渐就看不见了，去年完全失明了。"

我的心瞬间跌入了一个黑洞里，不敢想象看不见光明的日子如何度过。

以至于我都想放弃这次采访，因为一旦我开始采访，就要把他带回过去，带回那个有光亮的世界，回忆会不会让他痛苦呢？

葛德夫听力也不好，需要大声说话才行，好像他只听懂曹冬英说的话。

所以我与葛德夫的交流，完全是通过曹冬英转述，断断续续的。

没想到，葛德夫知道我们此行目的后，立即来了精神，唱起《中国人民志愿军战歌》，脸上的表情随之生动起来："雄赳赳／气昂昂／跨过鸭绿江／保和平／卫祖国／就是保家乡／中国好儿女／齐心团结紧／抗美援朝／打败美国野心狼……"

葛德夫居然一字不落唱完了，几次还想跟着旋律站起来。我想，那一刻，他的内心应该是沸腾的，布满了光亮。

在转述过程中，葛德夫除了非常完整清晰唱完这首歌外，还记得他是1953 年1 月去参加抗美援朝的，当时他只有16 岁。关于他去做了什么，部队叫什么名字，他说不出一个字，空洞的眼睛里看不到一丝波澜，记忆仿佛彻底被格式化了，转述的采访被迫中断。

正当我有些不知如何是好时，葛德夫又唱起了《中国人民志愿军战歌》，唱的很认真，很投入，很忘我。

由于葛德夫身体的原因，我不再进行转述采访，生怕他在努力回忆的过程中，让一些残存的记忆也随之消失。

但他似乎没有停止思索，突然喊着老伴的名字"冬英"，告诉她一些纪念章和一些复印件放在什么地方，让她找出来给我们看。

曹冬英在他的"指挥"下，找出了两份一模一样的军证字第24850 号"革命军人证明书"复印件，上面写着的名字却是徐阿二，所在部队是铁 3 师 7 团 1 营 4 连。

曹冬英说这位是葛德夫的战友，他们同在一个连队，一起去参加抗美援朝的。

还有三枚纪念章，一枚是"中国人民志愿军抗美援朝出国作战 70 周年纪念章"，一枚是"和平万岁"纪念章，一枚有毛泽东主席头像的纪念章。

还有几张葛德夫穿军装的黑白照片，不得不说，年轻的葛德夫颜值很高，面容俊朗，身姿挺拔。

这些，就是葛德夫那段岁月的所有记忆与见证。

据曹冬英介绍，葛德夫于 1957 年 6 月退役，后在平望镇新联化工厂工作，1997 年 8 月 1 日退休。

目前，最让曹冬英担心的是葛德夫的身体，头中的这块淤血随时都有可能引发状况。

"葛德夫有兄弟姐妹 8 个，现在也没什么联系。"曹冬英说。

谈他们的婚姻，曹冬英脸上露出了幸福的模样。她说，她比葛德夫小十几岁，前夫遭遇意外离世，留下她和一双年幼的儿女，经人介绍，与 40 岁还未婚的葛德大结婚，组建了一个新的家庭。

婚后葛德夫视两个孩子为己出，疼爱有加，尤其溺爱当时只有 3 岁的女

葛德夫夫妻合影

儿，后来女儿跟了他的姓。

　　说到这里时，不知道是心灵感应，还是葛德夫听见了我们的交谈，他喊着"冬英"，问女儿今天回不回来。

　　曹冬英说，晚上会回来的。

　　"嗯。"葛德夫脸上的表情有了些许喜悦。

　　曹冬英说，女儿有自己的工作，但他们的生活起居，基本都由她早出晚归来照顾。儿子也非常孝顺，常常回来陪伴他们，听葛德夫唱《中国人民志愿军战歌》，还录下来，回放给他听。

　　采访过程中，葛德夫不断呼唤着"冬英"，曹冬英总是立即答应着"在的"。

　　声声呼唤，声声应答，是依靠，是陪伴。我想，她是他的眼睛与整个世界。

　　就在我们与他们告别，身后门关上的同时，一句"冬英"的呼唤再次响起……

（2022 年 9 月 22 日）

眼中仍闪烁着坚定的光芒

俞 平

立秋已过，太阳依旧火辣辣地炙烤着大地。午后，顶着 40 摄氏度的高温，和社区工作人员一起走进位于鲈乡北路西侧的西窑里 40 号，走访抗美援朝老战士顾松林。

按照登记的地址上三楼，敲门，无人应答。明明约好了时间，怎么会不在家？这么热的天，老人会去哪里呢？打电话过去，老人说在马路边的公交站台接我们。这种高温天，一不小心就有可能中暑，已经 90 高龄的顾松林，知道我们要来，竟然一个人跑到了公交站台，着实让我们感动。

一幢老式的商品房，住着顾松林和他的老伴。经历过腥风血雨的战争年代，已入鲐背之年的顾松林虽已白发苍苍，但眼中仍闪烁着坚定的光芒。谈起那段光荣的峥嵘岁月，顾松林仿佛一下子年轻了几十岁。

1952 年 12 月，20 岁的顾松林参军入伍，成为一名中国人民解放军铁道兵战士。1953 年初，经过数月训练后，顾松林和队友们坐火车一路颠簸，经过 7 天 6 夜，终于来到了鸭绿江边。

跨过鸭绿江，就是朝鲜了。当时，顾松林所在部队的任务是前往朝鲜首都平壤修桥。一开始，大家很不以为然。"我们是来打仗的，怎么变成修桥修铁路了？后来部队指导员跟我们说，这是一条钢铁运输线，要给前线部队运上炮弹、枪支、食物等等，我们的任务是保证运输线的畅通无阻，

顾松林生活照

是非常重要的。没有我们修桥修路，前线就打不了胜仗。"

这条钢铁运输线，就是中国人民志愿军在抗美援朝战争期间，在朝鲜军民大力支援下，为战胜美国空军轰炸，封锁朝鲜北半部的铁路、公路而创建的随炸随修、此炸彼通、四通八达的军事交通补给线。

顾松林曾是芦莘厍周大屠杀的见证人。当时，他亲眼见到父亲被日本兵用刺刀刺死。那一幕，他永远不会忘记。也是从那时起，家仇国恨早已深深地融入到了他的血液和骨髓当中，他下定决心有朝一日要拿起枪杆子保家卫国。所以，当听说美帝国主义打到了朝鲜，需要中国派志愿军去支援时，他毫不犹豫报了名。

虽然不能上战场直接和敌人厮杀，但是顾松林知道，如果没有这些后勤保障，战士们就无法在前线安心作战。把铁路修好了，保证交通补给线的畅通，这和上战场一样重要。

在朝鲜，顾松林和战士们白天抢修铁路，晚上轮流站岗，空中时不时有落下的炸弹，随时可能会夺去他们的生命。"那时，飞机不是一架一架来的，而是像一群乌鸦一样，一下来几十架，来了就轰炸。"顾松林说，飞机飞得相当低，当看到飞机来了时，所有人都趴在地上一动不敢动，但敌机只要看到桥就轰炸，因此当时牺牲了不少战士。

那时，中国志愿军都住在朝鲜百姓家中，朝鲜百姓对他们很友好，经常帮他们洗衣服，有好吃的也会先留给他们，因为朝鲜人民知道中国志愿军是来解救他们的。虽然语言不通，交流有障碍，但是朝鲜人民和中国志愿军的心意是相通的。站岗的朝鲜人民一旦看到飞机来了，就用朝鲜语高喊"牙伯牙伯，冰经哇树"。一开始，志愿军听不懂朝鲜人在喊什么，后来，经过翻译，他们明白了这朝鲜话的意思，"牙伯牙伯，冰经哇树"就是指"喂

顾松林革命军人证明书

顾松林签名

喂喂，飞机来了"。如今，已经70年过去，顾松林依然清晰地记得那句"牙伯牙伯，冰经哇树"的朝鲜语。

顾松林说，那段时间谁都不知道会不会下一刻就牺牲了，不知道还有没有明天。"虽然很辛苦，但我们一心一意只想着打走敌军。都快打到家门口了，我们年轻人理应为祖国效力！"

朝鲜战争结束后，顾松林跟随部队参加鹰厦线的建设，这是中国东南部地区重要的铁路干线。1956年，排长傅成福介绍他加入了共产党。1957年9月23日，顾松林转业到福建的铁路分局，成为一名铁道工人，此后一直和铁路打交道。20世纪60年代，顾松林的妻子带着女儿回到吴江生活，而顾松林一人在福建兢兢业业工作，直到1992年退休后才回到吴江。

作为一名老兵，顾松林亲眼见证了新中国的成立和发展，感受到了新时期改革开放给新中国带来的变化。老人感慨道，铭记历史，不忘疼痛，珍爱和平，当代年轻人也当肩负起中华民族伟大复兴的重任。

"下一秒是不是还活着，不去考虑了"

王小萍

　　在去往抗美援朝老兵管玉云家的路上，我一直在想，与一位年长自己近半个世纪的老人展开一场对话，将会是怎样的景象呢。当我看到端坐在我面前的这位 89 岁高龄的老人，满头鹤发，精神矍铄，思路清晰，言谈中仍是满满的正能量时，惊讶之余，很是敬佩。

　　管玉云，1934 年 7 月 10 日出生于今天的苏州市吴江区黎里镇莘塔社区莘西村。命运对他或许是极其不公的，6 岁时他就父母双亡，与祖母相依为命，可是，体弱多病的祖母也不幸西去了，年少的管玉云只能去地主家当了长工。直至新中国成立后，管玉云才翻身做了主人，分得了田地。一晃几年过去了，曾经的小小少年，用稚嫩的肩膀和超强的意志撑起了一个仅有自己的家。

　　1950 年 10 月，抗美援朝战争爆发了！1953 年 1 月，时年 20 虚岁的管玉云满腔热血，积极响应吴江县政府发布的征兵号召，锁上了门就报名参军去了。他说至今记得当年莘塔公社党委书记徐福全在新兵动员会上说的那番话："有志青年要报效祖国，有大家才有小家，要向邱少云、黄继光等战斗英雄学习，年轻人胆子要大，别看美国人武器装备好，他们发动的是非正义战争，我们中国有 7 个必胜的有利条件……"这份来自祖国和人民的底气，给了管玉云和战士们无比的信心与勇气。从此"做人要有底气"这句话也成了管玉云自勉一生的座右铭。

"我参加的是中国人民解放军铁道兵 8503 部队，1953 年 3 月我们跟随大部队从苏州乘坐火车去往朝鲜参加抗美援朝战争。说起来真是笑话，我们这些来自农村的毛头小伙子，从未见过火车的样子，坐上火车后都觉得很稀奇。"

经过四天四夜的颠簸，先是到达东北丹东，一下火车，

1963 年管玉云在天安门前留影

战士们之前坐火车的新鲜感很快就被东北的寒冷所替代，吃饭时双手冻得碗都拿不住，夜宿时又被当地一种"壁虱"叮咬，全身奇痒无比。为了躲避美军的空中轰炸，志愿军选择夜间行军，夜间交替乘坐火车通过鸭绿江。由于远离祖国，战线很长，后勤保障任务非常吃紧，管玉云所在部队入朝到达新义州后，便临危受命，被安排就地修筑桥梁和铁路，以确保后勤物资运输线及运送伤员的线路畅通。这批来自全国各地的年轻人，在国内只经过一个月的短暂培训就背起枪，系上手榴弹，投入了战斗。他们既要经受朝鲜冬季的寒冷，经受日夜修筑铁路的劳累，又要冒着不论白天黑夜、晴天雨天美军都来轰炸的危险，战斗环境是极其艰苦和危险的。

这是一份永生难忘的经历。管玉云感慨道："我们那时候都是豁出一条命的，至于下一秒是不是还活着，不去考虑了，大家一心想着要为前线战士修一条通畅的铁路线，送给养，送装备，送弹药，我们多付出一点，前线战士就少牺牲一点。我印象最深的是，有一次美军从空中不停往下扔细菌炸弹，部队命令我们等飞机离开后，用铲子铲除地面上的泥土并快速掩埋到指定地方。战士们都顾不上中毒的危险，争分夺秒把泥铲掉，将细菌战

管玉云 88 岁时留影

管玉云签名照

的危害降到最低。那时我们在后方相对前线的战士要安全一点，但也有人被弹片击中负了伤，付出了生命；而由于长期高强度的劳作，一些体弱的战士水土不服拉起肚子，发起高烧。我是做长工的，身强力壮，所以还是硬挺过来了，但也落下了严重的胃病。后来回国后，部队曾安排我分别在五个地方的军队医院治疗并得到康复，所以我对共产党一直十分感激。"

在朝鲜，部队成立筑路突击组时，管玉云曾两次得到部队嘉奖。带着军人的荣誉与使命，管玉云于 1953 年 11 月回国，跟随部队前往江西参加修筑江西到厦门的"鹰厦铁路"。因为思想表现好，在完成任务中成绩突出，1955 年他光荣加入了中国共产党，并在 1958 后转为铁路局职工，爱人也随了军，1961 年荣获"五好战士"，记三等功一次。那些年，他们夫妇带着年幼的女儿没有一个固定的家，修筑铁路的工作性质决定着他们随时都要搬迁，用他的话说：

管玉云签名

"火车要开到哪里，我们就先去哪里。"

转战 5 年后，1963 年管玉云复员回乡。1964 年到 1969 年，他分别在莘西村机房和莘塔党校工作。在村机房工作中，他利用自己的机械技术，把农田灌溉的电费大大降低，为此，领导十分重视，请他宣传节能技术，并在其他村全面推广应用。

原莘塔农具厂是吴江县大集体单位，1970 年，政府领导大胆起用只在部队当过班长的他来当厂长。可是，当年厂里近百号人基本上都是城镇户口，是"吃香的街上人"，让一个乡下人来管理他们，有人并不买账。但是，管玉云用自己真诚的努力，赢得了职工的肯定与拥护。后来在他的带领下，全厂干部职工齐心协力，把企业扭亏为盈，使发展走上了正轨。为此，管玉云多次受到吴江县政府表彰，多次以"工业先进代表""先进单位代表""先进个人代表"参加江苏省工业代表大会。管玉云也在这家企业工作到退休。

"如今老了，我每月有 5000 多元退休金，两个女儿都在身边，小辈们都十分孝顺，我们晚年过得很幸福。我是苦长工出身，有这样的生活，做梦也想不到。年轻时为国家吃的那些苦，我无怨无悔。还是共产党好啊，活一天，我就要感谢一天。"

接过"和平鸽" 笑容浮脸上

金晓琴

　　一路跟着史北村民兵营长，经过一片田野，走过几条乡村小道，我们来到了陆阿五的家。陆阿五女儿陆小凤在门口笑脸相迎，陆阿五坐在躺椅上，看着我们微笑。人快 90 岁了，身板虽瘦却很硬朗，不容易。

　　"停……停。"忽然，陆阿五指着天花板急切地说，我们抬头一看，原来是头顶的电扇插头松动停掉了。陆阿婆说："这位姑娘，别看我家老头精神还可以，但他去年脑梗了，现在言语表达不清，只能说几句简单的话。你看，这不，只能说几个字了，唉！"

　　陆阿婆叹了口气，继续说道："老头子是个苦命人啊，家里 7 个弟兄姊妹，他排行老五，父母连名字也懒得给他取，直接就叫'阿五'。母亲在生第 8 个孩子的时候，难产去世了，没了母亲，父亲一个人带这么多孩子，日子苦不堪言。

　　"小时候的日子就是一天天熬过来的。他和我说 10 来岁时腿上长了一个瘤子，没钱看医生，越来越严重，腿都要烂了，后来他听村上老人说吃烂南瓜能治烂腿，于是就按这个'民间偏方'吃了很多烂南瓜，最后竟然慢慢好了。真是老天开眼。"

　　陆阿婆说起往事，充满对老伴苦难岁月的疼惜。

　　"19 岁那年，我爸主动报名去当兵。"女儿陆小凤接过她母亲的话茬，

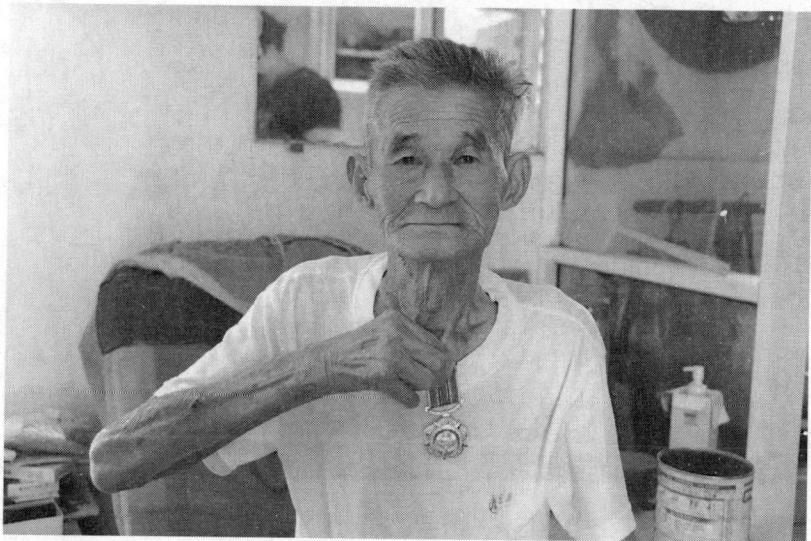
佩戴纪念章

"家里日子太苦了，心想，到部队既能为国效劳，又能吃饱肚子。我爸的初衷就是这么简单。"

"3个月。"忽然，陆阿五开口说话，一边说一边伸出3个手指头比画着。

我感到很茫然，陆小凤却心领神会："我爸是指在朝鲜战场上待了3个月。"

"4月——去，7月——回。"陆阿五慢悠悠地吐出这么6个字。

"老爸，你想起来啦？以前，你从没说过几月份去朝鲜的啊！"女儿惊喜地看着自己的父亲，陆阿五微笑地看着大家。

"我爸性格温顺，对人客气，喜欢笑，但他很少说话，讲话流利的时候，也不大愿意说，所以很多人都不知道他的过去。"

陆阿五出生在吴江黎里史北村（19）奇士港的一户农民家庭，19岁那年报名参军，到的是8502部队。说起朝鲜战场那段经历，陆阿五激动地撩开自己的裤腿，女儿陆小凤说"他的腿在朝鲜战场上受过枪伤"，是的，看得出来，他的右腿明显变细。据陆阿五"结巴"式回忆，受伤过程大致是：几名战士在黑暗寒冷的夜里执行任务，被敌人发现追杀，他因此而

内蒙古铁路人员证件

腿部受伤。

陆小凤接话道："我爸爸的腿虽然受过伤，但没留下后遗症，因为部队医院竭尽全力给他治疗过，基本治愈了。"

陆小凤笑着又说："我爸以前大字不识一个，是在部队学的文化，变得能写信，能看书；在部队里做过营长身边的通信员，还当过班长。"

1957年10月25日，陆阿五退伍并转入预备役，到了内蒙古做了铁路工人；回黎里探亲阶段，经人介绍结识了同村姑娘陆菊英。婚后，一同到了内蒙古，几年后夫妻俩都回到了家乡黎里。1978年，陆阿五应聘到黎里水泥厂工作。有一次，工厂失火，陆阿五奋不顾身地救火，受到领导表扬。1989年，陆阿五退休，由于是农村户口，生活来源有限，因为政府发放了抗美援朝志愿军老兵补助金，生活才有了一些改善。

采访就要结束了，陆阿婆拿出一大包陆阿五的证件以及勋章，其中一张中国铁路工会互助财金会的会员证上，清楚地记录着陆阿五的当兵简历——1953年1月，华东新训4团3营10连战士；1953年3月，铁3师4团3营10连战士；1953年7月，铁2师4团3营11连担任通信员；1954年6月，铁2师9团5连担任通信员；1956年12月，铁2师9团5连战士；1957 年 7 月，铁 2 师 9 团 5 连担任副班长；1957 年 9 月，铁 2 师 9 团 5 连担任班长。

而放在包里的当兵证、退伍证、各种纪念章，都用塑料纸一层层包好，陆阿婆说："这些东西，老头子一直保存着，以前头脑清晰的时候，经常拿出来看看。现在他身体不好了，我就接过这个任务，经常会拿出来擦拭。我怕把纪念章弄丢了，特地拿了挂历纸，将勋章缝在一起，这样我们的心里就踏实了。"

陆小凤拿出一枚"和平鸽"纪念章，递给他的父亲陆阿五，陆阿五接过"和平鸽"，笑容浮到了脸上，开心极了……

"有人叫我钱工程师"

庚向荣

经过沟通，横扇街道党工委副书记吴为民把采访的地点定在叶家港村委会，这次采访的对象是村上的志愿军老战士钱法观。

叶家港村委会的办公楼位于平横公路北侧，穿过公路，就是宽阔的太浦河，太浦河将太湖和黄浦江连接在了一起，清澈的太湖水正是沿着太浦河一路向东的。我站在河边，晨雾还没有完全退去，河对面的树木若隐若现，右侧不远处，就是太浦河节制闸，节制闸外就是碧波万顷的太湖。这里又被称作浦江源头，是一块环境优美的风水宝地，1930年冬天，志愿军老战士钱法观就出生在这里。

我到村委会的时间比约定的要稍早一些，难得村上的书记是同姓，正在寒暄几句，钱法观在儿子、孙子的陪同下走进了会议室。一抬头，我觉得眼前一亮，钱法观穿着一身土黄色的军装，左胸别了3枚纪念章，脖子上又挂了一枚红绸带系着的纪念章，一个真正的老战士出现在眼前。

"老伯伯，这是你当年穿过的军装吗？"我问得有点弱智。

"不是的，是去年参加'在党50周年'活动时，我帮他从网上淘来的。"特意开车送爷爷来接受采访的孙子抢先回答。

钱法观听到这话，脸上显出了腼腆的神色，这样的神色在一位老人的脸上出现，是极为难得的。同时，我也分明看见他腰板挺得更直了。93岁的老人，眼不花，耳不聋，讲起话来还中气十足，走起路来也不要别人搀扶。我连忙让他坐下，说明了来意。他很是谦虚，开口就说："也没什么好讲的。"

"随便讲，随便讲，想到什么就讲什么。"我想引导他。

谁知，老人一打开话匣子，思路清晰，滔滔不绝。

他先是介绍了胸前的 4 枚纪念章，分别是朝鲜停战纪念章、抗美援朝纪念章、抗美援朝 70 周年纪念章和在党 50 周年纪念章。

接着，他说，他从小出生在亭子港自然村，这个村庄在开挖太浦河时并到了现在的叶家港村。小时候是真的苦，他出生不久，父母就双双去世了，祖父母去世得更早，成了孤儿的他，起先由姑母来照料，但姑母家孩子多，也很穷，没有更多的精力和能力，后来还是同村的一位老阿太收留了他。自此，他与那位好心的老太以祖孙相称，相依为命。为了养活他，老阿太只能把他"贴奶"给邻居，就是向别人讨一口母乳吃，他是靠吃东家一口奶、西家一口粥才长大成人的。

穷人的孩子早当家，更懂得报恩。1949 年中华人民共和国成立前后，他长成了一名精干的小伙子，积极参加村里的工作，各方面的表现都很出色，受到村民的称赞。1950 年，刚过 20 岁的他被任命为大庙区马港乡的新民主主义青年团的书记。1952 年初，在当时的孔区长和黄教导员的介绍下，他光荣地加入了中国共产党。当时整个乡里只有 4 名干部、2 名党员，而他就是其中之一。

年轻时的钱法观

1952 年春天，抗美援朝战争正处于最艰难的时刻，作为一名新党员，他带头报名参军，保家卫国。7 月份，组织上批准他参军入伍，那时候，他的大儿子刚出生 5 个月。

讲起他的婚姻、他的子女，老人的脸上又露出了羞涩的神色。他说，凭家里的条件，是根本讨不起老婆的。当年伯父家很早就为自家的儿子领养了一个女孩，准备以后成亲的，谁知那位堂哥还没成亲就去世了，看他跟女孩年纪相仿，家里人就撮合了这一段婚姻，所以两人在 1951 年就成了亲。

入伍后，先是在吴中木渎镇的华东新训 37 团参加战前训练。当时来自吴江的战士都被编入了 8503 部队，在 1952 年下半年陆续到了朝鲜战场。钱法观因为脚上有伤，所以耽搁了一段时间，后来他与当时震泽县越溪镇的战士一起被编入了 8502 部队，在 1953 年 1 月份才到了朝鲜。

当时，火车把他们拉到了安东，就是现在的丹东，他们就下了车，背着背包，走过鸭绿江大桥。他当的是铁道兵，主要的任务就是抢修被敌机

横扇街道领导吴为民（左 2）亲自主持了采访活动

炸坏的铁路和桥梁。

钱法观所在部队有200多人，驻扎在清川江畔老安州火车站边上的山洞里。因为不识字，所以他不知道这些地名确切的写法，只是从战友的口中知道地名的叫法，后来回国他才知道，他保卫过的两座铁路桥，一座叫清川江大桥，一座叫大同江大桥，都是朝鲜的交通要道，也是敌军轰炸的重点。

敌人很猖狂，也很狡猾。敌机每天都要来轰炸，扔炸弹，扫机枪，志愿军虽然有高射炮等防空武器，但火力有限，只能看着刚抢修好的桥梁一次又一次被炸弹炸毁。钱法观还清楚地记得，朝鲜停战是在1953年7月27日的晚上10点，9点多钟的时候敌机还来轰炸，扔下最后一批炸弹后扬长而去。只要敌机一走，他们就赶紧组织力量抢修，不分日夜。

钱法观到达战场时，高高的清川江大桥已经被炸得七零八落，要完全修复难度很大。志愿军战士就在正桥附近修建贴水而过的便桥，这样的便桥最多时修了3座，形成了一个多桥并立的桥区，大大提高了抗炸能力。

当时战场的条件很差，抢修桥梁完全靠人工，一根枕木要100多斤，一个人扛着就跑，一根钢轨长10米，重1060斤，要4个人才能抬得动。打桥桩，战士们都是站在水里的，不管天寒还是天热。

我打断老人，钢轨的重量你还记得那么清楚？

钱法观说，当然，一米钢轨53公斤，一段标准的钢轨长10米。他算得清清楚楚。

钱法观老人接着讲，牺牲、受伤的事是每天都有的，部队每天都有人员进出，流动性很大，他已经记不清当时部队首长的名字了。但他记得，有一天早上，敌机又来轰炸，扔下的是子母弹，7名战友当场牺牲。

当时的后勤保障也很困难，住在山洞里，平时不敢生火，怕暴露目标，只能吃炒面和海带，穿的军装也是五花八门，停战以后，条件才稍稍有些改善。

1955年7月8日，钱法观随部队回到国内，立即转战福建，修建鹰厦铁路；1956年，又随部队西进新疆，修建包兰铁路；1957年，又来到内蒙古，修建三道坎黄河大桥。基本上每年换一个地方，他参与的都是最危难险急的大工程。

1957年，中苏关系紧张，一些工程停了下来，部队也开始裁军。8月，钱法观复员回到了家乡。

当时让他复员的理由是家里的奶奶70多岁了，他儿子才5岁，需要照顾。但钱法观知道，主要是他没有文化，吃了没有文化的亏，因为从小就没有父母，他没有上过一天学，在部队里也是转战南北，日夜施工，没有学到多少文化，至今他只认得自己的名字。

回到家乡后，他先后担任合作社的副业主任、大队的民兵营长和水利技术员等职务，真正做到了"革命战士是块砖，哪里需要哪里搬"。1958年开挖太浦河，修建节制闸，都是家门口的工程，他是当之无愧的骨干。20世纪六七十年代，兴修水利，他是技术员，更是冲在前面，有多少次需要摇着船穿过太湖，到东山去运煤石，用于修筑堤岸，他都是不二人选。1978年围湖造田，村里围了3000亩地，他是技术骨干，日夜泡在工地上。甚至有一段时间，他还是大队的采购员。当时的大队里，只要有点事，就会派他去，他总是毫无怨言，出现在最需要他的地方。

1975年就担任村里领导的陆其宝老书记，采访时正好也在现场。他说，钱法观人好，思想好，积极要求上进，

钱法观敬了一个标准的军礼

工作认真负责，做事让领导放心，村民也很敬佩他。

在闲聊时，钱法观自己提到，以前当水利技术员时的一位老上级老同事，是公社水利站的，一度见到他，就称他为钱工程师。钱法观就批评他，说自己大字不识一个，不要开他的玩笑。

我对钱法观讲，这句话，虽然有点开玩笑的成分，但也说明大家肯定你的工作态度和技术水平，是在表扬你呢。

听到这句话，钱法观的脸上再次露出了腼腆的笑容。

采访的最后，我要求到他的家里去看看，顺便看看没有带来的退伍证。叶家港村以加工羊毛衫而远近闻名，富起来的村民大多建起了小别墅。儿子女儿成家后，他仍居住在老宅基地上，原先的几间平房破旧了，去年在政府的关心和帮助下重新翻建，如今是五开间的新平房，室内宽敞，装修一新，窗明几净，门前是一片开阔的水泥地，在别墅群里一点也不违和。

钱法观说，现在的日子太好了，他现在每个月老兵的补助就有 2800 元，一个人是用不完的，可惜老伴前几年去世了，没有多享几年福。他说，他现在还是一个人生活，自己动得了，就不给小辈添麻烦，每天早上自己去村里买点菜，烧点饭，中午和晚上还可以喝一小杯。

钱法观从他的卧室里取出了珍藏的退伍证，这本颁发于 1957 年 8 月 5 日的退伍证，由于岁月的漫漶，字迹已经模糊，上面的照片更是难以辨认。街道吴副书记当即让工作人员去扫描修复，他说，这可是一本有价值的证书，一定要保管好。

采访结束时，我与钱法观老人握手道别，他站在家门口，目送我远去。

我驾车行驶在太浦河边，思绪随着河水流向了远方。时光也如河水一样无声无息地向前流淌，那些平淡却不平凡的故事让人肃然起敬，值得人们永远颂扬。

"跟他们不能讲良心！"

陈林春

　　震泽的双阳村是有故事的，这个故事主要出自双杨庙会，以蚕丝为主题。双阳过去叫双杨，"文革"中叫向阳，"文革"后想改回双杨，可是改成了双阳。一改错没成千古恨，遗憾却是总有那么一点的，相沿成习，双杨只好叫双阳，叫到今天。

　　不过，这个故事与李兴法没有关系，他本来是永乐村人，因为拆迁，两村共一点，他就住到双阳来了。这个拆迁小区叫双阳新村，他住20栋101室。

　　与姚文彬、张才福相比，他的居住条件是最好的，新房、整洁、亮堂，还现代，最重要的是与儿女住在一起，那个长得白白净净、身材魁梧的孙子，还当过海军，东海舰队退伍的，或许知道我们也当过兵，他让我们享受了热茶、香烟的招待。

　　永乐村的民兵营长，也很年轻，他与我们同时到达，把我们领进李兴法的家，手里还带着礼——大米、水果，说是村里的，不能空手，让我们一下感到，李兴法这位抗美援朝的老兵在永乐村是受到尊重与关爱的。当然，李兴法退伍后也曾在村里当过治保主任，算得上是永乐村老领导、老前辈了。

　　李兴法出生于1933年1月8日，出生那天正好是大年初八，算起来今年正好与姚文彬同岁，都是 90 虚岁。姚文彬很精干，李兴法则更精悍，当年同去参军的人中，他或许属于小个子兵。

我们是 12 点多到他家的，应该是打扰了李兴法的午休。可是，李兴法精神很好，他清楚地记得，他是 1953 年 1 月 1 日当的兵，永乐村一共去了 6 人，是 3 月份去的朝鲜，火车开了 6 天 6 夜，就是在火车上知道斯大林逝世的消息的。火车是开到安东的，下了车正好吃晚饭。记得这些细节，说明他的记忆力是非常好的。

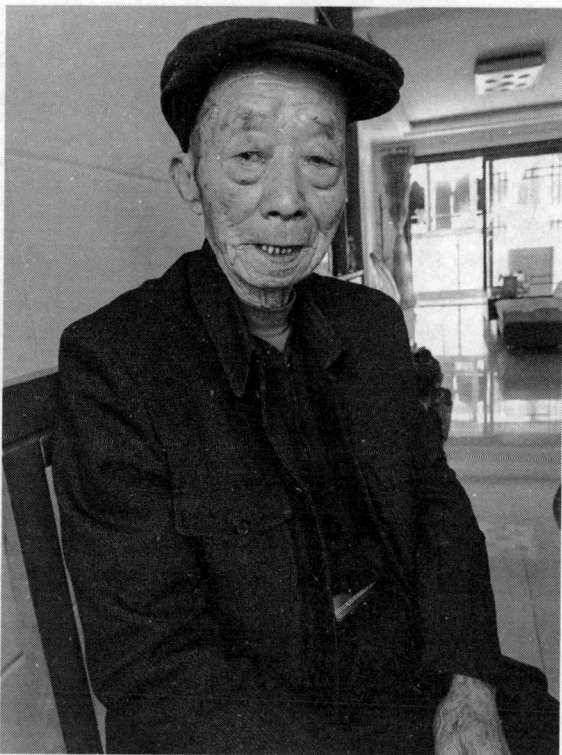

李兴法近照

其实，李兴法入朝也就四五个月，1953 年 7 月 28 日他就回国了。但是，他对这段经历还是非常难忘的。他与姚文彬、张才福一样，同在 8503 部队，同样是铁道兵，同样没有到一线部队与美国鬼子面对面厮杀，更没有到过长津湖，可是，当去年《长津湖》电影上映后，他竟然自己去看了两次，一边看一边哭，孙子说他"到家还在流泪"。惨烈啊，悲惨啊，因为他在朝鲜一个叫"杨树浦"的地方，亲眼看到鬼子的飞机来轰炸，炸得尸骨横飞，血流成河……男儿有泪不轻弹，流泪都到伤心时。他是一个记忆力很好的人，那种恐怖的场景一定让他终身难忘，70 多年的岁月消失了，但他对鬼子的恨却没有消失。他知道，和平是宝贵的，可总有人不让你过好日子，所以，和平是要有人保卫的，祖国与家乡是要有人保卫的，因此，那年孙

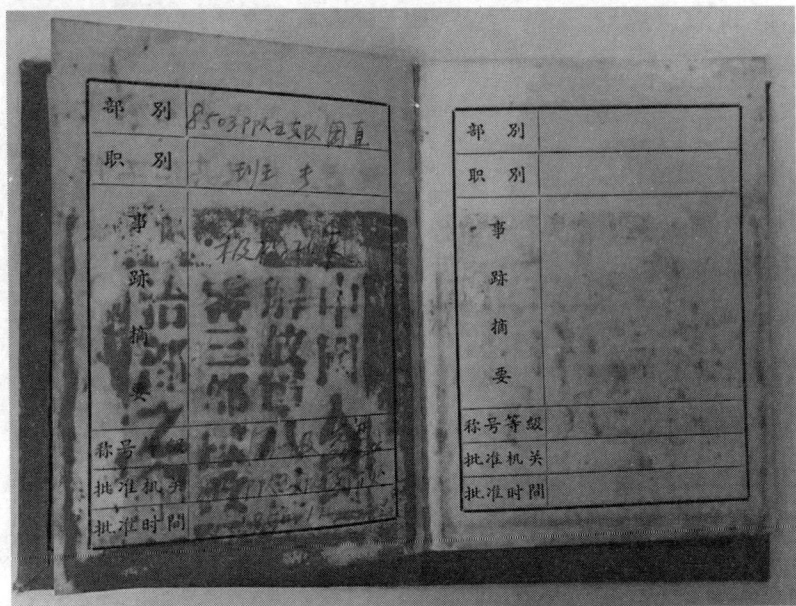

8503 部队授予李兴法先进工作者证书

子当兵是他亲自送出去的。

与姚文彬一样的是，李兴法在部队没有干过什么惊天动地的事情，没有成为英雄，也没有成为功臣。1953 年 7 月回国后，他又到陕西、江西，继续在铁道兵部队为祖国经济建设服役流汗。复员后，从 1966 年起，他曾在永乐大队当了多年的治保主任。但是，他却一直无法忘怀抗美援朝的经历，无法忘怀他的排长吴少杰（音）、副排长王成（音），还有家在吉林的班长杜少坤（音），"最后一次联系还是 1972 年，通过信"，他们也不是英雄，但他们都有一种随时为国牺牲的精神，看得出来，他很想再见到他们，"他们要有 100 岁了……"

李兴法的孙子给每人发了一支香烟，出乎意料的是李兴法也接过去一支，我掏出打火机亲自为他点上。他说他在朝鲜时要一天一包，哪来的钱？津贴啊！香烟属于紧俏物资，可子弹也紧俏，他说，他们常用香烟跟朝鲜人换子弹的。说完，他埋头到了烟雾中，似乎若有所思，是不是又回到了朝鲜？是不是又见到了战友？是不是又看到了美国鬼子飞机来了？孙子说，他平时经常讲抗美援朝的故事，他都帮他整理好了……同行加了他的微信，他说他后面把整理的材料发给他。

烟雾在餐厅里缭绕，透过烟雾，我发现窗外的景色很美，小区里开了很多花，天上没有一丝云彩；小区北面就是顿塘河，东西流淌，流过双杨，流过永乐。这个时候正是踏青、赏春的大好时节，因为疫情，李兴法也只能以宅家为主。说到疫情，李兴法忽然跟我们说，"鬼子是什么缺德事都做得出来的，在朝鲜，打不过我们，就放细菌，卑鄙龌龊，根本不讲公法、道义。"原来他在朝鲜战场上曾经感染过美国鬼子的细菌，"开始不知道，后来身上发红疹子。我退伍后先在嘉兴看了5个月，后在吴江医院看了一年多，直到现在还有后遗症，经常头昏、乏力。"每到这个时候，李兴法就恨不打一处来，"人家要弄死我们的心是不会死的，弄不过，就搞细菌、病毒，制造疫情。跟他们不能讲道义、良心啊……他们不把你搞死，他就没法活……"说着，李兴法掐灭了烟头，老眼中尽是愤恨的光……

附记：

李兴法与张才福一样，每月有四五千块钱的收入，但是，他的前列腺毛病比较重，本来计划做个手术，可是因为疫情没做成。他有三女一子，可是大女儿患了很不好的毛病，正在苏州一院住院治疗，88岁的老伴忧思太急，还躺在床上……

唉，家家都有一本难念的经，李兴法家也一样。

（2022年3月29日）

鸦雀港边的不老记忆

李红梅

鸦雀港，一个紧挨着太湖大道的自然村落。已经硬化的村道依着河港两侧向南延伸，灰色的栏杆，稍显密集的太阳能路灯，路边的菜畦里，种着芹菜和萝卜，灰暗的阴天里，更显得绿意葳蕤，生长蓬勃。

谢元奎家的房子是距离太湖大道最近的一幢，从楼上的窗户可以望见冬日里白茫茫一片太湖水。谢元奎老人带着我们走过整洁的庭院，进入宽敞的家里。屋子中央放着一张八仙桌，我们坐下来喝了茶，开始聊天。

"我是在 1952 年 10 月编入华东新训 4 团 3 营 11 连 3 排 9 班的，1953 年 2 月 9 日进入朝鲜，编入铁道兵团 3 师 12 团 1 营 3 连，总共在朝鲜待了 11 个月，1953 年底就回国了。我们回国时，是在朝鲜的路下车站上车的，那时，朝鲜所有的路牌都有中文标识，所以我记得很清楚。"老人家口齿清楚地说完这一大段，我们几个无不惊叹他的记忆力，要知道，面前这位身材高大、精神矍铄的老人家已是 88 岁高龄了。

听着我们由衷的赞叹，老人不无谦虚地说："现在记忆差多了，好多人和事转头就想不起来，就在几年前，我连每个小学同学的学名都记着呢！"

过人的记忆力和相对较高的文化水平（小学五年级），让谢元奎一进入部队就受到部队重视。当年，他才 17 岁，是全班年纪最小的一个，但他聪明机警，胆大心细，很快成了连部通信员。通信员在战场上是非常重要的

谢元奎近照

角色，得每天在枪林弹雨中传送命令，危险也可想而知。指导员心疼这个机灵的小战士，专门给他一把手枪让他防身。就这样，17岁的谢元奎身上背着冲锋枪，腰间别着小手枪，翻山越岭去送信。有一次，低飞的敌方侦察机来过几分钟后，20多架敌机黑压压飞过来，密集的炮弹在身边不断炸响。谢元奎将身子紧紧贴着地面，眼看着一个战士和两匹马被炸死。

"朝鲜战场是1953年7月27日宣布停战的，那是我们到达战场的第5个月。战后的朝鲜大地桥毁路断，满目疮痍，惨不忍睹。我们铁道兵是特种兵团，接到命令，要我们抢修铁路，架好大桥才能回国。因此，野战部队回国后，我们以难以想象的劳动强度在朝鲜干了大半年后才回到祖国。那时候真艰苦啊，天寒地冻，缺衣少食，但大家的心气很高，打了胜仗，保家卫国光荣啊！"谢元奎老人的思路不是一般地清晰。

1953年底回国后，谢元奎随着部队开拔到了陕西华阴县，参加宝成铁路的修建；7月，又被调往福建，修建鹰厦铁路。当时的福建省还没有一寸铁路，而在3年后，也就是1957年5月1日，鹰厦铁路全线通车。6月，

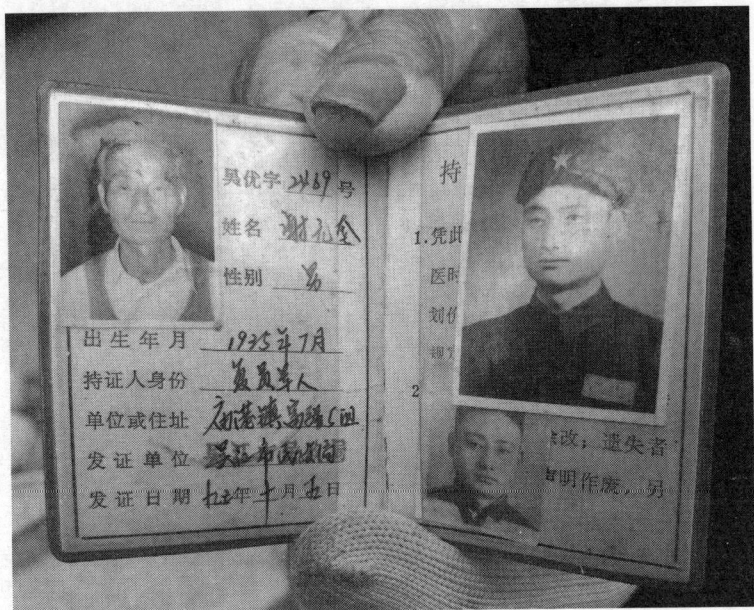
吴江市民政局补发的复员军人证书

遵照中央"哪里来哪里去"的原则，谢元奎退伍回到老家，也就是当时的七都公社富强大队，解甲归田，铸剑为犁，回归了农民身份。要论种田，谢元奎也是一把好手，做一个农民，他也很安心。1958年，谢元奎被苏州专区调去学习驾驶，月工资36块，全家人高兴坏了。那年月，这可是了不起的高工资，和面朝黄土背朝天的农民相比，真是天上地下。可惜，3年后，谢元奎又回到了富强大队，唯一的收获就是他拥有了一本红色的工会证，上面还有领导签字，作为他这3年多驾驶员经历的一个凭证。

从1978年起，谢元奎做过民兵营长，村办厂厂长，直到1993年3月，他拿到了500元的奖金和一只热水瓶，上面写着"光荣退休"。那一年谢元奎60虚岁，从内心里说，他并不觉得自己是个退休老人，他寻思着再做点什么。很快，他在村里开了个小商店，卖日用百货。这一干，到前年才歇下来。

现在呢？"现在享福了。每天早上负责烧好8个热水瓶的开水，然后就去村老年活动室和小伙伴们聊天玩耍，到吃午饭时才回家。不仅有近3000块钱的退休工资，看病也不用花钱，没有任何后顾之忧，活一天乐一天，我心态很好的。抗美援朝，保家卫国，理所应当，想想那些在战场上牺牲的战友，我们活着回来的，已经是万幸了，没有什么好计较的。活着，健康地活着，比什么都好！"朴素的语言里，都是老人家的真心实意。

采访快结束时，谢元奎拿出了他珍藏了几十年的纪念章，它们被层层包裹着，虽然染上了岁月的痕迹，但依然闪闪发光，散发着老人一生的荣耀。

趁着谢元奎老人家出去拍视频的机会，我和他的小女儿聊了会天，她说自她记事起，就知道全村人都特别尊敬父亲。四邻八舍有什么矛盾纠纷，都会来找父亲调解，因为他不仅态度中肯，条理清晰，更重要的是他有一颗公平公正的心，总能让人心服口服。他们家也被七都镇政府评为"五好家庭"。

"会客厅"里话硝烟

王慧君

平望镇平安村（36）姚家 17 号，是一幢两楼两底的老房子，住着一位老人，他就是抗美援朝志愿军老兵徐泉观。

门牌上明明写着姚家 17 号，为何住着徐氏人？村里工作人员说"姚家"是自然村村名。

我们去的时候，是下午 1 点半，也许徐泉观在午休。一起去的一位是同村村民，他直接敲了一楼右边的一间门，没人应答。

我们站在门前场地上等了一分钟左右，闲聊间门开了，走出来的正是徐泉观。

今年 92 岁的徐泉观，看上去比实际年龄要小。老伴三年前去世，如今独居。

我们随同徐泉观走进屋，落座。一间房一分为二，后面半间从一个角落处挂着的毛巾、三脚架、洗脸盆等物品上看出，应该是徐泉观的盥洗间，除了这些，就是落满灰尘的"家徒四壁"。

前面半间承担着客厅、书房的功能，有些凌乱，桌上放着一台收音机、一本书、一只方便袋、一只糕点盒子，墙角处凳子上也有几本书和一些报纸，墙上挂着一本挂历，几只竹编的、木质的小凳子都有些油腻，一张竹编的躺椅，应该是利用率较高的用具，泛着光亮，把手上固化了一些污垢。

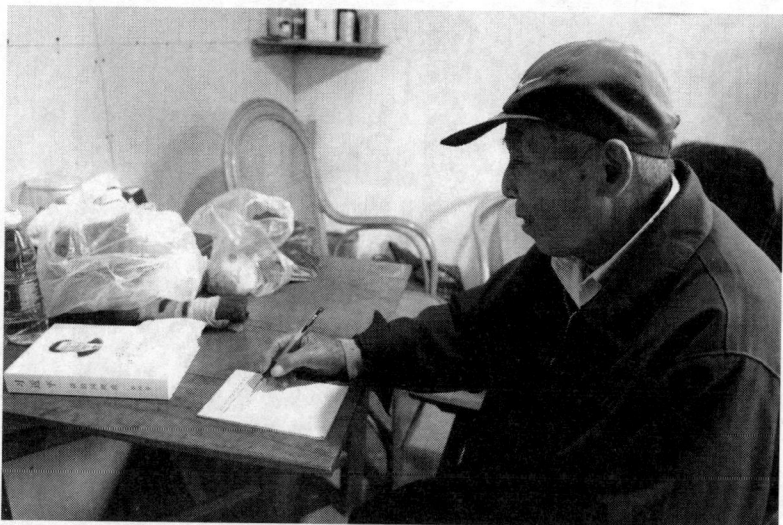
徐泉观近照

就在这间"会客厅"里，徐泉观坐在躺椅上，向我们讲述了那段青春岁月以及后来的平凡人生。

1952年11月，徐泉观报名参加抗美援朝，并离开家到了部队，经过层层体检、整编，到1953年3月，徐泉观所在部队正式启程，跨过鸭绿江，奔赴前线。但，徐泉观说他的军龄是从1953年1月算起的。

徐泉观所在的8503部队，是铁道兵部队，主要任务就是维护抢修入朝铁路，确保通畅。

徐泉观说，到了朝鲜，跨过鸭绿江，就算打仗了。

但他们拿起的、扛起的不是枪和炮，而是抢修铁路的工具。"敌人白天把道路桥梁炸坏了，我们晚上就去抢修，哪怕天再冷，环境再恶劣，都要保障道路桥梁'飞机炸不烂，洪水冲不垮'。"徐泉观说，由于事迹突出，他所在的班还获得了集体三等功。

说到这些，徐泉观有些慷慨激昂，讲话的声音大了起来，脸上绽放了骄傲的笑容，他说："当时我们班只有10多人，班长是东北人，叫刘贵，副班长是山东人，叫张福喜，他们都是很早就参军的，是老兵。"

徐泉观退伍证

　　说起他们，徐泉观格外开心，那是他的青春记忆，清晰如昨。

　　1953 年 11 月，徐泉观和战友们一起回国。回来后，他到了陕西，部队整编后，参与修建江西鹰潭到厦门的鹰厦铁路，这一修就是 3 年。

　　1957 年 10 月，徐泉观退伍地方，被分配到了杭州金华工务段工作，依然是修铁路。

　　"当兵 4 年，最光荣的是让我成了一名抗美援朝志愿军，同时让我学到了知识，会写字、看书、看报了。"徐泉观说，当年入伍时需要填写表格，他连自己的名字都不会写。

　　说到兴奋处，徐泉观还兴致勃勃拿出他珍藏的几枚纪念章给我们看，一枚是光荣在党 50 周年，一枚是中国人民志愿军抗美援朝出国作战 70 周年，还有两枚分别是有毛泽东主席头像的纪念章以及和平万岁纪念章。

　　1958 年 10 月，徐泉观调到杭州铁路工程团工作，"还是修铁路。"他说。

　　1981 年，徐泉观退休回到家乡平望平安村，他儿子接替了他的工作，成为一名维修铁路的工人。

　　说到徐泉观的家庭，和大多数人一样，结婚生子，养家糊口，波澜不惊。"31 岁结婚，育有一儿两女，妻子带着孩子在平安村务农，一次都没去过我工作的地方，只有我两地来来往往几十年。"徐泉观说，3个孩子长大后，儿子接班去了杭州，并在当地结婚生子，扎根落户，逢年过节回乡探亲，与父母姐妹团聚，如今也已退休，家住诸暨。大女儿就在平安村，小女儿嫁入盛泽镇人家。

"平时大女儿三天两头回来看我，料理一下家务，小女儿稍微远点，但也常回来，都很孝顺。"徐泉观说。

临别之际，徐泉观还带我们逐一参观了他的家，登上楼梯，上了二楼，靠近楼梯这边的一间是他的卧室，有一张雕花架子床，放置了几床棉絮被子，还有一只大衣柜、一张桌子、一组箱子，这些应该是他结婚时的家具。他睡的一张小床靠近门边，被褥干净整齐，还支着一顶白色蚊帐。隔壁一间是他儿子的卧室，家具应该都是结婚时置办的，有着明显的时代感，很久很久没有住过的样子了。

"从前儿子也是常回来的，最近几年，因为疫情没回来了。"徐泉观说，这间得给他留着。

除了楼房，还有两家辅房，一间堆放着烧饭用的柴，整整齐齐堆放着，一条拴着绳子的小狗，看见我们走近，又跳又叫。一间是厨房，门前也拴着一条小狗，看见徐泉观走过来，围绕着他蹭着他的腿，对着我们狂叫。

"我养了两条狗、一只猫，有它们陪着，热闹一些，不然一个人太孤独了。"徐泉观说。

我听了，心里有些酸……

挥手告别，我们转身离去，有两双眼睛目送着我们，一双是站在场地上徐泉观的，一双是躲在一株南瓜藤下一只小猫咪的……

"老排长我想他们了……"

王慧君

　　初秋，在下着雨的一个午后，我们如约来到位于西塘社区的姚家弄。这是平望镇的一条老街，我们从门牌 17 号的门走进一幢居民楼，这是一幢陈旧的三层老屋，第三层 303 室就是抗美援朝老战士袁静老人的家。

　　开门进屋，一套不足百平方米的居室，显得很满，角角落落堆满了物品，一切都是陈旧的，散发着岁月的光泽，没有任何铺陈的水泥地，干净无尘，朴素的居住环境，有着老家的味道。

　　袁静今年 92 岁，老伴 86 岁，育有一儿三女，亦均已退休，各有各的小家，但他们时常会来这里陪伴二老，照顾他们的生活起居。

　　进屋后，袁静的大儿子和小女儿接待了我们，袁静夫妇正在和他们的大女儿大儿媳在隔壁房间打麻将。

　　听见我们说话，袁静离开麻将桌走了出来，白色短袖衬衫，纽扣整整齐齐扣到领口，下摆塞进裤子里，神清气爽，和蔼可亲，军人的气质依稀可见。

　　不过，看上去袁静比实际年龄要小许多。在我的认知里，92 岁高龄的老人，应该是比较老态沧桑的。

　　陪我同来的社区工作人员小金为我们做了介绍后，先行离去，我和袁静围着他家饭桌刚坐下，他老伴坐着轮椅也出来了，依靠着饭桌一方停下，安静地听着，间或插话说些他们当年的事。

比如，她当年探亲去了朝鲜，住了两个月，他们的大儿子就是在那里怀上的。

袁静听力稍微有点问题，思路却非常清晰。当他知道我的来意后，立即站起来，去卧室找出了他自己写的回忆录，以及南京师范大学原党委书记顾永林写的文章，他说："你想知道的，这里都有。"

同时拿出来的还有几张他年轻时的照片，有他个人的，也有与战友、妻子的合影，还有证书、奖状、徽章、茶缸、军帽，一件件旧物背后，是一个个动人的故事。

我说："叔叔，您年轻时很帅，阿姨很漂亮。"

"是吧，那时我还可以吧。"袁静老人笑着说，"她那时真的很漂亮，现在身体不好，需要坐在轮椅上。"

笑谈中，袁静老人讲述了记忆深处的那份峥嵘岁月。

袁静，原名袁春林，1931年农历二月生于吴江县盛泽区太平村（如今的盛泽镇荷花村）。当时，这一带宜农宜桑，又时值初春，故名春林。他年幼时，家里种田织布，温饱基本无忧。

1951年，报名参军时，他把自己的名字改为了"袁静"。从此，"袁静"之名伴随一生，而"袁春林"则留在了老家，留给了邻里乡亲。

1951年3月初，盛泽区开始进行抗美援朝参军动员工作，袁静不仅勇敢站出来带头报名，还动员村里适龄青年也报名，加上他村子共有7人参军，其他6人分别是钱海桥、徐海金、钱元仙、徐根寿、施海生、怀金虎。

鉴于袁静在征兵活动中发挥了带头作用，其母袁徐氏受到嘉奖。

袁静应征入伍，辗转来到吉林安东，编入工程兵舟桥团，突击训练月余后即奔赴朝鲜，担负武装保卫鸭绿江到图们江一线的钢铁运输线的艰巨任务。不论酷暑严寒，不分白天黑夜，他们始终与敌机的轰炸扫射周旋，敌机来了就藏起来，敌机走了就加油干，桥梁被炸断了立刻抢修，公路被炸出坑马上填平。

与一线战场相比，护卫运输线属于后勤工作，但战争状态下战士的日子

袁静在部队时留影

都是艰难而残酷的。

袁静说，记不得有多少次，当遭遇轰炸的桥梁来不及抢修时，为了保证物资运输的通畅，他和他的战友们常常肩扛钢架木板，站在水里排成一排，搭成临时浮桥。很多时候，身下是没过胸口的江水，头顶是凶恶敌机的盘旋。因为不断在水里浸泡，袁静落下了肠炎的顽疾，战后回到国内连服了上百剂中药才得以治愈。

战争的残酷令人刻骨铭心。1952年春节前夕，袁静与一批新兵到达鸭绿江边驻防，对岸就是朝鲜的新义州，大年三十晚上，他们与驻地老百姓举行联欢活动，刚散场不久，防空警报突然拉响，敌人的轰炸机很快出现在新义州上空，燃烧弹炸弹呼啸而下，其中一颗炸弹落到了中国境内，不少老乡躲进了部队的防空洞，有的连棉衣都来不及穿。

记得有一天，在敌人炮火的反复轰击下，同村战友钱元仙所在连队的一座门桥翻沉在鸭绿江中，船上包括排长在内的12名战友壮烈牺牲。除此之外，当年与他一起守护运输线的一位老乡战友谢兴才，也是在搭桥时被敌机炸弹炸死的。

1953年7月，朝鲜战争落下帷幕，第二年3月，袁静随部队回国，不久后被选拔进读书班学习。1956年初，袁静被推送到南京工程兵学院学习一年，毕业后被任命为排长。

按照事先报批的计划，提干后的袁静原本打算回老家结婚，但此时部队命令他速回东北，准备二次入朝。

放弃近在咫尺的回家机会，抛下一时乱套的两个家庭，袁静当即重返部队，并于1957年3月10日第二次入朝，带兵参与朝鲜人民的家园重建。待一切安排妥当后，袁静于当年4月12日回老家完婚。

多年以后，4个子女陆续出生，袁静为他们所取的名字里都带着中朝两国的地名特征，以此纪念自己的征战历程，教导子孙牢记革命历史，传承红色基因。

因为军事素质过硬，执行任务出色，在朝期间，袁静两次立功。

1958年8月1日，袁静随全体志愿军战士撤朝回国，先后在驻辽宁安东的3320部队舟桥兵81团服役。

袁静生于农村，参军前只上过两年私塾，是部队这个大熔炉给了他不

袁静获得盛泽区人民政府三等模范的奖状

断学习和进步的机会。参军期间，在抢抓时机学习文化知识的同时，袁静还学会了唱歌、跳舞、弹琴、摄影，成为所在连队的文艺骨干。

1972年12月，袁静以营级干部身份转业回到老家，任吴江县平望粮管所党支部书记，直到1992年光荣退休。20年的地方工作，袁静连年获得表彰。时至今日，袁静更是一名有着60年党龄的优秀共产党员，拿他的话来说，自己"保持了军人本色，没有给部队丢人"！

与大多数战友一样，袁静也喜欢看电影，尤其钟情战争题材的影片，而提到反映抗美援朝主题的电影，解甲归田多年的袁静如数家珍般列举了《上甘岭》《奇袭》《激战无名川》《铁道卫士》《英雄儿女》等多部经典影片，特别对《英雄儿女》感慨良多，对电影中王成"为了胜利，向我开炮"的誓言和抓起爆破筒冲向敌阵的片段至今耳熟能详。

应该是触动了自身那根收拢已久的神经，说着说着，袁静情不自禁地比画着王成"双手紧握爆破筒，怒目喷火热血涌"的悲壮场景，神情里充满着对当年这批"英雄儿女"的敬佩，和对过往亲身经历的战争岁月的礼敬。

袁静近照

袁静说，诸如杨根思、黄继光、邱少云、罗盛教等战斗英雄，都是真实存在的，他们或者来不及说出自己内心的愿望和目标，或者原本就没有什么豪言壮语，就为抗美援朝付出了年轻的生命。如果说，他们都有一个共性的话，那就是朴实里显示着伟大，是中华民族真正的英雄儿女，他们的胸襟和气概值得今人敬重与学习。

谈到战争的严酷，袁静还记忆犹新，抗美援朝初期，由于条件艰苦，后勤保障不足，来自江南的许多士兵很难适应中朝边境的部队生活环境，"吃高粱米饭不惯常，吃窝窝头不惯常，北方天冷不惯常"，种种"不惯常"里，有一个情节给袁静留下特别深的印记，就是在筑桥修路过程中，个别没有领教过东北冷酷严寒的新兵，用沾着水渍的手去抓铁管，手掌瞬间就被牢牢冻住，使劲挣脱时，常常连皮都被撕掉，这是另一种疼痛与惨烈。

如今，袁静虽已年届耄耋，但依然保持着军人的气质和工作时的习惯，每天坚持读报、写作、看电视，对时事政策和社会热点了如指掌；同时，还将床铺整理干净，被褥叠得方方正正，棱角分明。

袁静专门找出一张老照片，这是他 1958 年从朝鲜回国后与当年战友的合影。作为老排长，袁静坐在前排中间。凝视照片良久，袁静不由得自言自语："都是老战友啊！不知他们现在何方，老排长我想他们了，他们都是英雄儿女。"

我为他重戴和平纪念章

王小萍

"金家坝红旗村四组"——采访任务单上关于抗美援朝老兵朱海根家的地址略显简单，几经打听，遇"仙人"指路，终于在一幢沿河而居的院落门口，看到一块"光荣之家"的铜牌——这一定是他的家！

那是一幢二层的旧式楼房，房子西侧往南有个墙门，墙门东西通透，十分凉爽。走廊上的方桌上放着蓝色鸟笼，里面有黄、白、蓝、绿4只漂亮的虎皮鹦鹉，见有生人进来，它们显然有些躁动。此时，一位拄着拐杖的老人从西边的院门走了进来，看到我便说："接了你电话，怕你寻勿着，我就去村西的路口等你。原来你从东面进来的呀，我们错路了。"

瘦瘦高高的个子，穿一件半旧的白衬衣——老人现在的身形与风度，仍然能让人想象出他年轻时帅气的小伙模样。可能是刚才走路急了，他有点气喘，我连忙扶他坐在墙门里的轮椅上。此时，桌上笼子里的小可爱们发出了悦耳清脆的鸟鸣，气氛瞬间被渲染开了。

朱海根说自己老了，身体大不如以前，幸亏政府还一直记挂着他，他感觉很满足。"我参加抗美援朝也是偶然的。当时我家里还有一哥一姐，新中国成立后生活虽然略有改善，可仍然很穷。1953年1月份，国家号召青年参军，我一激动就跑去报名了。说实话，当时也不知道要去朝鲜打仗，心想新中国成立了，和平了，当兵就是去部队锻炼锻炼。年初入伍，3月份

朱海根近影

就去朝鲜了，几个月来部队的宣传、教育，和自己的所见所闻，让我之前有些后悔的心也定了。既来之则安之吧，我就一心跟着部队，和战士们一起保家卫国。在部队我只是一名普通的士兵，只是做了应该做的，不值一提。"老人谦逊的话语让我感受到了他憨厚的秉性。

当年，美军采取"绞杀战"，而志愿军要建立一条打不烂、炸不断的钢铁运输线，来确保抗美援朝后勤供给。朱海根当的是铁道兵，在朝鲜的那段日子，整天修筑遭美军炸毁的铁路，就是他们部队的作战任务。当时成批的美国飞机在头顶上盘旋，他们扔炸弹就像孩子们扔沙包一样地随意，没有固定时间和地点，被炸的铁路不是枕木起火就是铁轨变形，还有路基坍塌，若不及时抢修，就会造成铁路瘫痪，因此战士们必须不分昼夜与敌机周旋。敌机来了，他们就跑去防空洞躲避；飞机走了，就立马出来干活，累得有的战士站着都能睡着。

令朱海根永生难忘的是：在一个大雨天，他和战友们都专心在干活，突然响起了警报声，于是马上撤离。因时间实在太仓促，几枚炮弹就落在他们身后，所幸战士们都受过训练，卧倒及时，才没有造成人员伤亡。"我们是后勤保障部队，相对安全一些，但战士牺牲也时有发生，那时候我们都还只是十八九的小后生，说不害怕那是假的。"当年面对死亡的那份惊险记忆，朱海根如今叙述起来依然心有余悸。

都说打仗靠装备，但中国人民志愿军能打赢这场战争，靠的却是志愿军的意志力和全国人民团结一致的爱国热情。抗美援朝胜利后，军民的凝聚力更强，战士们的思想觉悟也越来越高。1953 年 7 月，朱海根的部队接到了为朝鲜人民战后恢复生产的工作，继续筑路修桥，为他们修复战争留下的创伤。同年入冬前，中国铁道兵陆续回国，朱海根也随部队于 12 月份从朝鲜回到国内。在陕西短暂休整后，又投身到了长达 700 公里的"鹰厦铁路"的建设中，那是为解放台湾做的后勤保障准备。

聊起那几年的工作，朱海根用手指了指自己的右太阳穴，告诉我："这是当年受过的伤。那时修建铁路十分艰苦，平原还好，遇上山体，就需要通过爆破作业把山体凿开。有一次山洞已经钻好，顶部用材料加固的保养时间已到，我和战友们负责将它们拆下，操作过程中，一件物体突然弹出，正好重重砸到我的右太阳穴上，顿时一阵头晕，眼冒金星。当时我被紧急送到部队医院，经过几天治疗后，班长问我身体恢复得怎么样，因为年轻好面子，明明身体还很虚弱，却信誓旦旦报告班长，轻伤不下火线，自己身体已无大碍，完全可以上岗。可等到年纪慢慢上去了，才发现太阳穴遭受重击后，还是有影响的，后来就经常出现头晕的症状。"

像朱海根当年这样的情况，或许可以申报军人伤残鉴定，但忠厚老实的他什么都没有要，只是自己默默承受着这份战争留给他的伤痛。安顿内心的善，守住心灵的真。

1957 年朱海根复员回到家乡，1959 年光荣加入了中国共产党。

朱海根在村上当了生产队长，一当就是 10 多年。那年头的生产队长，工分不比别人挣得多，干活却必须比别人强，脏活累活全是他自己包揽。

无论是之前的互助组还是
后来的联产承包到户，在
朱海根的带领下，生产队
的产量和社员的分红在全
村总是排在前面，他也因
此赢得了村民的好口碑。
多年的劳作，让朱海根的
身体留下了许多病痛，比
如腰肌劳损、膝关节磨损
等，阴天下雨身上总是酸
痛难受，可朱海根却说：
"我们这批人能四肢健全
地活着就是幸运了，比起
那些牺牲在战场上的战
友，我们还有什么不满足
呢？我现在每月有3000多
元的退休金，三个女儿一

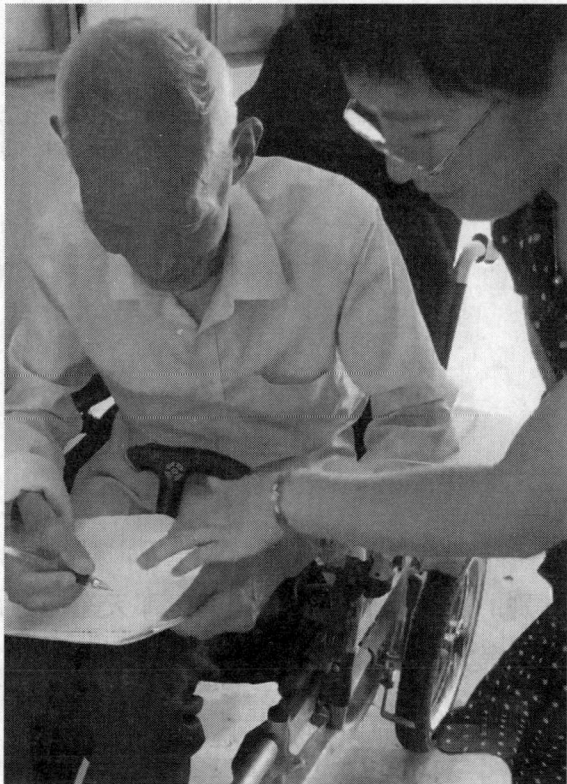

朱海根正在签名

个儿子平时对我照顾得很好。只是遗憾老伴走得太早。老伴在村上当了几
十年的赤脚医生，全村老老小小身体不适都要找她，连哪家猪猡猡生病也
叫她，可惜她自己的身体却没有保护好……"

"慎守其真，还以物与人，则无所累矣。"眼前这位在时光里惆怅的沉
默老人，不禁让我联想起《庄子·渔父》里那段话。我明白此刻语言的苍
白，顺势也沉默起来。

一阵清风拂过，当我给朱海根老人戴上他从朝鲜战场上带回的和平万
岁纪念章时，鹦鹉们在一旁欢快地跳跃歌唱，似乎在为这位抗美援朝平凡
而伟大的老战士带给它们的那份安宁而鼓掌喝彩。

此生无愧峥嵘时

俞 平

　　2020 年 10 月 23 日，那一天，对抗美援朝老战士朱志明来说，是十分特别的一天。他清楚地记得，那天东门社区副主任郑斌为朱老戴上了"中国人民志愿军抗美援朝出国作战 70 周年"的纪念章。

　　胸前这枚崭新的奖章，与抗美援朝三等功勋章、抗美援朝纪念章、和平鸽纪念章相互呼应，是朱志明一辈子的骄傲。

　　朱志明出生在浙江嘉兴，14 岁到吴江铜罗学生意，18 岁应征入伍。1953 年 3 月，19 岁的朱志明被编入华东新训四团，跟随大部队奔赴朝鲜，成为一名光荣的铁道兵，当时同去的吴江老乡有 200 多人。

　　"从辽宁安东渡桥过鸭绿江，到朝鲜境内，这段距离比我想象得近。"朱志明回忆，他和战友们唱着"雄赳赳，气昂昂，跨过鸭绿江……"，歌声响彻在清凌凌的河水两岸。循环唱了三首半的时间，他们就到了朝鲜境内。

　　刚到朝鲜时，朱志明他们部队负责驻扎在首都平壤修桥修铁路。朝鲜的冬天寒冷而又漫长，积雪深度达到五六十厘米，敌军的炮火时不时在头顶轰鸣，打破了冬日的宁静。为了迫使美军停战，需要连夜修路。有时为了躲避敌人的飞机，更是在深更半夜作业。他们借住在朝鲜人民家中，每天要走一两个小时才到工地，天不亮就要出工。干的是体力活，可是粮食供给十分艰难。朝鲜当地更是无粮可征，战士们靠从中国带去的一些饼干、

朱志明在小心翼翼地将勋章放好

黄豆充饥，最后连豆渣都全部吃完了。修路需要工具，他们就去朝鲜老百姓家中借来砍柴刀，到山上去砍松木制作。

"志愿军和朝鲜人民军打到哪里，铁路就修到哪里。"响亮的口号是援朝铁道兵脑海中唯一的信念。

无论条件如何艰苦，战士们依然斗志不减。虽然不用冲在前线直接和敌人厮杀，但是他们心里十分清楚，路修好了，桥修好了，才能给战斗在前线的战友们提供保障。

朱志明跟随部队一路转移，来到大宁江边。大宁江江面宽500多米，铁道兵的任务就是负责大宁江的桥面能正常通行。当时，为取得停战谈判的有利地位，他们接到了一项"硬任务"，那就是七天七夜保证桥体炸不断，冲不烂！

接到任务后，战士们没日没夜在江边奋战，几乎7天7夜没有合眼。大家纷纷跳入冰冷的江水中拉桩、打柱。当时正是朝鲜的雨季，洪水一来，水面就上涨很多，刚打好的桩一会就被洪水冲走了。战士们没有气馁，一次不行再来一次。两个排40多位战友顶着倾盆大雨，拉着500公斤重、2米高的桩体，在大宁江边不停作业，时而有敌军的侦察机在头顶盘旋，战士们还得躲避敌机的突袭。有人咬紧嘴唇，有人呐喊，有人助威，雨水、汗水流淌在战士们坚毅的脸颊上，每个人都相信，胜利终会到来。回忆起当时的场景，朱志明眼眶红润。

朝鲜停战后，朱志明和很多志愿军战士一起，又帮助朝鲜人民为战后的重建家园做了大量的工作。他不怕苦，不怕累。一次洪水暴发，把建设桥梁用的钢架都冲走了，朱志明不顾水流湍急，不顾生命危险，只身下水去打捞钢丝。当时，上面还不时有敌机扫射。还有一次，在修建大桥的过程中，由于桥墩和桥面离得比较远，需要徒手攀登钢丝上去，朱志明勇敢地完成了任务。因为朱志明的英勇表现，他立下了个人三等功。

朝鲜战争结束后，朱志明回到祖国，被分配到陕西省华阴县学习爆破

朱志明获三等功证书

技术，为建设鹰厦铁路储备技能。在学习了一年的爆破技术后，他加入了鹰厦铁路的建设队伍，成为千千万万建设者中的一员。这条穿越闽山赣水，当时唯一进出福建省的铁路通道，是我国东南部地区重要的铁路干线。这段经历也再次铭刻进朱志明的人生历程。1955年5月24日，朱志明光荣地加入了中国共产党。

"'闽道之难，难于蜀道'，鹰厦沿线山高水长，筑路过程异常艰辛。60多年前，各方面条件还远远不如现在，缺少先进科技，没有大型机械，沿线交通不便，铁路的修建重重困难。"朱志明说，每一米铁路的诞生，靠的都是筑路工人的奉献和牺牲精神，可以说是移山填海的奇迹。

1957年，鹰厦铁路竣工通车，朱志明所在的部队荣立集体二等奖，他作为代表出席了在福州举行的代表大会。完成了铁路建设使命，朱志明复员回到家乡，用曾经的志愿军、铁道兵精神，在吴江粮食系统奋斗了几十年。

从朝鲜回到中国，一路上从东北到西南再辗转东南后回到家乡，无论身在何处，从事什么职业，朱志明始终发扬抗美援朝的伟大精神，把一颗赤诚之心献给了党。如今他已年近耄耋之年，虽不复当年繁华，然无愧峥嵘岁月。

褪不去的是本色和忠诚

陈永明

"日出万匹，衣被天下"，是著名社会学家、人类学家和社会活动家费孝通先生对盛泽的赞誉。

2022年8月1日，是中国人民解放军建军95周年的纪念日。上午9点30分，我们来到原吴江新华丝织厂的宿舍楼新华新村1幢205室，陈逢时，这位抗美援朝志愿军老兵老早在门口等候，迎接我们的到来。87岁的陈逢时，看上去一点也不老，身材瘦瘦的，双目炯炯有神，清晰的言语，洪亮的声音，身穿退役军人"八一纪念"的短袖，胸口挂着闪闪发光的军功章，显得格外精神。

1954年7月，在全国征兵号令下，18岁的陈逢时毅然报名，应征入伍，并考入中国人民解放军沈阳炮兵学校。因学习成绩优异，他先后两次被评为优等生，通令嘉奖。1956年

陈逢时在部队时的留影

10月毕业时，原定留校任兵器教员，但他响应国家号召，要求组织安排他去朝鲜。他所在部队是中国人民志愿军340部队。

"我到朝鲜时，双方已经停战了，但战争给朝鲜人民带来了深重的灾难，整个朝鲜满目疮痍"。陈逢时说，抵达朝鲜后，一路上所见触目惊心，房子被炸毁了，公路上随处可见被炸坏的汽车、坦克，路边的村庄断墙残壁，看不到人影。作为最后一批支援朝鲜的志愿军，他们的主要任务是帮助朝鲜人民恢复生产。

建造房子、修公路、填炸弹坑、修建水利工程……陈逢时说，哪里有需要，哪里就能见到志愿军战士的身影。志愿军在帮助朝鲜人民恢复生产、恢复家园的同时，也在慢慢"修复"朝鲜人民对生活的信心，中朝两国的友谊日益增进。

除了帮助朝鲜恢复生产和生活，陈逢时和战友们还

陈逢时在部队时的留影

陈逢时与战友合影

全力帮助朝鲜人民军提高战斗力。作为炮兵指挥排长，陈逢时积极开展军事技术革新工作，1957年代表志愿军到旅顺海军训练基地参加"海上移动目标间接瞄准实弹射击"，创造发明了秒表试射器，大大提高了计算的速度和精度，增强了作战能力。1958年5月，在执行训练任务中，因成绩优异，他被中国人民志愿军340部队授予二等功。当时的《人民炮兵》杂志对此进行了专题报道。此外，在朝鲜举办的移动目标瞄准比赛中，陈逢时代表中国人民志愿军苦练3个多月并参加了比赛，获得了佳绩。1958年陈逢时在炮兵技术革新运动中积极钻研技术，运用秒表试射器技术，获得了炮兵技术革新三等奖，1959年2月受到了中国人民解放军炮兵司令部、政治部的表彰。

从朝鲜回国后，陈逢时继续在部队中做着贡献。1962年12月，他在战备生产工作中获得优异成绩，荣立三等功，并光荣地加入了中国共产党。

陈逢时近照

时代在变，忠诚的本色不能变。1975年，陈逢时以正营级退役，转业到盛泽新华丝织厂担任档案科科长、厂办公室主任。他退伍不褪色，作为一名共产党党员，凡事身先士卒，率先垂范，走在工作第一线，广受同事与群众的好评，多次被评为先进个人。

在陈逢时家里，一直小心翼翼地保存着一个小红布包，里面整整齐齐存放着他这些年获得的奖章以及荣誉证书。2019年，小红布包里又添了一枚珍贵的徽章——中

祖国在我心中，
爱国不在年高，
要用鲜血结成的，
中朝友谊万古长青。
志愿军老兵
陈逢时 书
2022年8月1日

陈逢时题字与签名

国人民志愿军抗美援朝出国作战 70 周年纪念章，这是中共中央、国务院、中央军委向参加抗美援朝作战的、健在的志愿军老战士老同志等颁发的纪念章，以表彰他们的历史功勋。类似这样的纪念章，陈逢时还有好多个，虽然有部分徽章已经氧化掉色了，但陈逢时认为，颜色可褪，但褪不去的是本色和忠诚。

　　如今虽然退休在家，陈逢时仍经常到学校、机关、企事业单位宣讲革命英雄主义故事，进行爱国主义教育和国防教育。"现在年纪大了，党和政府也很关心我，照顾我，每月有 1 万多元的退休金，我在心里感激。"陈逢时说，作为一名老党员和一名老兵，一定要积极发挥余热，身体力行地教育好下一代，传承红色基因，让年轻人牢记使命，继续发扬艰苦奋斗的精神，建设好美丽的盛泽。

无法忘记的岁月

邱　纳

顾祖裕戎装照

一代人有一代人的使命，一代人有一代人的担当。68年前，顾祖裕22岁，风华正茂。就在那一年的春夏之交，他乘坐火车，越过鸭绿江，踏上了异国他乡的土地，开启了一段帮助朝鲜人民恢复生产重建家园的青春历程。1964年6月从部队转业后，他响应国家号召，回到家乡吴江，先后在松陵粮管所、松陵财政所等单位担任领导职务，为地方经济建设倾注了心血，直至1995年3月光荣退休。在这一生中，不管在部队，还是在地方，顾祖裕心中始终装着一句话："革命战士是块砖，哪里需要哪里搬。"

满头银发，腰弯耳背，但他思路清晰，言语利落，在松陵街道城中社区的一处老屋里，89岁的顾祖裕指着桌子玻璃板下两张泛黄的黑白老照片，话语间透着激动之情："这是我年轻时的军装照。"

照片中的顾祖裕年轻帅气，双眼放光，散发

顾祖裕近照

出热血军人的气质。随后，他从抽屉里小心翼翼地拿出一个红色木盒，打开盒盖，一枚"中国人民志愿军抗美援朝出国作战 70 周年"纪念章跃入我的眼帘。望着这枚纪念章，老人的思绪或许又回到了当年的战斗岁月。

1934 年，顾祖裕出生于吴江同里，1954 年 6 月参军入伍，成为中国人民解放军第 23 军的一名炮兵，经过严格的体检和政审，被选拔到沈阳炮校学习。

1953 年 7 月《朝鲜停战协定》签订后，中国人民志愿军在巩固防守的同时，还帮助朝鲜人民建设新的家园，解决生产、生活等方面的诸多问题，与朝鲜人民结下了深厚情谊。

"跨过鸭绿江，我的身后就是祖国。"1956 年冬天的一天，顾祖裕和战友们坐上拉货的大闷罐，从沈阳出发，向着黑夜呼啸而去。经过几日辗转颠簸，他们来到了朝鲜康平地区，顿时，刺骨的寒风渗入毛孔，眼前的一幕更是让这群年轻战士傻了眼，"这哪里是个像样的地方啊，深山老林里村民们破败的房屋，只有一片瓦砾。"

顾祖裕他们入朝的主要任务，是帮助当地村民修缮民房，修建道路。"建房筑路没有材料怎么办？我们就在山里打洞，用炸药爆破，然后将炸下来的石头一块块撬下来，再背到目的地。"说到这里，顾祖裕扭身拍拍自己的腰，"一块石头起码百来斤重，我们只能背着石头，咬紧牙关在崎岖不平的山地上艰难行走，压得腰都变了形，到现在还伸不直。"

在部队，顾祖裕还担任炮兵排长一职，因此，除了背石头修房子，他还给新兵们训练火炮，教给他们战场环境侦察、确定目标坐标、引导火力精准打击等方法……不断的实弹训练，巨大的声响和巨大的冲击波，让他的听力受到了严重损伤。

高强度的艰苦训练和劳动，没有击垮这些年轻人的意志，他们每天唱着高亢嘹亮的军歌，始终保持革命的乐观主义精神，粮食紧缺了，他们就啃块南瓜，吃把高粱，喝口雪水，只要能充饥都毫无怨言。

如今，有着62年党龄的顾祖裕赋闲在家，却仍然时刻关注着家乡日新月异的变化，拿着放大镜，每天坚持阅读《吴江日报》。老人还特别爱看《跨过鸭绿江》《三八线》等有关抗美援朝的电视剧。"看到'中国人民志愿军'这几个字眼，一下子让我想起当年的岁月，仿佛又回到了那块久经战火洗礼的朝鲜土地，虽然已经过去了这么多年，我还是无法忘记。"

仁坪，有一次难忘的婚礼

马常宏

抗美援朝胜利已经 70 周年了，我们一直缅怀那些在这场战争中壮烈牺牲的英烈，也一直感激和崇敬那些参加过这场战争的所有志愿军战士；没有他们的流血牺牲，没有他们的青春奉献，就没有这场立国之战的胜利，就没有中华民族的今天，就没有全国人民的安宁幸福。

我有一位同学，他的父亲是抗美援朝的志愿军战士，他们的婚礼竟然是在朝鲜战场上举行的。在一次同学聚会上，我听来了他们的故事，硝烟刚退，浪漫情浓——那是一场中国人民志愿军入朝以来的第一场婚礼，那种快乐、那种幸福、那种美满，让他们的父母自豪了一辈子，也让他们的子女感到了特别的光荣。而在场聆听这个故事的人们，更产生了一种特别的歆羡。岁月流逝，人生老去，这片记忆的浪花却没有流去，没有老去。

同学的父亲名叫张世栋，母亲名叫姜玖，他们都是苏州人。70 年前，两家都住在苏州东美巷，相距只有几户人家，二人从小相识相知，两小无猜。因为这场战争，他们情窦顿开，姻缘得续，终成眷属。

1933 年，张世栋出生于古城苏州。1949 年 7 月，他就读于华东军大预科 11 团 11 中，本科 8 团 8 中。1951 年 4 月，张世栋随中国人民志愿军坦克特纵师（26 师）53 团入朝参战，担任部队无线电报话员。说是坦克部队，却没有坦克，坦克要从敌人那里抢，要从战场上夺。1951 年 9 月，美

张世栋、姜玖结婚照

张世栋与两个子女的合影

8 军军长范佛里特发动了秋季攻势，部队把张世栋等 6 名从华东来的报话员连夜调往坦克 1 师参战。张世栋当时担任着代理文教一职，但他参战心切，再三向上级递交请战书后才获得批准。张世栋和 5 位战友随坦克 1 师 1 团参加了马良山战斗。一年后，张世栋回到了原来部队，开始学习坦克驾驶技术并取得了优异的成绩。后来，担任了坦克独立 6 团（原 53 团）4 连连长指挥车驾驶员，开始组织全连驾驶员学习自己修理坦克。张世栋驾驶坦克到达最远的地方是开城，任务是保卫板门店顺利谈判。几年中，张世栋历任坦克驾驶员、技术员、团技术助理员。1954 年 8 月，张世栋光荣地加入了中国共产党。1956 年 1 月，张世栋调入志愿军司令部坦克兵指挥所任技术助理员。

残酷的战争阻碍不了人们对爱情的向往与追求。1953 年，姜玖来了。那时的姜玖，是一名南京前线歌舞团演员。相逢于久别，相逢于前线，相逢于战场，相逢于异国，虽然意外，却非常欣喜，原来的相识相知被寒风一吹忽然变成了特别的情愫，原来的两小无猜被硝烟一薰骤然变成了相互爱慕。相逢虽然短暂，书信却从此往来，纸上谈情终于成了心中生爱。3

年的纸薄情长，开始凸现谈婚论嫁的主题。1956年，经过上级批准，他们非常幸运地成为入朝结婚的第一对新人！1957年1月1日，被确定为他们喜结连理的良辰吉日。佳期将近，张世栋开始忙碌。可是，在那时，特别是在朝鲜，在战后，钞票、物资都是极度匮乏的，他只能在军人服务社买了些白布用作被单、被里，驻在天津的战友帮他买了两床被面。而结婚的新房就设在山坡上的半间草屋里，一只没有抽屉的课桌盛放了生活用品，桌子上方墙上贴起了用红纸剪的双喜字，一只小火炉只要生起就能给新人送去温暖。张世栋后来回忆道："我于是成为志司所属各部第一个在朝举行婚礼的人。"

张世栋在临近朝鲜的丹东接到了姜玖，办理了入朝手续和结婚登记手续后，当晚即乘上志愿军专列，回归部队。经过一个多小时的车程，1957

前线的张世栋（右2）和坦克兵战友们

年元旦清晨的阳光已经照射到了大地上，张世栋手挽姜玖之手，双双到达了中国人民志愿军坦克兵指挥所驻地——仁坪。当天晚上，一场简单而又隆重，且更具有特别意义的结婚典礼，在指挥所技术部的会议室里举行。

婚礼上，长相伟岸的张世栋身着戎装，英气逼人。身材娇小的姜玖则身穿一件老土林布的上衣，梳着两条长辫子，一身简朴，大家说"全身上下连一点红色也没有的新娘，真是少见"！没有电灯，战友们准备了汽油灯；没有音响，战友们向广播室借了手摇唱机；没有酒，战友们准备好了茶水。技术部部长、副部长分别担任了婚礼的主婚人和证婚人，另一位战友当起了"介绍人"。一般程序完成后，婚礼变成了联欢会，战友们尽情地唱起中国歌曲、朝鲜歌曲、苏联歌曲。不少当地的朝鲜老乡也赶来助兴祝贺。那时正值世界青年联欢节，大家都不约而同地跳起了朝鲜舞。婚礼一直持续到深夜，大家才尽兴而归。

婚礼结束后，两人顶着寒风，冒着零下20摄氏度寒冷，喜入洞房。洞房虽然简陋，里面却温暖如春，战友们早已把小火炉烧得热气腾腾。就在这间简陋的洞房里，张世栋和姜玖再次海誓山盟……为了纪念这场特殊的婚礼，他们洞房相约，以后不管是生男孩还是生女孩，名字都叫"志遥"：志，即志愿军，并永志志愿军，永志纪念；遥，就是代表那遥远的地方——朝鲜。1957年10月，一个女孩呱呱坠地，她就是张志遥！志遥一直对抗美援朝和志愿军有着特殊的感情，对那片遥远的土地有着特殊的怅望。

朝鲜战争打了近3年，胜利后许多部队都已回国。但是，到1956年4月，中国人民志愿军仍有44万人留在朝鲜帮助他们重建家园，恢复生产，张世栋就是其中一员。在坦克兵指挥所期间，张世栋独立完成了CY-76自行火炮标准化材料的编写任务，为我军轻型坦克增添了一部技术规范。1957年，又配合各坦克团完成了野战条件下坦克车场的设置、布局及各种规章制度的建立和健全。1957秋，张世栋被单独调回国内，离开了6年多浴血奋战、朝夕相处的朝鲜土地。回国后，张世栋先后在南京坦克教导团3团担任教员、参谋长等职，一直从事着技术工作，为我军的坦克事业做出了自己的贡献。张世栋在朝期间，不仅完成了婚姻大事，成为入朝结婚第一人，还先后荣立三等功二次。1963年，张世栋服从组织安排，以营级干部身份转业到吴江，开启了又一段新的征程。

姜玖当年离开南京前线歌舞团后，被组织安置到了南京八一医院，担任行政工作，1963年随丈夫调到吴江县人民医院工作。

张世栋转业到吴江后，先后在吴江县煤建公司、吴江县供销社、吴江县工业局、吴江县科委工作。1987年，张世栋在吴江县科委光荣离休。

后来，张世栋和姜玖回到苏州定居，安度晚年。张世栋还积极参加社会公益活动，发挥着一位老党员、老军人的积极作用，曾担任华东军大苏州校史研究会理事、校史宣讲团负责人，参加了苏州新四军暨华中抗日根据地研究会合唱团和军大校史会文艺队，给关工委、街道社区、学校宣讲抗美援朝战争的历史。2008年8月28日，张世栋走完了革命的一生，在苏州谢世。他的业绩在《丰碑录——华东军大部分将士名录》一书中也有所展现。

"凤凰涅槃，人天共仰。为国舍命，日月同光。"电视剧《毛岸英》片尾曲《日月同光》经常在我心中响起，我就会想到张世栋，就会想到每一位参加抗美援朝的战士和英烈。

与姜玖同事过的许多吴江医务人员及熟悉她的人，谈到她时，总是夸她能在那个特殊的年代选择那样一位终身伴侣，也夸她是一位吴江文艺积极分子，能歌善舞，参加了许多文艺汇演。如今，姜玖仍然幸福地生活在苏州，跟子女们在一起。

"共产党的部队就是打不垮"

胡永昌

    眼前这位精神矍铄的老人竟然已 92 岁高龄了！在和老人的交流中，老人除了听力稍有点不清外，思路相当敏捷，他对解放战争、抗美援朝时期的战斗历程记忆犹新。这位老人就是区军休所离休干部吕应选。

    吕应选出生于山东乳山。抗战胜利后，国民党反动派不顾全国人民的反对，悍然发动了全面内战。为了打垮国民党反动派，广大青年纷纷参加人民解放军，1947 年 6 月，吕应选穿上军装，应征入伍。

    1948 年，淮海战役打响，作为部队的通信兵，吕应选主要负责战时通信线路的铺设等工作，虽然不直接参与打仗杀敌，但工作场所也在战场上，其危险程度可想而知。吕应选清楚地回忆道，有一天，在铺设通信线路中，遇到敌机轰炸，他们一个班 15 人，一下子牺牲了 12 人，他有幸活了下来。当时，敌机轰炸卷起的土灰将他埋在了下面，他昏迷了半个多小时，醒来才发现那些战友都牺牲了，他的耳朵也被震聋了。吕应选说，当时吃饭很成问题，他那天一天没有吃饭，到夜晚才分得了用高粱米面做的一小块饼，还不舍得吃。即使在这样艰苦的条件下，他们的战斗意志依然刚强，他们班补充了新鲜血液后，又投入了新的战斗。采访过程中，吕应选越说越来劲，他好像回到了当时的战场上，连声说："共产党的部队就是打不垮，打不烂。"

吕应选近照

　　1950 年 10 月，抗美援朝战争拉开序幕，吕应选也加入了志愿军的行列，奔赴了朝鲜战场。当时，吕应选是电话连管理排长，他总是带头奔走在铺设通信线路的第一线，为保证部队通信畅通忙碌着。

　　一天，在行军途中，一辆拉粮食的牛车陷在了水潭中间，动弹不得。眼看牛车越陷越深，牛车上的粮食就要进水了。当时正值冬天，气温很低。吕应选从队伍中站了出来，二话没说，冲入水潭，把牛车上沉甸甸的粮食扛出危险地带。因为表现突出，他荣立二等功一次。事后，有人问他："你是电话连的军人，拉粮食是后勤部门负责的，你怎么想到站出来冒严寒扛粮？"吕应选不假思索地回答："作为军人，遇到危急时刻，我们怎么能不挺身而出呢？"

　　经历了战争年代的出生入死，在和平时代，吕应选又为部队农场建设兢兢业业。1983 年，作为军队干部的吕应选正式离休，他来到吴江，开始了属于自己的晚年生活。

　　吕应选如今是吴江军休所里年纪最大的离退休干部。尽管已是 92 岁高龄，但身体还比较硬朗，生活规律，每天早上4点多起床，5点就要到周围的小公园活动健身，6点去菜场买菜。老伴说，老吕喜欢做家务，家里的买汰烧洗几乎全由他包了。

尽管已是高龄，吕应选依然积极参加军休所组织的各项学习及文体活动。值得一提的是，军休所组织的学习活动有些安排在所外进行，他会提前一天踩点，生怕到时会因找不到活动地点而迟到。这种严格的组织纪律性，自然是在部队严格的训练中养成的。

（原载于 2017 年 9 月 27 日《吴江日报》）

为一时交不上党费而着急

沈卓琪　杨　隽　黄酉林

在平望镇南新社区有一位 86 岁的老人，名叫张信金，他是一名老党员，也是一名上过抗美援朝和抗美援越战场的退伍军人。说起往事，他历历在目，而回顾自己 62 年的党龄，张信金这样说："作为一名党员，党叫我干啥我就干好啥，永远跟着党走。"

"我当兵的经历有点曲折。"张信金回忆，1950 年，张信金从老家盛泽应征入伍，却在一年后被查出患有血吸虫病，于是退伍回到老家治病。1953 年，张信金再次参军，于 3 月 9 日入朝，进入志愿军后方部队技术营修理连，成为一名技术兵。"我的大哥也是一名志愿军，他上的是前线。"张信金说。

抗美援朝战争结束后，张信金跟着部队先后辗转广西、天津、福建、内蒙古、湖南多地，几乎走遍了大半个中国。"1954 年回国，在天津过中秋，1955 年到福建……"对于这些时间节点，年近九旬的张信金记忆力出奇地好，基本是不假思索地脱口而出。

就在 1956 年 1 月 27 日，张信金入了党，成为一名光荣的共产党员。其间，因工作出色，他被提拔为排级干部。1965 年，抗美援越战争打响，他在越南一待就是 5 年。

1970 年回国后，张信金在陕西安康复员，5 年后回到吴江，被调往平

张信金近影

望并定居。"领导当时跟我说，要守好平望。"他对记者说。

因在部队里常年修铁路，有着丰富的交通方面的管理经验，张信金被分配至当时县里的交通系统，担任平望检查站站长。1987年，吴江县交通监理所建制划归公安系统，成立县公安交通警察队。1989年，县公安交通警察队改名为县公安交通警察大队，张信金被任命为副大队长，分管路检和事故两个组。"那时盛泽到平望那段路，交通最为繁忙，事故也最多。万一碰上下雨，就要在雨里站上好几个小时。"张信金回忆说。

1993年，张信金从岗位上退休，但他退而不休，继续发挥余热，又当了10年的社区居民小组长。张信金居住的小区是交通系统的家属院，是他当年一手主持造起来的。"前些年，小区居民还会看到张老在做路面保洁工作。"南新社区居委会主任李建英对记者说。

去年下半年，张信金发现，自己无法联系到原单位的党组织，不能如期交党费了，这可急坏了老人。"老爷子好几个晚上觉都睡不好，急死了。"大女儿张玲玲对记者说。"老伴跟我讲不要急，又没犯错误，但我心里急啊！"今年春节前，平望派出所来慰问，他反映了这个情况。

在平望派出所民警的热心帮助下，原单位党组织派人来到张信金家中，上门收取了党费。拿着党费收据，老人心中一块大石头总算落了地。考虑到老人年事已高，身体不便，平望派出所教导员承诺，以后的党费都将帮其转交。

老人看到党组织派人来，激动地说："你们能来我家真是太好了，入党62年来，我从来没有漏交过党费。退休25年来，我也是按时缴纳党费。这是共产党员的责任和义务。"

（原载于 2018 年 10 月 15 日《吴江日报》）

儿子不知父亲上过战场

刘立平

王金龙老人卧病在床已 11 个月了。随着病情加重，他的小脑萎缩，已出现言语不清、意识模糊等症状。

"老爷子，您还记得抗美援朝的事情吗？"昨天，在平望镇金联村的一间平房里，望着躺在床上的老人，记者试着问了一句。

老人沉默了一会儿，然后慢慢闭上了眼睛，张开嘴，竟然号啕大哭起来。眼泪从满是皱纹的眼角滑落，但老人已经无法举起手来擦拭了，任由泪水落在枕头上。

"都没了，就剩一个人，一个人啊！"王金龙老人断断续续地诉说着。

王新华是王金龙老人的小儿子，前些天，平望镇民政部门通知他，可以为患病的父亲申请一笔救助金。申请中需要填写父亲的经历，但父亲病重，无法自己描述，于是他就去翻看了父亲的资料。

结果，他翻出来两个红色小本子、两枚抗美援朝纪念奖章。

"我今年 57 岁了，自记事以来，从未见过这些东西，父亲没有拿出来过。"王新华告诉记者，把这些东西翻出来后，他才知道，父亲曾经上过战场，经历过生死。

记者看到，两个红本子分别是兵役证和复员军人证；两枚奖章式样不同，背后分别印有"全国人民政治协商会议全国委员会赠"和"中国人民赴

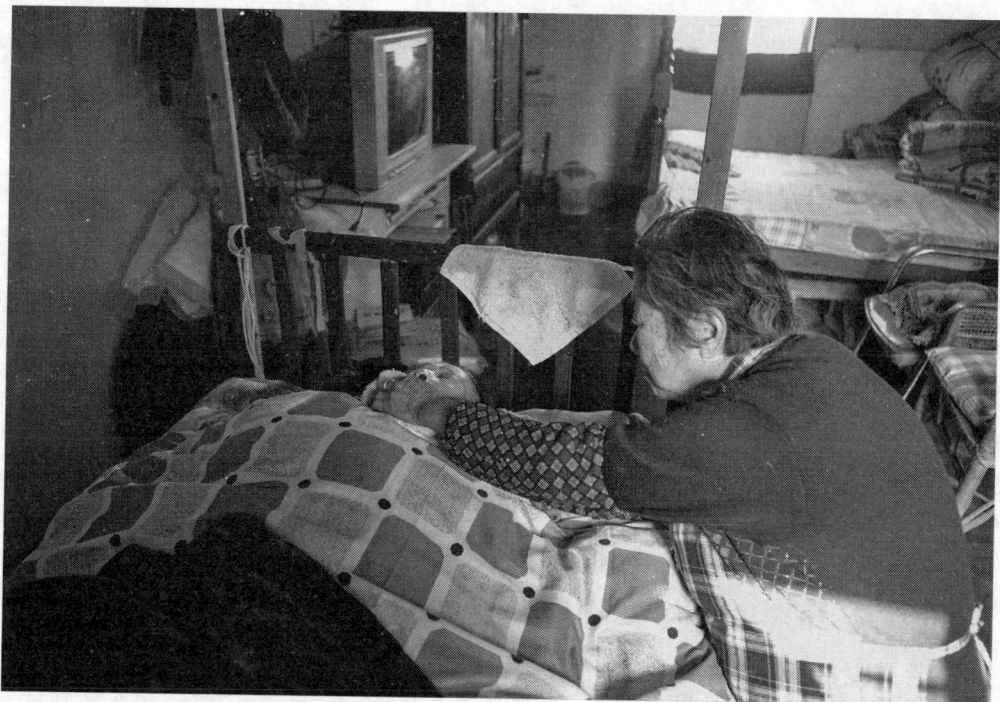

老伴在照顾王金龙

　　朝慰问团赠"的字样。

　　从兵役证可以看到，王金龙老人的服役时间是 1953 年 2 月到 1957 年 7 月，约 4 年半时间。他是铁道兵，担任工程机械驾驶员。

　　抗美援朝中的铁道兵是相当艰苦的，时常要冒着敌机轰炸的危险架桥铺路，保证运输畅通。

　　王金龙当时开的是推土机，有一次遇到敌机轰炸，他趴在推土机下面的土坑里才幸免于难。当他从土坑里爬出来，抬眼望去，战友们都牺牲了，就剩下他一个人。这一幕深深地印在了他的脑海里，成为他无法抹去的记忆。

　　"这些日子，父亲身体越来越差，常常整夜睡不着。有好几次，半夜里突然叫到'前面有碉堡，赶紧拔掉'。其实，父亲从来没有跟我们讲过战场上的事情。"王新华说，从父亲病重后的自言自语，他才慢慢知道了父亲经历的血火往事。

从战场回来后，王金龙在家务农，育有一个女儿和两个儿子。他没读过书，12岁就开始学做木工。种田之余，他用木工手艺挣钱，养活了一家人。

王金龙今年86岁，老伴陶桂珠84岁。

"19岁那年，响应号召，我跟老王来到平望乡下，支援农村建设，后来就再也没离开过。"回忆半个世纪的过往，陶桂珠眼角湿润。她说，丈夫上了前线，作为军属，她需要带头做农活。她从小生活在黎里镇上，没种过田，到了农村才学会插秧、割稻等农活。"那时候蚂蟥多，一天秧插下来，腿上叮了很多蚂蟥，到晚上血还在淌。"陶桂珠说，因为劳动表现好，她后来担任了村里的妇女主任。

在陶桂珠的记忆里，丈夫只是很少谈及朝鲜战场上的事，开推土机，死得剩一个人，是他偶然说到的。丈夫是苏州市重点优抚对象，医疗减免卡领回来近20年了，一次都没有用过，平时从不向党和政府提要求。

老夫妻俩跟大儿子住在一起，其他两个子女的家也相距不远，一大家子的日子过得比较顺畅。

今年1月份的一天，王金龙起床时扭了腰。原以为没多大的事，不想疼痛感一直无法消除。到医院检查才知道，他的脊椎已经严重退化，犹如老化的竹子，一碰就坏。

王新华送父亲到苏州、上海的医院看病，一大圈下来，各家医院的结论基本一致，骨质退化严重，没法治了。

"住了两个月的院，父亲就吵着要回家，说不能再花国家的钱了。"王新华说，父亲就是这样一个人，任何事情都喜欢自己扛着，不贪不占，他的硬气在村里是有名的。

眼看治疗无望，姐弟三人商量之后，便把父亲接回家里，轮流照料，期望能陪着父亲走完他人生的最后一程。

"白天由母亲和大姐照看，晚上我和哥哥轮流照看。"王新华说，原来他们还请了护工，但考虑再三，还是觉得家人照看更细心，所以就把护工辞退了。王新华的大姐身体不是很好，哥哥刚进行了手术，尽管这样，姐弟三人还是愁心地照看着父亲。

现在，王金龙整天躺在床上，几乎不怎么睡觉，吃喝拉撒都要人照料。王新华兄弟俩晚上陪护时，几乎是不能睡觉的。"再累，也得挺着。作为子女，照顾父亲天经地义。"王新华说。

（原载于 2018 年 11 月 20 日《吴江日报》）

86岁递交入党申请书

杨　隽

　　今年86岁的抗美援朝老兵王德余，从战场上回来后，不改激情燃烧的老兵情结，勤恳工作了一辈子。最近，他做了一个决定：向党组织递交入党申请书。

　　王德余出生于1934年。10岁时，王德余的父亲和其他人被日本侵略者抓走，带到一座庙里，日本人一直让他们跪着，听训话。"我父亲上午去，直到下午才回来，回来就生病了。"王德余说，受到惊吓的父亲，没过多久就撒手人寰了，他与母亲、妹妹相依为命。

　　在战乱年代，没了家里的顶梁柱，王德余一家过得极其艰辛。15岁那年，好心人介绍王德余到北厍当学徒。"我记得是家茶叶店，叫秦记。"当学徒的日子很苦，他至今记得，母亲凑钱给他买的一床被褥，没用几天，晾晒在外面时就被偷了。因为家里实在太穷，买不起第二床，王德余晚上只能裹着一床破棉絮睡觉。到了夏天，没有蚊帐，任由蚊子叮咬。

　　也许是条件太苦，王德余得了那时的流行病——疟疾。王德余已记不清自己当时是怎么痊愈的，只记得"死里逃生，算是捡回了一条命"。

　　1949年，黎里解放，穷苦百姓翻了身，这些都给少年王德余留下了深刻的印象。1950年，朝鲜战争爆发。1953年，王德余报名参了军，告别家乡，离开了母亲和妹妹。

王德余近影

　　1953 年 1 月，王德余随部队进入朝鲜。他是铁道兵，负责抢修铁路，保障前线。很多战友想去前线跟敌人面对面地较量，他认为，当铁道兵同样是革命，同样是保家卫国。初到朝鲜，面前的景象令他心惊：满目疮痍，几乎所有的铁路、桥梁都被炸毁了。敌军白天扫射，晚上也来轰炸。

　　虽说在后方，但危险无处不在。炸毁的铁路边上，有很多未爆炸的炸弹。有个战友在巡路时被一个突然爆炸的炸弹炸断了两条腿，被抬下了铁路。"我是一个兵，来自老百姓……"忍受着剧痛，受伤战友高唱着《我是一个兵》为自己打气，无奈战场上医疗条件太差，战友的歌声越来越弱，最后牺牲了。

　　修铁路，要扛枕木，王德余常常被又粗又重的枕木压得喘不过气来。"我没想着回家，那时的我，时刻想着的是要保卫祖国不受侵略者侵犯。"在部队里，他获得过连队嘉奖一次，团部通报表扬一次。

　　1953 年 7 月，抗美援朝战争结束。中国人民志愿军开始撤出朝鲜，王德余也跟随部队回到国内。

后来辗转到陕西、江西，除了修铁路，部队还教文化，原本大字不识的王德余学到了文化知识。在部队里，看到不少战友都入了团，"他们过组织生活的时候都没我的份。"王德余笑着回忆，于是他也积极向共青团组织靠拢。1955年，王德余在部队加入了共青团。

"可惜跟着部队经常调动，在部队没有入成党。"1957年，王德余带着遗憾从部队复员回到吴江，进入北厍商业公司，当了一名会计，后来兼任工会主席。王德余对工作很投入，干劲十足。他拿出了一大摞发黄的"先进工作者"奖状，是他工作之后获得的，几乎年年有。

1990年，距离退休还有4年，从事财会工作30多年的王德余获得了财政部颁发的荣誉证书。他认为，这是对他职业生涯的总结和肯定。

2011年，北厍办老年大学分校，王德余报了名。课程不算多，但养生班他一定会参加，因为课上除了学习养生知识，还会学习党的方针政策，每回他都听得很认真。

上课久了，老年大学北厍分校校长翁荣海就鼓励王德余等一些老同志入党。王德余犹豫自己的年龄，"我都这么大年纪了，还能发挥什么作用？"但翁校长的一席话打动了他，也激活了他的激情："没关系，不管年纪多大，入党是人心所向，是党的威望所在。"

不久前，王德余向所在社区党组织递交了入党申请书。"我想报答党对我的恩情，无论最后能不能通过考验成为一名党员，都没有关系，它代表了一名老兵的初心。"

（原载于2019年7月5日《吴江日报》）

保家卫国那是应该的

沈卓琪

　　黄张华今年92岁了。如果不是听人介绍，你可能很难把眼前这个平和慈祥的老人与历尽血与火的抗美援朝战士联系起来。抗日战争期间带给他的惨痛记忆让他坚定了保家卫国的想法，朝鲜战争爆发后，他毅然参军，成为炮兵部队的报务兵，赶赴前线保家卫国。

　　"七一"前夕，记者来到黄张华位于芦墟的家中，因老人年事已高，其人生的传奇故事描述主要来自其子女。

　　黄家在芦墟镇上是大户人家，有宅邸，还有不少店铺门面。黄张华在家中排行第八，是最小也是唯一的男丁，父亲打算把宅子和店铺都留给他，要是没什么意外，黄张华的一生应该是富足的。他头脑也聪明，父母还送他上了私塾。

　　可还没等到他上小学的年纪，父亲就因病去世了，6个姐姐也已经出嫁，家里只剩下他、母亲和七姐相依为命。1937年，黄张华9岁，七七事变发生，日军全面侵华战争开始，他和姐姐、母亲历经劫难，亲眼目睹了日军在芦墟犯下的累累罪行。

　　大女儿黄向红告诉记者，父亲黄张华跟他描述过很多次死里逃生的经历。有一次，黄张华和七姐正在家中客厅的屏风后面玩耍，一回神，两个日本兵已经近在眼前，黄张华拉着七姐拼命往屋子后门跑。日本兵发现了

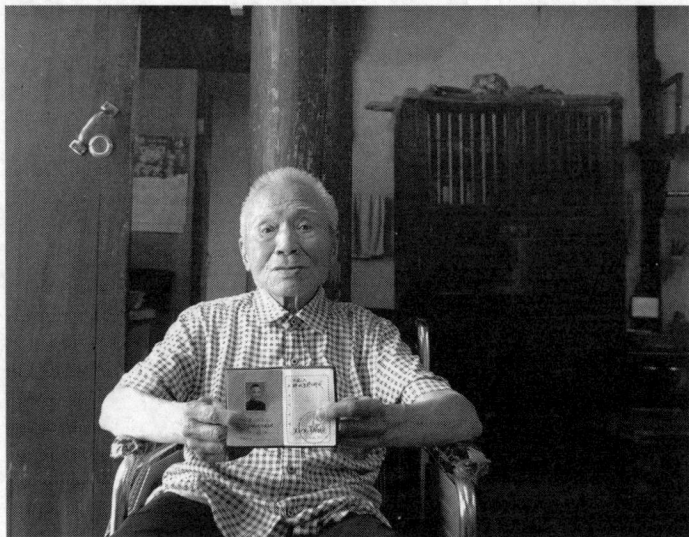

黄张华近照

他们，追了上来。他们跑出房门，往左拐进了一条暗道，幸运地逃了出来。

姐弟俩一直跑，一直跑，跑到了乡下，被一农户收留。逃跑时，黄张华的鞋掉在了家旁边的一个水塘里。

日军走了以后，黄张华母亲回到家里，看到落下的鞋子，以为一双儿女都遭不测，哭得死去活来。后来，乡下的农户摇着船，把姐弟俩送回到了镇上，一家人才得以团圆。

"我爸跟我们说，那时候日军几乎天天都来镇上扫荡，杀人放火，奸淫掳掠，无恶不作。他对日军恨之入骨，但当时苦于年纪小，没法去打仗。"黄向红说。

抗战结束后，母亲托人把黄张华送到了苏州山塘街去当学徒学生意。黄张华读过书，脑子聪明，做事勤快，店铺掌柜看他是个好苗子，就教他簿记，准备培养他做掌柜。

1950年，朝鲜战争爆发。美国为首的联合国军越过了"三八线"，威胁到了中国的安全，黄张华响应"抗美援朝，保家卫国"的号召，1951年

1月参军入伍，到当时位于南京的中国人民解放军第三炮兵学校学习，10月进入朝鲜。

在战场上，黄张华为炮兵部队接发和分析电报，冲进封锁线搞侦察。

小儿子黄裕青说，父亲能根据对面的炮声估算出敌方装甲车或炮兵的位置，就像"瞄准仪"一样精准。我方打炮经他一校准，基本能命中敌方目标。

"他在炮兵学校就是学这个的，那时候他的文化成绩在学校里是名列前茅的。"黄裕青说。不过，在他看来，父亲最厉害的还是侦察技能。"他跟我们说，他在战场上，炮弹基本上是打不中他的，因为他会计算炮弹发射的距离和时间间隔。炮弹从后面打过来的时候，他跑'S'形，一会儿往左，一会儿往右，炮弹砸下来的时候就躲进炮坑里。"

在朝鲜战场3年的时间里，黄张华前后打了许多场仗，还曾参加过著名的上甘岭战役。他躲过了枪林弹雨，却没能战胜残酷的环境，零下几十摄氏度的天气，睡觉只有一条4斤重的棉被，饿了吃一把炒米，渴了喝一把雪。1953年，黄张华生了重病，回国治疗，1954年回到芦墟。

回到老家芦墟后，黄张华先当了几年街长，后来进入一家公司当会计，一直干到退休。

大女儿黄向红在芦墟老街上开了一家杂货店，黄张华退休后常会到女儿店里帮帮忙。

黄向红说，有时店里客人不多，父亲就会跟她聊聊天，但谈的都是他当会计的事情，"记得有一次，他参加了芦墟会计行业的比武大赛，拿了第一名，回家以后开心了好长一段时间。他说他当了一辈子会计，没有出过错账，没有请过病假和事假，一直是先进工作者。而抗美援朝的事，是前几年才跟我们说，我问过他之前为什么不讲，他说，保家卫国，那是应该的。"

2014年，父亲告诉姐弟俩，这几年他觉得越来越老了，想趁着还能走动，到以前学习、生活、工作的地方看看。黄裕青抽空带着父母去了趟南京，那时黄裕青的儿子在南京上学，也陪着爷爷奶奶一起。他们去了黄张华待过的总统府，汤山那儿的炮兵学院，尽管这些地方已经不再是当初的样子，他们也没有碰上知道那段历史的人，黄张华还是很开心。

黄向红说，如今父亲老了，也有点糊涂了，跟他说过的事一会儿就忘记了，但父亲始终记得，自己曾经跨过鸭绿江，上过战场扛过枪，还记得从鸭绿江上经过时，两岸那一排排密集的高射炮……

（原载于 2020 年 6 月 29 日《吴江日报》）

为抗疫捐出特殊党费

赵雪棣

1953 年 3 月，抗美援朝、保家卫国的热潮还在国内澎湃，21 岁的他主动报名参军；2020 年 3 月，新冠肺炎疫情来势凶猛，88 岁的他在医院病床上打电话让女婿替他把 1000 元钱捐款交到村里，为打赢这场没有硝烟的战斗奉献一名老党员的微薄之力。

他就是黎里镇东方村的志愿军老兵缪志荣。

走进缪志荣简陋的家，几件老式的家具分别摆放在餐厅和卧室。缪志荣从卧室内一张写字台的抽屉里，拿出了他参加抗美援朝战争的相关证件和一本泛黄的笔记本。由于多次翻动，他入朝作战的相关纪念章和立功奖章一时无法找到。记者在他的退伍证上看到：缪志荣，1953 年 3 月应征入伍，1968 年 5 月退役，在部队荣立三等功两次。在他珍藏的一本红色封面的笔记本里，密密麻麻写着他当时的报国志愿。他在当兵前的日记中写道：在朝鲜作战的黄继光、邱少云等战士的自我牺牲精神和爱国主义精神鼓舞我参军，自己要是也能当上这样的英雄，那该多么光荣，因此，要求参军到朝鲜，直接打击美国侵略者。

1953 年 3 月 5 日，缪志荣实现了报国愿望，成为一名志愿军战士并入朝作战。到了朝鲜后，他在某铁道兵团当战士，每天的任务是防止敌机轰炸铁路。"飞机来了要打枪，即鸣枪告知，被飞机炸了的铁路要统计，铁路

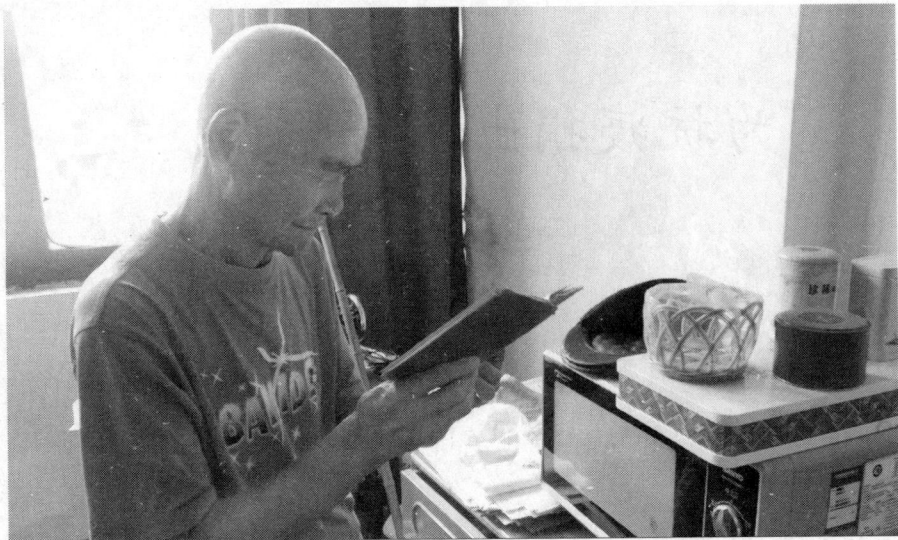
缪志荣近影

上被炸的坑有多少个,多大、多深,需要多少土方填满,这些都要做好记录,形成资料,并马上向连队报告,抓紧去抢修。"回忆起那段烽火岁月,缪志荣记忆犹新。

缪志荣参军时有一定的文化基础,到朝鲜后他担任了连队文化教员和宣传员。由于工作出色,他荣立了一次三等功。

1954 年 8 月,缪志荣回到祖国,在福建某铁道兵师服役,第二次荣立三等功,并 7 次受到嘉奖,3 次被评为先进工作者,并在 1956 年 6 月入了党。

1968 年 5 月,缪志荣退役回到家乡,后来进入黎里油化厂工作。在油化厂期间,他从不居功自傲,在普通的岗位上默默奉献,直至退休。

今年初,新冠肺炎疫情突然袭来,缪志荣从广播里听到有党员为抗疫捐款的消息时,有着 60 多年党龄的他也想做点贡献。但当时他身体不好,正在住院,于是他立即打电话给女婿,委托其将 1000 元现金送到村里工作人员手中,作为特殊党费,捐献到抗疫一线。

（原载于 2020 年 7 月 31 日《吴江日报》）

我为英雄上报授勋材料

胡永昌　黄晓雯

在 1953 年朝鲜战场夏季反击战中，志愿军某连在 938.2 高地主峰的前沿阵地坚守了 1 个多月，先后打退了美军 43 次进攻，最后全连 240 多人几乎全部牺牲，阵地上只剩下副连长和两名炊事员坚守。为了守住 938.2 高地，又一支抗美援朝志愿军队伍克服重重困难冲上 938.2 高地。这支队伍中，就有抗美援朝老兵、家住盛泽镇庄平小区的王春和。

那天，在接受记者采访时，王春和对抗美援朝这段经历依然记忆犹新。王春和说，他是 1953 年 1 月参军入伍的，在华东某团训练两个多月后，就奔赴东北，再集训约 4 个月，他所在的部队就被派往朝鲜作战。跨过鸭绿江后，眼前的景象是：白天硝烟弥漫像夜晚，晚上老是有轰炸像白天。就是在这样残酷的环境下，他们毫不畏惧，经常是白天蹲在深山里，晚上或乘车或行军。经过了 1 个多星期的辗转，王春和所在的部队来到了 938.2 高地地带，以接替在这里坚守了 1 个多月的战友。当时的情形是，938.2 高地的对面就是美军。美军不甘心 938.2 高地被我军夺取，天天向我方阵地前沿和纵深实施狂轰滥炸，隔一两天就以数十人或百余人的规模，在炮兵和坦克掩护下向 938.2 高地反击。在枪林弹雨下，为了守护好 938.2 高地，王春和他们迎头赶来了。王春和清楚地记得，那时是 7 月下旬，当他们赶上 938.2 高地，与高地上仍坚守的副连长董克荣和两名炊事员会合时，《朝鲜

王春和接受采访

停战协定》正好签订，战斗也停止了。于是，王春和就和战友们一起打扫战场。

接下来的这段时间，王春和担任董克荣的通信员。因为坚守938.2高地有功，董克荣被上级授予特级功臣和二级战斗英雄荣誉，为副连长上报材料的就是王春和。王春和清楚地记得，那次他和营通信员一起到军部去送材料，傍晚从连部出发，步行了两个多小时来到军部，完成任务后，又及时往回赶。因为身上携带指南针，所以不至于迷路，待他赶回连部时，已近黎明。

王春和说，他在朝鲜一共待了10个多月，而后回到了祖国。如今，只要有机会，他总要在各种场合向社区群众或学校学生讲述抗美援朝这段历史，教育大家不忘历史，珍惜现在的幸福生活。

（原载于2020年10月23日《吴江日报》）

想不起何时得了个三等功

胡永昌

"我去抗美援朝前线作战的时间不长，一共才 6 个月左右。因为经历了这场战争，所以更觉得我们的和平环境来得不容易，大家要倍加珍惜。"近日，家住松陵街道南厍村 26 组的抗美援朝志愿军老兵王建忠在接受记者采访时无比感慨。

王建忠是 1951 年应征入伍的，他在苏州集训了一段时间后，就随部队奔赴内蒙古，成了一名铁道兵。而后的一两年时间内，他们的部队去了全国多个地方，从事铁路的修建工作。

1953 年 2 月，抗美援朝战争持续激烈，王建忠所在的部队接到赴朝命令，全体战士参战决心高涨，很快就跨过了鸭绿江，来到了朝鲜。入朝后，王建忠他们的主要任务是修复被美军炸毁的铁路。尽管不是在前线直接和敌人交战，但修建铁路的危险性同样很大，因为战士们经常会遇上美帝国主义飞机的狂轰滥炸。王建忠说，既然到了抗美援朝的第一线，早已把自己的生死置之度外。他告诉记者，当时尽管战争已打了两年多，但丝毫没有停下来的意思，当地的铁路一直被美军飞机扔下的炸弹炸毁，只要白天铁路一被炸毁，晚上他们就会连夜修复。王建忠清楚地记得，有一次，一座铁路大桥被美军的飞机炸毁了，部队接到抢修命令后，晚上第一时间来到了铁路大桥被炸现场。这条河有 10 多米宽，还好，河水不算深。于是，

王建忠近影

战士们挖泥的挖泥，装沙包的装沙包，打桩的打桩，不出 5 个小时，坚固的铁路地基就已横穿河道，铁轨一铺设，被炸的铁路很快就恢复了通行。王建忠说，当时的修复速度如此之快，现在回想起来，真有点不可思议。

在王建忠的复员军人证上，记者看到他在当兵期间曾获得过一个三等功。记者问他，这个三等功是如何得到的。刚才还说得头头是道的他，一下子被记者问住了。思索了一会儿后，他很抱歉地对记者说，真的想不起来了，自己何时得了个三等功。他说，当时到了部队，特别是去了朝鲜后，一心只想着保家卫国，对名利一点也不看重。记者半开玩笑地对这位抗美援朝老兵说，就凭你如此淡泊名利，再给你记个三等功也不过分。

（原载于 2020 年 10 月 23 日《吴江日报》）

幸福生活是用鲜血换来的

蔡施瑶

　　2020 年，19 岁的人应该在做什么？或许正在准备高考，也或许已经考取了某所大学，兴致勃勃地踏上人生新的阶段。1953 年，19 岁的王留坤应征入伍，坐上去战火纷飞的前线的火车。

　　火车停靠在安东，必须步行跨过鸭绿江大桥才能抵达朝鲜。"头顶上都是美国轰炸机，等到天黑了，我们才能开始渡江。"家住黎里镇元荡村的抗美援朝志愿军老兵王留坤回忆起当年抗美援朝出发的情景时，激动地说，为了不被敌人发现，整支队伍不能有一点光亮，夜里行军全靠看前面的人背上的白毛巾才能不掉队。

　　就这样，王留坤开始了他的铁道兵生涯。

　　防空警报随时都会拉响，轰炸机将部队驻地附近轰炸成了一片焦土，甚至有一次，几个炮弹直接掉在营地里。这些都没有让王留坤感觉到害怕，他像当时的千千万万名普通士兵一样，秉承着最朴素的信念："抗美援朝，保家卫国。"

　　"当时我们都有最坚定的信仰，一定要帮助流离失所的朝鲜人民，一定要保家卫国，一定要打赢这场战争。"头顶上就是敌人的飞机，王留坤回忆，当时需要随时听从上级指挥躲避袭击，即便是半夜也不例外。

　　桥梁修了炸，炸了修，几乎每时每刻都暴露在空袭的危险中，王留坤坚

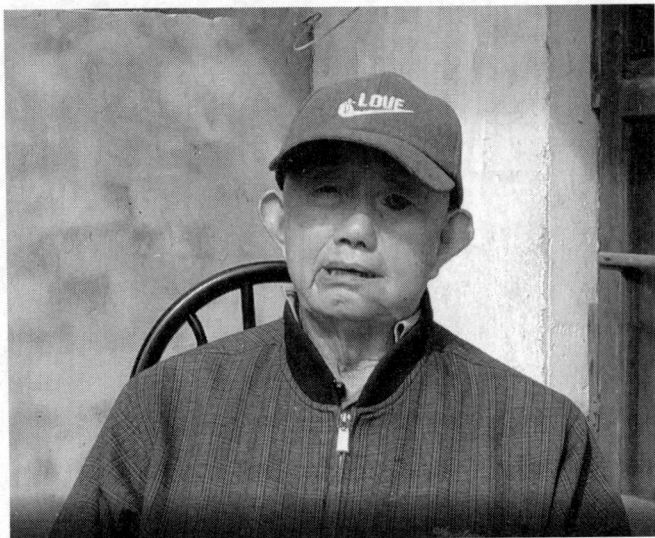
王留坤近影

持下来了。问及今年已经 86 岁高龄的他，当年内心有着怎样的想法时，他仍中气十足地说："要绝对保证运输线通畅！"

有一次，他睡得迷迷糊糊的时候发现战友从外边进来，一问才知道刚才拉了防空警报，而他太累了居然没有听到。王留坤笑着说："现在想想还有点好笑，但当时真的很辛苦，几乎没有睡过一个安稳觉。"

1963 年，王留坤正式离开部队回到家乡，但是红色精神依旧代代传承。他的儿子受到父辈精神感染而入伍，成了一名光荣的空军通信兵。

王留坤寄语现在的年轻人，幸福生活来之不易，是战争中牺牲的有志青年用鲜血换来的，要好好珍惜。他也衷心地期望，在国家有需要的时候，年轻人要踊跃报名，像他当年一样走在保家卫国的前列。

（原载于 2020 年 10 月 23 日《吴江日报》）

微不足道也欣慰

胡永昌

　　1953 年 1 月，黎里镇龙泾村 13 组青年邹根其血气方刚，他积极响应"抗美援朝，保家卫国"的号召，报名参军。体检合格后，他在新兵团训练了两个多月，就跟随部队来到朝鲜，主要任务是修建铁路。他说，自己当时出去当兵，就根本没想过回来，尽管不是在前线打仗，但修建铁路跟前

邹根其近影

线打仗一样危险。

在朝鲜战场上，美军动用大批轰炸机，对铁路车站沿线进行侦察封锁，发现列车就狂轰滥炸，妄图凭借空中优势切断志愿军铁路运输线。铁路被炸时有发生。邹根其和战友们的任务就是抢修被炸的铁路，施工经常要在敌机袭击与警报声中进行，随炸随修，边炸边修，危险程度可想而知，但战士们大多能机智勇敢地躲过飞机的轰炸和扫射。邹根其说，有一次，他们在修建被炸的铁路时，被美军侦察到了，先后出动了54架飞机对那一带狂轰滥炸，幸好警报拉得早，邹根其和其他战士第一时间往桥底下钻，总算躲过了一劫。

邹根其说，他们除了修建被炸的铁路外，有时还支援炮兵部队。帮助炮兵部队挖炮坑，同样也很危险，好几次遇到敌机轰炸，但都有惊无险。就这样，邹根其在朝鲜出生入死几个月后，随着停战协定的签订，他回到了祖国。如今回忆起那段经历，已91岁的邹根其仍记忆犹新，他不无自豪地说，自己能为抗美援朝贡献一份力量，尽管微不足道，但也很欣慰。

（原载于2020年10月23日《吴江日报》）

事了拂衣去　难掩赤子心

杨　浪

2020 年 9 月 2 日，中国的传统节日，中元节。

这一天，旅居美国的陈小华特别怀念一个人，这个人是她的父亲陈全生。在美国，陈小华经常会听到她美国的一些朋友，讲他们的父辈参加朝鲜战争的故事，讲到朝鲜战争的艰苦，讲到他们的父辈在战场上遇到的中国军人是如何强悍。

强悍的中国军人中，有一位就是陈小华的父亲陈全生。陈全生出生于吴江金家坝，1951 年 3 月加入中国人民解放军，同月转入志愿军战斗序列，入朝作战。

在我的案头，有一份陈小华提供的"中国人民解放军北京炮兵学校毕业证书"。毕业证书的"参加战斗之经历"一项中，注明了陈全生的部分战斗经历——在朝鲜参加 5 次战役，在朝鲜四洞参加秋季反击战，参加朝鲜上甘岭撬岩石战斗……

陈小华排行老四，是陈全生最小的女儿。

陈全生很少向儿女们提起他曾经的参战经历，在偶尔的闲谈中，让陈小华记住了上甘岭撬岩石战斗。

父亲的讲述与电影《上甘岭》不尽相同，电影《上甘岭》讲述的可能是

陈全生戎装照

上甘岭的其他战斗片段。父亲说，上甘岭战役他和战友们打的主要是撬岩石"坑道战"。一批又一批的战友牺牲了，父亲最后又带了35人冲上前线，冲进战壕……

整个战斗，阵地得而复失，失而复得。当阵地失而复得时，清点战场，陈全生所在的四连，居然一个人都没有了。接替四边收复阵地的战友们挖开被炮火掩埋的坑道，最终在被埋的坑道里，找出了幸存的四连被埋的5位战友，其中一人是陈全生，其余31人均已牺牲。幸存的陈全生和他的战友们顶住了敌人无数次进攻，守住了阵地。

5位战友不知道被埋了多久，挖出来时，5个人已失去基本的知觉。米粒已经吃不进了，最后，炊事员把米粒熬成粥汤，一口一口喂，终于救活了……

从朝鲜战场归国后，陈全生娶妻，妻子叫徐云珠，吴江屯村人。新婚没多久，陈全生再上前线，徐云珠随军。在福建，夫妻俩生下了大女儿陈华。

在同里镇，记者见到了徐云珠老人，老人已经83岁高龄。徐云珠告诉笔者，她在福建随军的日子，丈夫和他的战友们几乎是天天在与台湾国民党军队打炮战。

再上战场，陈全生归属28军83师，驻守福建前线。当时，陈全生作为中尉军衔的排级指挥员，经历了无数次金门炮战，特别是"八二三炮战"，敌方死伤严重，作战部队几乎被全歼。

徐云珠老人回忆说，当时随军住的营房，经常感觉到屋顶像要被炮火震得翻起来。敌方的炮弹落在海里，卷起巨浪、泥沙。有一次，丈夫在阵地上被炮火震昏了抬回来，耳朵被震聋了，全身上下都是海里震起的泥浆，只剩下两只眼睛在眨巴眨巴转。

由于陈全生杰出的表现，他先后两次被选入中国人民解放军第九炮兵学校和北京炮兵学校学习深造，成为优秀的前线军官。

由于长期紧张的作战和训练，健康出现了问题，特别是坑道作战落下的胃病和肺病，陈全生于1964年退出现役，回到地方工作。

在陈全生转业前，徐云珠带着女儿陈华回到了农村。依据当时的政策，她们是可以落户城镇的。那个年代，城镇户口与农村户口有着天壤之别。但陈全生说，妻子没什么文化，女儿又是先天性眼睛不好，不能给国家增添负担，就让她们回农村务农，自力更生，自食其力。

陈全生的一句"自力更生，自食其力"，母女俩就一辈子扎根在了农村。

1964年，陈全生从部队转业。组织上原准备让他担任地方上的领导干

陈全生在金城战役中荣立三等功的喜报

中国人民解放军
北京砲兵学校 **毕業証書**

陈全生 同志于一九五八年一月进入
本校第六期......入至一九六〇年
学习期满，經毕业考試成绩及格，
准予毕业特发此証書。

校　长　黄志鹏
政治委員　史有和
一九六〇年六月十六日

第 62582 号

参加战斗之經歷	
年月	在何地参加过何种主要战斗
51.6	在朝鲜参加过五次战役
52.8	在朝鲜加炮参加秋季反击战
63.7	参加朝鲜遇宕谷战斗

国家奖励	
年月	得过何种勋章奖章

陈全生北京炮校毕业证书

部，可是陈全生以自己文化不高，只能做一些力所能及的事为由，谢绝了领导职务。事实上，那时的陈全生已经两次进入军校深造，在同时代的战友中已不能说是"文化不高"。

然后，组织上就安排他进入了同里五金商店。他就一直在五金商店工作。工作期间，组织上还想调他担任地方上的领导，他再次谢绝。

"老老头一世只穿一件衣服，就是那件黄布军装。到后来，黄布军装都洗白了，他还是穿洗白了的黄布军装。"徐云珠回忆说。

徐云珠说，丈夫原来有一兜的纪念章，他虽然珍惜，但并不十分看重。在他离世前，这些勋章、纪念章大部分已不知散落在什么地方。直到陈全生离世后，家人们开始有意识地寻找，才发现有的奖状被垫在抽屉里，有的纪念章被垫在橱脚下……

陈全生与徐云珠育有两儿两女。大女儿现已退休，二儿子和三儿子都是厨师，现还在饭店做工。最小的女儿嫁到了浙江南浔，现旅居美国。

"爸爸的一生，对党无限忠诚，他从来没有想过自己，没有想过自己的家人。"陈华说。

陈全生转业后，组织上分给他一间宿舍，在这间宿舍里，生儿育女。后来，单位分房子，陈全生主动放弃了，说宿舍蛮好。再后来，单位里有小青年要结婚，他又把这个宿舍让了出来，说给年轻人住。

自己则领着一家老小住进了一个破屋子。这屋子是有来历的，原来单位里烧水用的是"老虎灶"，这间屋子是烧"老虎灶"堆放砻糠的"砻糠间"。几次修缮后，直到今天，徐云珠老人还是居住在那个"砻糠间"里。

2012年，陈全生患肺癌去世。癌症是有前兆的，他一直觉得胸部痛，认为是肋骨，战争时期硌伤的，发现时已经是晚期。

"有职工医保，但他怕花国家的钱，从来没有检查过。痛了就用冷水擦背，他说部队里就是这样的，冷水擦擦就好了。"徐云珠老人这么回忆老伴。

到笔者写作这篇文章时，陈全生已离开我们8年了。

好像他把自己遗忘了，但他的精神与姓名，却被人们永远铭记着。他一直过着清贫的生活，生前死后没有享受过任何特殊待遇，甚至查不到他曾经是累立战功的军官。

徐云珠和她的女儿曾经到有关部门去查过一次陈全生以前的历史档案，但没有查到记录。徐云珠回忆说，很多年以前，她曾听丈夫说过，是他自己要求把相关档案抽走了。

陈全生对她说："比起牺牲在坑道里的战友，自己已经很满足了。"

陈全生的小女儿陈小华从美国给记者发来的信中说，我们始终为高风亮节的父亲而感到骄傲，为父亲共产党员的高尚情操所折服。他把自己的一生无私地献给了党和国家。他和他的战友在硝烟中倒下又爬起，在漆黑的坑道里顽强抵抗，一把炒面一把雪，换来了和平与安宁。

著名作家魏巍说过，志愿军是最可爱的人。硝烟散去，英雄已逝。不忘初心，不忘他们的事迹。宣扬、歌颂，只为激励后代人为祖国做更多的贡献。

事了拂衣，不忘初心！

那次以后再没"下次"……

王小萍

2022 年夏，接吴江区退役军人事务局任务，安排我去采访汾湖的 3 位抗美援朝老战士。由于心中对抗美援朝老兵有着特殊的情结，我欣然接受了这次"抢救性的工程"。

把这次任务强调为"抢救性工程"，我十分理解，因为我的公公马三林就是一位参加过抗美援朝的老战士，可他已在 2020 年底因病过世。抗美援朝战争至今已过去 70 多年，人生百年，少有百年，今天尚健在的那些老兵亦都在 90 岁左右了。寿命是留不住的，遗憾可以少留。公公虽然已去，但我曾写过旧作，今天再加完善，也算赶趟式纪念。

2020 年 10 月 22 日那天，我下班到家，看到客厅里有一大束鲜花，就好奇地问公公："这是谁送来的鲜花呀？真漂亮！"端坐藤椅里的公公显得很兴奋，开心地告诉我："这是政府派人送来的，鲜花、慰问金，还有抗美援朝 70 周年纪念章呢。"说完，他起身迈着蹒跚的步子向卧室走去，不一会儿，他捧着一个用红色绒布包裹的盒子，示意我打开。只见在印有"中国人民志愿军抗美援朝出国作战 70 周年纪念章，中共中央、国务院、中央军委"字样的硬质封面下，一枚闪亮的金色印章镶嵌于内。公公让我拿起纪念章，掂掂分量，我说确实蛮沉的。公公说："当年中朝两国经济困难，给我们颁发的奖章没有这么沉，可荣誉是不打折扣的，现在国家发展这么好，纪念章也是沉甸甸的，中国真是不容易啊！习主席对抗美援朝这段历史评价是很高的，70年了，我们不能忘记这段历史啊！"

那天晚上，公公特别开心，平日寡言的他十分健谈，与我聊了许多当年去朝鲜参加战斗的情景。直到晚上8点多，他说今天说得有点多，累了，下次再讲吧。遗憾的是，那次以后，再没"下次"了！公公的身体每况愈下，2020年11月初公公住进了医院，在他弥留之际，我

马三林欣喜接受政府慰问

在他病床前向他承诺："一定将他抗美援朝的故事写出来。"

1934年，公公出生在江南一个鱼米之乡，早年丧父，家境贫寒，与体弱的母亲和年幼的弟弟相依为命。中华人民共和国成立前，与所有的中国人民一样他饱尝了人间的千苦万难。俗话说"穷人家的孩子早当家"，公公没有向命运屈服，童年时他刻苦求学，少年时去昆山亲戚家学手艺、帮工，学校放假了就去务农，用稚嫩的肩尽力为母亲分担着家庭的责任。

1950年6月，随着朝鲜战争的爆发，美军多次对我国进行侵扰与挑衅，为了保卫新生的人民共和国，1950年10月25日，中国人民志愿军赴朝作战，拉开了抗美援朝的序幕。1953年，19岁的公公和全国许多热血有

志青年一样，怀着满腔爱国热情，报名参了军。那个初春的清晨，衣衫单薄的公公含泪挥别生养自己的那片热土和亲人，踏上了从苏州开往东北的列车，奔赴前线。

公公说那天在开往丹东的火车上，突然听到广播里播报斯大林逝世的消息，全体官兵在火车上为他默哀。经过几天几夜的颠簸，终于到达丹东，一下火车，这帮江南小伙子终于领教了什么是东北的冷。为了取暖，他们只能抱着行李靠在一起，在湿重的露水下和衣而睡，身上盖的是当地百姓家中的玉米秆。半夜时分，只听一声令下，战士们迅速集合，通过当地一座便桥后，行军数十公里，终于雄赳赳气昂昂跨过鸭绿江，到达了朝鲜关城火车站。在关城火车站中国人民志愿军迎来了朝鲜的第一缕曙光。那一刻，战士们士气十分高涨，纷纷咬破手指，写下血书，表明了要去前线打仗的坚定决心。只是没想到，公公被分配到了铁道兵部队，成了一名铁道兵。

铁道兵的任务是保障国内向朝鲜输送军用物资铁路的畅通。在美军每天多次的狂轰滥炸下，铁路设施一次次遭到破坏，铁道兵必须在敌机轰炸的间隙紧急抢修，让列车及时安全通行。那年，公公看了电视剧《三八线》，他说这是部好作品，剧情重现了他们当年的战斗情况。在与美军激烈的较量中，公公和无数战友一起，用鲜血与生命保障了铁路生命线的畅通。有一次，战士们连续干了几个通宵，人已十分疲劳，新任务开始前，首长命令他们在一处铁路旁就地休息。突然，敌机前来轰炸，战士们快速撤离，公公忽然发现有位战友没有跟上，于是他马上返回，找到了正在酣睡的战友，千钧一发之际，他和战友成功脱险，随后几枚炸弹就在他们刚刚休息的地方爆炸了。奋不顾身勇救战友，部队为公公记了一次三等功，那位被救的战友也因此与公公结下了深厚的友谊。

公公的军旅生涯只有5年，但在这5年中，他不仅立了功，还光荣地加入了中国共产党。复员回乡后，公公担任了村干部。从一位老兵到村支书，数十年里，他以军人特有的正直刚强，全身心致力于农村工作。在家中，公公用山一样的深沉父爱，与婆婆一起呵护着4个子女的健康成长。在他的影响下，他弟弟家，他4个子女家，家家有党员，户户有军人。

公公的一生历尽坎坷，值得欣慰的是，在4个子女及家人的孝顺下，他和婆婆的晚年生活非常幸福。遗憾的是，2017年婆婆因病过世，公公为此深受打击，健康和精神状况受到严重影响，2020年12月9日，公公最终带着亲人对他的祝福追随婆婆而去，享年86岁。

公公曾为年轻时荣获抗美援朝军功章而自豪，也曾为老年时获得抗美援朝胜利70周年纪念章而欣慰。今天，祖国昌盛，山河无恙，社会安定，人民幸福。公公泉下有知，完全可以慨慷！

老去有情仍缱绻

柯 敬

2022 年 8 月 21 日 7 时 20 分，老革命、老战上、老党员、老英雄叶国清走完了他传奇的一生，在苏州京东方医院安详离世，享年 97 周岁。

慰问金变成特殊党费

老人去世前的最后一个心愿，是将他获得的吴江"最美退役军人"的 1000 元慰问金作为一个老党员的党费，交给党组织。

"我清楚地记得，当我替父亲领到这 1000 元慰问金时，他用尽力气握紧我的双手，要我替他缴上这笔党费。"叶国清儿子叶苏扬说。自愿一次缴纳 1000 元党费为特殊党费，按照规定，应由基层党委代收，并转交中央组织部，中央组织部给缴纳人出具收据。

父子俩商定，今年 9 月 3 日，也就是在中国人民抗日战争胜利纪念日当天缴纳党费。没想到，竟差 13 天，这个心愿，竟成了老人的"红色遗愿"。

此生唯愿跟党走。这 1000 元特殊党费，诠释着叶国清这位革命英雄对党的绝对忠诚，也体现出这位有着 77 年党龄的老党员对党和国家深深的赤子情怀。

"准壮丁"变成"新四军"

　　1923 年 6 月，叶国清出生于安徽桐城，家中还有 8 个兄妹，他排行最小。一家人靠租种地主的土地维持生计。7 岁那年，叶国清父亲去世，此前，4 个哥哥中的两个也已早夭。8 岁时，叶国清上了一年的私塾。9 岁时，4 个姐姐出嫁，两个哥哥分家，从此，叶国清便开始与母亲相依为命，吃穿用度全靠母亲纺纱、养鸡维系。

　　那是一个战乱频仍的年代，即便是叶国清居住的小山村也不能幸免。当时，桐城附近有不少游击队在活动，队伍在行军过程中有时也会寄宿在老乡家。叶国清家也借宿过几回游击队员。

　　住在叶国清家的队员们都背着枪和大刀，少年叶国清倒也不怕，反而对刀和枪表现出了极大的兴趣。游击队员们也甚觉这小孩儿有趣，经常跟他讲一些战斗故事。讲累了，就喝几口水，啃几口行军干粮，再在门板上铺上稻草，休息一晚，第二天再帮忙把门板装好，继续上路。游击队员们的行为，让少年叶国清对这支人民的军队充满了好感。15 岁那年，叶国清就开始为中共地下党当了通信员。当然，这一切都是秘密进行的。

　　18 岁那年，叶国清迎来了一生的转折点。

一个老兵的敬礼

一天晚上，乡里的保长带着人上了叶国清的家门，二话不说就把他绑上，带到了乡公所，强迫他参加国民党军队。叶国清后来才想明白这既是抓壮丁，也是敲诈勒索。有钱人家只要愿意出钱，就可以把人赎回；没钱的人家，那就真的是"爷娘妻子走相送"了。叶国清被抓走后，急坏了他的母亲，母亲把家中的资产全部变卖，还向亲戚借了不少钱，凑足了1000块大洋，才把叶国清赎了出来。

叶国清出来后，看到家中已经一无所有，没和母亲商量，就投了新四军。

对自己参加的第一支队伍的名称，叶国清一直记得清清楚楚：新四军第7师沿江团8中队8连1排1班。

叶国清很快就适应了部队生活，但那时他还不知道中国共产党这一准确称呼，只知道"朱毛"。1945年，因为作战勇猛、忠诚老实，叶国清光荣地加入了中国共产党。

叶国清的前半生，亲历了抗日战争、解放战争和抗美援朝，参加大大小小的战事不下200场。在大龙山遭遇战中，叶国清与日军拼过刺刀，击杀过两名日寇；在淮海战役中，叶国清曾与相距不到两百米的敌军在战壕中进行过对峙；朝鲜战场上，在零下40摄氏度的严寒中，叶国清打出过美国海军陆战第一师的包围圈……

长津湖上立功受勋

抗美援朝是叶国清人生中一段重要的经历。那时，部队进行了整编，在旅顺口上火车，叶国清也不知道要去哪里，到了沈阳以后，才知道原来是要去朝鲜。当时，他们接受了一个月的政治教育，并学习了简单的朝鲜词语。

1950年11月12日，叶国清所在部队在长津湖与美国陆战第一师碰上了，"零下40摄氏度的天，湖水全部结冰，有的战士耳朵直接冻掉了，脚冻伤的人就更多了，腿冻僵了就用火烤，结果因为没有知觉被烤烂了，最后只能锯掉。"叶国清说，除了冻，还没有东西吃，伙房里烧的土豆送到阵地上的时候，硬得像石头一样，只能在胳肢窝里或者胸口上焐一焐，没水喝就抿上两口雪，就这样，战斗了两天两夜，把美国的王牌军赶跑了。战斗中，叶国清荣立二等功，获得了金日成勋章。

此生对党情不了

抗美援朝战争结束后，叶国清随部队来到苏州，于 1966 年到盛泽米厂担任党支部书记兼厂长，自此在绸都盛泽扎根落户。在他的带领下，工人积极生产，每年都保质保量完成国家指标，为吴江的经济社会发展做出了重要贡献。

离休后，叶国清依然发挥余热。近 30 年来，他在盛泽老干部活动室

叶国清为小朋友讲述抗美援朝故事

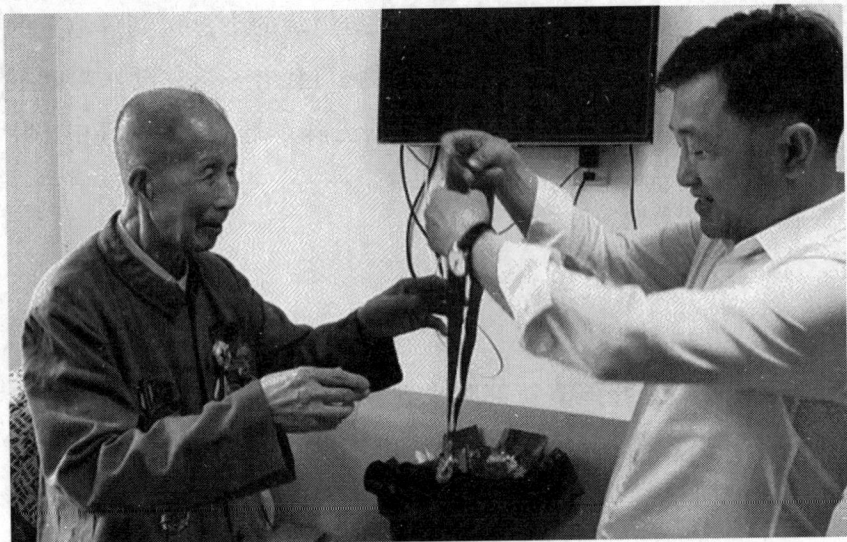

2021 年 6 月，吴江区委书记李铭为叶国清颁发"光荣在党 50 年"纪念章

积极组织老干部们学习交流党的路线、方针、政策，不遗余力奔走在社区、校园、机关，坚持"立德树人"的宗旨，将自己经历过的战争风雨和艰苦岁月，讲给年轻人听，说给孩子们听，教育他们要努力学习，报效国家。

"尽自己所能，守护好这个国家，传承好革命精神，就是我这个老党员最大的心愿。"这是叶国清老人生前说得最多的一句话。

作为一名有着坚定信仰的共产党员，叶国清不仅在战场上冲锋陷阵，更用长久的笃行与坚守，把对党的感恩之情化为点滴言行。人去了，情尤在，永远无法了却对党的无限情意与爱戴。

"父亲一生忠诚爱国、爱党，只讲奉献，不图回报。他吃苦耐劳、艰苦朴素、积极乐观的精神一直影响着我们。"叶苏扬始终以父亲为榜样，父亲是他一生最崇敬的人。他告诉记者，安排好老人的后事后，自己要替父亲缴纳这笔特殊党费，然后再将老人生前获得的荣誉奖章无偿捐赠，让这些见证过革命历史的实物，被后人看到，被更多人铭记。

得知叶国清老人去世后，很多志愿者表达哀思之情——"虽然，叶国清老人已经离我们远去，但是，当我们透过历史的硝烟，依然能从他的身上体察不朽的爱国精神，感受他不甘屈辱的自强精神，万众一心、和衷共济的团结精神，舍生忘死、前仆后继的牺牲精神，百折不挠、奋斗到底的坚忍精神……"

（本文根据网络及相关文章综合整理）

"藕池湾"揖别

陈林春

"这是在朝鲜的？"我问。

"这是朝鲜的……"他答。

这 5 个字，是 94 岁的徐天国留在这个世上的最后一句话。

说完这 5 个字，尽管他的嘴还一直张着，可再也没有说出一句话。

这 5 个字应当是 6 个字，完整的回答应当是"这是在朝鲜的……"

然而……

徐天国，一位抗美援朝志愿军老兵，震泽镇金星村人，家住藕池湾 4 号。藕池湾，一个名字好听、环境也很好的地方，没想到竟成我们与他揖别的地方。

两间平瓦房据说是村里帮助造的，他与 88 岁的老伴就住在这里。

平房的西山头是一座四角亭，天高云淡，暖阳高照。

震泽农村的环境整治得越来越美，成天住在城里的人到得这里，感到特别敞亮与宽阔，心也像那房前屋后的油菜花一样，灿烂如金，美得微醉。

早就知道谢家路，美丽庭院建设样板，可没去过；金星村的美或许也与谢家路不分伯仲吧？

金星村也是第一次到，不是来看景的，目标、任务非常单一，就是按

村里帮徐天国建的住宅

照吴江关爱退役军人协会的要求，追访吴江抗美援朝志愿军老兵，想组织一本书，记录下他们为立国之战而战的光荣。徐天国是吴江182名（注：当时拟定的采访名单）健在老兵之一，也是182份光荣之一，没想到，我们还没有采访徐天国，这182竟然变成了181！

原计划是在元宵节后即启动这项工程的，可奥密克戎来了……3月9日，首页展开，第一站便是震泽，上午和中午，先后采访了3位老兵，下午两点前，在村主任的陪同下，我们"兵"临藕池湾。

徐天国不在家，出去溜达也没有告诉老伴。我没来得及进屋，便发现西边驳油村路上有一位老者过来了，村主任认得："是他！"

当天的气温飙升到21摄氏度，他还是穿了很多衣服，外罩蓝色大衣，满头白发有些稀疏，手里夹着一支细杆香烟，胸前挂了两枚纪念章，一枚是抗美援朝70周年纪念章，一枚是"朝鲜的"，即入朝参战纪念章。

同行在村主任的带领下迎了过去，看他气喘吁吁，便把他扶到亭子里坐下。我也到了亭子里，掏出打火机，想给他点上香烟，他摇了一下手，表示谢绝。见他胸前的纪念章有些歪斜，我一边为他整理，一边发出询问——"这是朝鲜的……"他留在这个世上的最后 5 个字，就是在我"整章"询问下说的。

我在他身右坐下，掏出采访本，准备进行采访。这时，他的头颈和身体仰靠在美人靠上，双眼紧闭，大口大口地喘着粗气，面部表情显得十分痛苦。也许是走累了，毕竟 94 岁了，让他休息一下再交谈吧。我心里这样想着。

88 岁的老太太大幅度地佝偻着腰，撑着一根拐杖，两步一个台阶艰难地挪上亭子，坐到对面。看到丈夫如此情形，她显得十分紧张："国国（音），国国，你怎么这样啦？你怎么这样啦？"她说他平时有心脏病、气管炎，但是，我们谁都没有想到他会在这个时候走完生命的历程。

情况变得十分严峻，原来大口喘气还有声音，现在连声音也没了！头也不再仰，而是耷拉下来了！嘴巴张得很大，下面整排假牙也露出来了！嘴巴里的黏液流到了胸前，鼻涕覆盖了人中、上唇。我赶快去切他的脉搏，好像没有了；用手指去试他的呼吸，也感觉不出来了！老太太带着哭腔自言自语："他不会就这样……？"不会！我在心里这样想着。极泉、人中能救命！我突然想起从养生节目中看到的急救方法。极泉在胳肢窝里！可是他的衣服穿得太多太厚，大拇指根本无法使劲，我只得改用中指去顶，又用拇指去掐他满是鼻涕的人中……只是我不会做人工呼吸……时间一分一秒过去，一切都没有让他缓过一口气，睁开一只眼……但是，我从心里仍然不认为他会这样走了，更不愿意这样认为……

"他是有病的，他架浮桥扛钢板钢梁憋气憋得吐血，回国后就一直吐血……"

"国国，国国，儿子上午到镇上领了 2900 块钱，明天你还要去看病的……你不能走啊，你不能走啊！"

老太太边说边哭，边哭边说……

110 来了，120 来了。

时针指向 14：20。

120 宣布：他，走了……

时针指向 14：30。

他真的走了！

他真的走了吗？

天空没有一丝风，也没有一只鸟；油菜花还是那么金黄，门前的蚕豆也那么肥嫩……

"雄赳赳，气昂昂，跨过鸭绿江……"我的脑际仿佛响起了这样的旋律，徐老前辈，您听到了吗？

根据不多的既有资料，我知道了徐天国出生于 1929 年 11 月 28 日，今年虚岁 94；1951 年 3 月加入中国人民志愿军，服役于某部工兵连，与前 3 位入朝老兵不同的是，他在朝鲜战场上是架设浮桥的。1952 年 5 月 7 日，他退役回乡……

虽然经历过战火，可他的一生是平凡的。在朝鲜战场上，他只是普通一兵，没有成为英雄，没有成为功臣，时间也只有一年多，但是，他却扛了无数钢板钢梁，别人的血是流的，他是吐的，还不止一口；回乡仍然吐血，便远不止一年……

那支香烟已经滚落在了亭子里，被慌乱而忙碌的人们踩烂了；然而，有些东西却是踩不烂的，比如光荣，比如作为一名志愿军老兵的光荣！

94 岁，已经属于长寿序列了，但是因为"憋气憋得吐血"，让他在后来的 70 多年时间里与病痛做了长期斗争，或许因为有了战火的冶炼，他的意志与勇气也有着钢铁般的坚强，于是"米寿"的冠冕自织自戴！

他走了，走得不算悲惨，不算凄凉，也不算悲壮。

他走了，虽然走得有些匆忙，但十分淡定，虽然让人慌乱得不知所措，但他却没有特别的痛苦……

藕池湾村景

　　他或许带走了一丝我们要来采访他的激动，带走了一肚子准备跟我们说的故事和一些要向我们诉说的话语，可他却给我们留下了不少遗憾，更给我们留下了光荣！

　　藕池湾到处绿意盈盈，小河清清，俨然是一座乡村花园，油菜花开得招摇，还有很多花卉，也在这个春天奋不顾身地开了。我目光四面游移，仿佛听到一首曲子在这旷野里轻盈地响起——

　　"为什么大地春常在？……"

　　他还没有走！能让大地春常在，用鲜血浇灌土地、染红战旗的人，虽走不走，虽死犹生，光荣永远留存于史册之上！

　　我低下头，向着那枚入朝纪念章深深地鞠了一躬！带着崇敬，心头一揖到地，与这位志愿军老兵揖别……

（写毕于 2022 年 3 月 15 日）

附录 1 ：

我们吃住在弹坑里

口述：邹士奎　整理：沈泾潜

　　我出生于 1930 年 6 月，今年 92 岁了。我是黎里镇金家坝禾田村人，1953 年 2 月入伍，在中国人民志愿军 8503 部队 1 支队 6 连服役。后来，我和同村的王永良、蒋老三两人一起，唱着"雄赳赳 / 气昂昂 / 跨过鸭绿江"的志愿军战歌跨过鸭绿江，到达朝鲜大林港。到了大林港，首长把部队集中在宽阔的丘陵地带，指着穿越山林的一条公路和一条铁路说：我们的主要任务就是要保障和抢修这条公路和这条铁路，这是我军在朝鲜的供给线、生命线，彭总十分重视，我们要日夜守护着。可是，美军也死死盯着，飞机不断来炸，还空投伞兵破坏我军交通、军事设施，想让志愿军没有弹药，没有粮草，彻底丧失战斗力。所以，美军有时一天派出 100 多架飞机，沿着公路与铁路狂轰滥炸，因此，铁路公路弹坑多得无法计数，最深的达五六米。为了抓紧抢修，我们吃在弹坑里，和衣住在弹坑里，在寒冷的雪地里，我们经受着零下几十摄氏度的严寒，冻伤是常有的事。白天敌机炸，晚上大抢修。为了确保供给线畅通，我们是夜以继日地拼命，有时候美军飞机还会打"回马枪"，机枪子弹满天飞，飞机炸弹满地落。有一次，躲在弹坑里的我，也被在几米远外爆炸的一枚炸弹震得五脏六腑失去知觉，几个月里不断疼痛，直到停战后在江西南昌 173 医院住院治疗后才不疼了。

吃炒面雪水　住山洞草棚

口述：戴金虎　整理：沈泾潜

我是 1951 年 3 月应征入伍的，同年 4 月跨过鸭绿江，去了朝鲜，现住吴江区黎里镇金家坝红旗村。

进入朝鲜地界，由于美军掌握了制空权，时常来袭击行军的部队，我们只能白天躲进山洞树林，晚上行军。有一次部队行军，已是凌晨三四点钟，由于路况不明，经常有战士摔倒受伤，我也跌倒了几次，身上多处受伤，但是大家依然不肯掉队。到了前线后，我们主要运用防空高炮与敌机展开战斗，那时高炮部队分东西中三路线，西线去上甘岭控制美军的飞机，而东线到海边上，我所在部队向南靠近三八线。在朝鲜的两年时间里，我们吃炒面拌雪水，住山洞草棚，身上都长出了大面积的疮癣疖子。1953 年 7 月，我们部队从朝鲜撤回到陕西，1956 年我退伍回乡，一直在平凡的岗位做好自己的工作。

我要"感谢"那个弹坑

口述：蒋老三　整理：沈泾潜

我是金家坝禾田村人，现在属于黎里镇了。

今年，我 98 岁了，身体蛮好。1953 年 2 月，我与同村的王永良、邹士奎一道参军。我是 1924 年 3 月出生的，是 3 个人中年纪最大的，已经 27 岁了。

我们是冒着严寒踏进冰天雪地的朝鲜大林港的，抢修公路和铁路，美军飞机不断炸，我们就不断修；炸了再修，修了再炸，炸了再修，为了确保前线部队的供给，我们只能拼命抢修。一次防空警报后，数十架美军飞机横空而来，耀武扬威，盘旋着向下投了上百枚炸弹，不少战友受了伤；我躲进了几米深的弹坑，眼见一枚炸弹在离我六七米的地方爆炸，一层厚厚的土盖到了我的身上。当我爬起来时，什么也听不到了，耳朵炸背了！后来逐步恢复了一点听力，但随着年龄的增长听力减退很明显。我98岁了，身体还蛮好，可就是听人讲话太吃力了。"我要'感谢'那个弹坑啊，没有它，我可能早就死在朝鲜战场上了。跟我一起去的那么多战友不都牺牲在那儿了！"

1956年2月，我回到禾田村。我先后当过砖窑负责人、生产队长、会计、保管员什么的，反正我无论在哪里，都是勤勤恳恳、踏踏实实的，因为我是一名老军人嘛！

雪地埋伏三天三夜

口述：王永良　整理：沈泾潜

1953年2月，我们金家坝禾田村当兵去了3个人，我、蒋阿三和邹士奎，我是1937年8月出生的，是3个人中年龄最小的。

我是在芦墟体检合格的，与他们俩一起到了8503部队1支队6连，到朝鲜大林港抢修铁路和公路，天气十分冷，敌机满天飞，炸弹满地飞，谁也不知道什么时候哪颗炸弹会把自己炸死。老兵告诉我：越怕越会死，不怕还好一点。虽然我只有18岁，但做什么我都不肯掉队；飞机炸弹来了，我总是穿上跳下，机动灵活地躲开了，好几次炸弹就在离我躲的弹坑四五米外爆炸，有些人被弹片伤着了，可就是没有伤着我。

美军有时会投放一批伞兵，这些伞兵全副武装，带着炸药，落地后迅速寻找我军的桥梁、铁路、仓库、军营等重要目标实施爆炸。有一次，部队接到上级命令，说有一小股美军空投伞兵，要来破坏我军的桥梁。我和战友们在冰天雪地埋伏了三天三夜，饥寒交加，结果美军没有来，战友们却被冻个半死。

1953 年 9 月，我回到了家乡禾田村肖庄，在莘塔机电站做过职工，在村里当过队长。

"这样的岁月怎么能忘啊？"

口述：柳银福　整理：沈泾潜

我是 1930 年出生的，今年 92 岁了。

我是金家坝红旗村人，1953 年 1 月，我在芦墟镇人武部应征入伍，被编入志愿军 8503 部队。同年 1 月 13 日，我到鸭绿江边通过浮桥步行进入了朝鲜。朝鲜的道路上布满弹坑，敌人的侦察机不停地在上空侦察，一旦发现部队就会来一群飞机扔炸弹。所以，我们部队白天不行军，不冒烟，晚上行军不打灯。

抗美援朝战场上铁路与公路是前线的生命保障线，保持畅通，装备、物资、给养，送得上，非常重要。敌人当然明白切断运输线的重要性，白天黑夜用飞机袭击投弹，开始我们没有飞机，没有什么办法制止他们，办法就是你炸我修，玩着命抢修。我是很努力的，所以不到 3 个月，连里就提升我为副班长了，可是，我没有机会立功，非常遗憾；但我连里有两名战友立了功，我为他们感到光荣。

这两名战士立功看上去充满"戏剧性"，其实是革命英雄主义精神的表现！1953 年 5 月一天的晚上，这两名战士执行连队的命令，要给住在不远处山洞里的文艺演出团送粮食等生活物资，在送东西的路上，他们忽然发现黑夜中有一小股敌军在行军，数一数，一共 12 个人！他们两个人隐藏在草堆边，商量了一下，决定抓住这些敌人。于是，他们拿起扁担，突然从敌人背后蹦出，高喊大喊："不许动，缴枪不杀！"敌人大吃一惊，在黑夜里也弄不清楚我们有多少人，便乖乖地放下了武器。等到他们看到我们只有两个人，全都傻眼了……两个人俘虏12个人，两根扁担换来12支枪的故事，当时传遍了全军……

1953年10月，我们部队撤回陕西短暂休整，后来参加鹰厦铁路的修建。1957年7月，我退伍回到了家乡，一直在农村，耕作家乡的土地。播放的电视剧《跨过鸭绿江》，我是集集看完，还要回看，"这样的岁月怎么能忘啊？"

我曾两次立功

口述：吴永林　整理：沈泾潜

我是金家坝星宜村人，1932年出生，1951年7月在同里应征入伍，同年7月底从沈阳出发跨过鸭绿江，1957年3月退伍。

当年，我是5036部队警卫连战士，到朝鲜后，参加过多次战役，先后两次荣立了三等功。1951年初夏，进入朝鲜后，我主要负责部队首长的警卫和通信工作。美军的飞机常常投炸弹，部队没有像样的营房，草棚依山搭，山洞就是营房。美军的飞机是知道志愿军住在这些地方的，卧冲下来死命扫射投弹。由于防空洞的木梁被炸断，连队的一名战士当场牺牲，就在这次轰炸中我的战友杨宝金也牺牲了。

在朝鲜吃住在防空洞里，后勤供应紧张时常常断粮，只能找野菜、树叶子充饥。长期住在潮湿地方，身上长出了不少红斑，痒得难受。后来我到三连负责通信，在一次战斗中，敌人的炮火多次破坏通信线路，我们千方百计想办法确保线路畅通，用身体来连接断了的线路，恢复指挥系统，因此我们荣获了集体三等功，我也当了通信班班长。

有一天，我站岗，已经是凌晨二三点钟，有一辆装满菜油的运输车被敌机发现了，投下炸弹炸翻了，引起大火，开车的两名司机，有一名已经光荣牺牲了，而敌机扫射的机枪子弹在我头顶穿过，我捡了一条命。

还有一次，我刚刚接岗，敌人的飞机来回侦察后，在傍晚时分又来了3架敌机，投下了一连串炸弹，幸好部队早有准备撤到了防空洞里，但是，哨位上的人还是被炸伤了，我也在哨位上受了轻伤。

1953年7月，部队撤回到北京北里桥，1956年1月，我光荣加入中国共产党。1957年3月，我退伍回乡，在村里当过队长，在大队五金厂工作过。

（原载于2021年1月8日《吴江日报》）

附录 2：

真想报答那个大个子战士

自述：叶慎吉

我的经历是先参加中国人民解放军，后换防转为中国人民志愿军，赴朝参战近一年，回国后，被安排去军校学习，毕业后仍在部队就职，直至转业，先后在部队服役 25 年。

我家共有 8 个兄弟姐妹，中华人民共和国成立前，家里生活条件逐年衰退，父母无力抚养这么多孩子。上海解放了，由于革命形势迅猛发展，需要大批知识分子参加革命，参与政权建设，华东先后成立了革大、军大。我哥我姐都加入了革大，参加浙江农村的土地改革，巩固当地政权，后又先后转入中国人民解放军成了革命军人。

我姐夫是 186 团团长，了解到团部要招收几个女兵，我姐与母亲商议，为减轻家庭负担，把我送到了部队，当时我 15 虚岁，14 周岁还不到。母亲考虑到部队有姐姐照顾我，她比较放心。记得那天我家来了 3 个解放军，20 岁左右，很年轻，是北方人，拿着步枪，是姐夫派他们来接我到部队的。第二天，我带着一条红领巾、一本算术书、一本语文书，就上路了，回头看到母亲倚着门框在抹眼泪，心里感到很酸楚。我下决心要好好工作，为减轻家里负担而努力。

在部队与家里完全不一样。在家里由父母照顾，洗衣做饭都由母亲做，在部队要独立生活，自己管好自己。首先，要适应部队的紧张生活，每天按时起床，按时睡觉，按时上班，空余时间帮老乡干活，起码把自己住的院子打扫干净；还要挑水，把水缸挑得满满的，以供老乡和我们的日常用水。农忙时，要帮老乡割麦子、稻子等，插秧时要帮着插秧。我的部队是野战部队，是国防第一线，一是要防沿海岛屿上的国民党残兵反攻大陆，二是要准备解放沿海岛屿。所以，平时要帮助连队战士在沿海山上挖工事，每晚要轮流站岗放哨两小时，经常影响睡眠。

有一次，我参加了浙江沿海黄焦山战役，战斗结束后，下来很多伤员，当地老百姓和民兵组织了船，船上面还有椅子给伤员躺着，坐着，亲自送到我们卫生队，先由军医分类，哪些该留下来，哪些要坐船继续往后方送。我们一共收了四五十个战士，全部安置在当地一家仓库里，没有床全部打地铺，睡在地上。那时，我刚参军，啥也不懂，就问我能干些啥。军医分配我的任务，是让我用一个水壶到伙房打开水，回来给伤员喝水，并叮嘱我哪些人能喝水，哪些人是不能喝水的。例如，腹部伤的、昏迷的，是不能喝水的。我就在这样的环境下，由老同志手把手教着，一点点学会量体温、打针、服药、做特别护理等等，在边干边学中成长起来。

为了适应部队当时的需要，团卫生队组织了一个学习排，把刚参加工作不久的卫生员集中学习，共一个排（三个班）。我们几个女兵一个班，共同学习了解剖、生理、护理等医疗基础知识。对于一个医护人员来说，学习医疗理论常识是非常必要的，没有医学理论基础是很容易出事故的，人命关天，马虎不得。这次学习机会来之不易，我十分重视和努力，每次考试，我都能得 100 分，结果引来了非议，认为我什么好事都占了，有好的家庭背景，学习又得 100 分。

1952 年底，听说要换防入朝了，部队开始整编，把老弱病残的孕妇都往后方调，前方尽量减少女同志。我本在团里，后调到师后勤部保健室工作。为了适应出国作战需要，我们全要轻装上阵，把自己生活的东西尽量少带，而要增加 10 斤大米、2 枚手榴弹、2 个急救包、2 斤肉罐头，每人至少背着 40 余斤的东西行走。因为朝鲜被美军轰炸得很惨，没有一座完整的城市，老百姓的生活很差，他们士兵的衣服全由我国供应，所以我们入朝真正是无私援助，没有用他们一分一厘的东西。

我们从苏州出发，坐的火车（不是客车，是装货的那种没有厕所的闷罐车），一路上走了4天4夜，到达吉林通化农村准备过江。几天后，我们坐了火车过了鸭绿江，进入了朝鲜。朝鲜的气氛完全不一样，不断有飞机轰炸，晚上有照明弹亮起。我们基本上都是晚上上火车，白天在荒山野岭里躲藏。山上树下有大蚂蚁、蚊子、小昆虫，无法睡觉，睡眠是严重不足的。有一次坐火车，速度减缓好像到了一个站台了，我往外一看，有人拿着马蹄灯在摇晃，意思是敌机来了赶紧走。于是，火车大吼一声加快速度往前开，紧接着车后面响起来剧烈的爆炸声，我们大家都庆幸躲过一劫。

入朝后，首要的考验就是行军。先从东线往西线，开始有火车坐，后来全靠两条腿走路，身上背负着沉重的背包整夜走，白天休息，隐藏起来，不能暴露目标。有一次，我们都在山上休息，突然敌人轰炸机又来了，丢了好几个炸弹。我们趴在地上，往上看到一个个发亮的炸弹往下来，心想大家都不怕我也不怕，一切听天由命吧。谁知炸弹飘到山下一个村子里，引起很大的爆炸声和滚滚浓烟。到了战争环境中，怕是没有用的，我能活着回国，今天还活着，就是最大的幸运。

从东线向西线向前推进时，要经过一座大山，叫元山。这座山是交通要道，是人员物资必经之路。敌人经常来轰炸，山路上全是弹坑，工兵根本来不及修复，这边刚修好那边又炸了，给运输造成了很大困难，给部队造成很大影响。例如，鸡蛋无法运，因为一路颠簸都碎了；新鲜肉、蔬菜，因路途遥远无法供应，所以，我吃的是鸡蛋粉、海带、干扁豆、花生米、肉罐头。如果长期这样下去，缺乏维生素容易得病。

朝鲜山多，前后左右都是山，确实是地无三尺平。夜间行军不能有光亮，每个人自己都要特小心，紧跟着部队，不能掉队，不能摔跤，跌下去就很难爬起来。行军是很艰苦的，炊事员们还要背着一口大铁锅呢，他们为了多带些东西，是挑着扁担走路的。而战士为了打仗，更要扛着枪和子弹，那是很重的。他们都能坚持，我们这些又算什么呢？所以，下定决心，坚持下来，顺利到达驻地。

在朝鲜，住的房子是友军砍树搭建的简易房屋，风雨是能避的。床是用两条木棍拼起来搭在木架上，上面都是树枝，凸在上面，晚上睡觉翻身都是很痛的。由于没有门，冬天风雪往房子吹是很冷的。我们每人只有3斤军被，底下没有铺垫的，于是，我们两人拼在一起，一床被盖上面，一床被垫下面，上面再盖上棉衣和大衣。但是，因为被子边上不时有冷气吹进来，整夜无法安然入睡，加上每夜还要站岗放哨，睡眠更是不足了。

女同志在部队里是不多的，有些生理特点是羞于开口的，有困难无法说的，只有自己想办法克服。完成任务，要与男同志一样不能差一点，部队年轻男人多，他们是无法理解女同志的特殊性的。如大小便，男同志可以随便就地解决，女同志就不一样了，每次大小便都要动脑筋，找人一起，又不能离部队太近怕看见了，远了又怕被特务抓走了，因为没有厕所，带来了一系列的烦恼。

有一次在火车上，我已12小时没小便了，半夜里醒来感到特别内急，火车当时停在荒野里没有站台，车轮比我人还高，上面才是车厢，上下很不便，所以，我叫两个人帮我，先下车看周围有没有人，赶紧找地方方便；当时脑子是高度紧张的，一怕火车开了（因为什么时候开谁也不知道），二怕有人来训我随地大小便。越是紧张小便越长，车上的人又在催我。这次小便，在我记忆里，好像成了时间最长的，也是最让人担心最为紧张的，真是终生难忘。

有一次，在行军路上遇到一条大河，比较浅。先头部队在中间放了石块，方便后续部队在石头上走，不要下水。我正在过河时，有一大个子战士，突然把我连人带背包一起拎起来，一直拎到对面岸上，放下我就走掉了！我被这突如其来的情况吓坏了，都没想到叫他放我下来，我能走。我从没被一个大男人拎过，当时，大家大笑不止，我也很害羞地跑掉了。后来想想，当时自己实在太年轻不懂事，这个战士完全是出于好心，看到我最小，来帮我一把，我应该记下他的名字，感谢一下人家才是。后来，我很想能再见到他，给他说声谢谢，可惜再没见过他。

除了基本生活较为艰苦，无法讲外，朝鲜冬季时间很长，10月份就开始下雪，一直下到来年3月份甚至更长些，能洗一次澡，洗一次头，洗次干净衣服，都成了我们的奢望，根本做不到。除了吃饭喝点汤外，从不喝水，饭菜都是冷的（因为我们部队是分散住的），饭菜从炊事班拿到宿舍，要走很长一段山路，到了都冷了，不是凉了。在这么艰苦的条件下，炊事员能保证一日三餐，不让我们饿肚子，已经是很不简单了，大家也就毫无怨言了。

那年，我姐从祖国山东来到朝鲜看我姐夫。闻讯后，我吃过早饭出发，翻山越岭，一直到下午两点才到达姐夫驻地。路上，因言语不通无法问路，只有见到志愿军的大卡车路过，挥挥手让车停下问个路。按规格是不能搭车的，因为曾碰到特务装扮成老百姓搭车，而致车毁人亡的事故。有一次，赴朝慰问团来演出，我们共走了近两小时山路到师部，看完后过了两天有8个助教（每个连一个，都是有文化的军人），在我驻地想一起再去看一次演出，其中有个女同志来动员我和她一起去。我因为已经看过了，不想再看第二遍，况且又要走那么长的路，不想去。她说，有汽车，因为我们是后勤部队，常有大卡车来装各种物品的，而刚好这部车装了几大桶汽油，有空间可以带人。虽然去可以搭车了，可回来还是要走，我就没有陪她去。结果她说，你不去就算了，那么借件军大衣给我吧，我说可以的。谁知道她们搭上车后，开了一小段车就翻了，7个男同志都死了，剩下这个女军人跑回来还我大衣……将这7位牺牲的同志，包扎好伤口，用他们各自的棉被包起来，在公路边挖了个坑，整齐排列在一起，埋掉了。墓碑是用树干从中间一劈为二，露出面的上面用毛笔写上了战士名字。当时，我就在想，天长日久，或下雨下雪后，字退掉了，谁也不知道他们是谁！他们中有的人还结了婚，妻子还在家等着他呢；没有结婚的，父母不也在家等着他们吗？……

无论是解放军还是志愿军，我们每个战士是严格执行三大纪律八项注意的，到朝鲜纪律更严。

有一次，山下村里有位村干部得了病，到我们部队诊所请求诊治。通过翻译，得知他是得了疟疾，所长就叫我给她静脉注射葡萄糖加奎宁一支，注射完后他很高兴，随手就把我的帽子抢走了。一个军人不戴帽子是不行的，我大声喊着，叫他还我帽子，他根本不理我，直接往村里走了，我只好尾随着他到村子里想把帽子要回来。到了村里到处找，谁知道他还我帽子时装了一帽子的李子。因为按规定我们给他们做事是不收取任何费用的，老百姓的东西是不能拿的。我想还给他，但是，怎么也找不到他了，他躲起来了。我就把一帽子李子拿回部队交给所长，又把整个经过汇报给所长，最后所长决定收下李子给大家分了吃了。

过几天，村干部与我部队联系开联欢会。那天部队与当地百姓集中在山坡上，村里抬来了两大筐李子表示慰问和感谢，他们还表演了好多节目。村干部男声独唱，妇女跳舞，我们志愿军也表演了一些节目，场面很是热闹，大家都很开心。

朝鲜百姓是很热爱歌舞的。看到我赴朝慰问团来演出，村民们都立即放下农活，换上漂亮的衣服，跟我们一起欢迎。演出时更是四面八方的人，都围在我们周围，共同观看，热闹非凡。

我们志愿军会唱的歌，朝鲜老百姓都会唱。不但会唱，妇女还边唱边舞，跳起来很好看。小孩子们边唱边跳橡皮筋，每次我都很受感动，说明朝鲜人民是热爱、喜欢志愿军的。

回想起我的一生，青春时光都是在部队度过的，经过战争的考验，经过艰苦环境的锻炼，从一个不懂事的小战士成长为国家干部，我要感谢党，感谢国家，感谢各级领导；还有，就是姐姐，是姐夫把我带到部队。那个大个子战士在行军中帮助了我，我想见他，报答他，可是没有办到。我这一生，没有辜负党和人民的期望，当过模范党员，当过先进工作者，当过积极分子，现在的生活非常好，幸福安定……

在停战的日子里

自述：汝织文　贺思前

老战友聚会，除了游山逛水外，无非是忆往昔峥嵘岁月，侃今朝悠闲晚年。入朝的同志谈到朝鲜停战后的日子，人人眉开眼笑，心驰神往，这是终身难忘的激情燃烧的岁月啊！

中国人民志愿军与朝鲜人民军并肩浴血奋战近 3 年时间，终于把美国为首的"联合国军"赶回三八线，迫使武装到牙齿的美国军人不得不在板门店重开谈判，并且终于以失败者的身份于 1953 年 7 月 27 日在《朝鲜停战协定》上签字——我们取得了抗美援朝的伟大胜利。

当停战的命令传遍志愿军各部的时候，全军轰动了！胜利来之不易，我们也付出了高昂的代价，怎不令人欣喜若狂！我们师阵地上沸腾了，大家互相拥抱着，淌下了喜悦的热泪，有人甩军帽，大家振臂高呼着：胜利万岁！祖国万岁！中朝人民团结万岁！高唱着《中国人民志愿军战歌》《中国人民解放军军歌》，口号声、歌声响彻云霄，震撼大地，朝鲜军民和我们一样沉浸在欢乐的海洋之中。

虽然我们为正义而战，为保家卫国而战，但和平毕竟是最美好的，这是军人最深的体会。宁静祥和的日子终于盼来了，敌人震耳欲聋的枪炮声炸弹声平息了，敌机再也不会在空中呼啸盘旋，我们再也不会在阴暗潮湿的坑道里、山洞里待命，那根紧张恐怖、随时准备牺牲的神经也放松了，此刻最想的事是马上回到祖国母亲的怀抱。"烽火连三月，家书抵万金"，何况我们岂止 3 个月？大家忙不迭地向家人发送捷报，也才有闲情去平壤及元山游山玩水，欣赏蓝天白云，原来朝鲜也有如诗如画的美丽。

停战之后，我们继续在朝鲜待了 5 个月，主要是为医治战争留下的创伤，帮助朝鲜人民重建家园，防范敌人阴谋反扑。这 5 个月，是最舒畅最灿烂的日子，开始时我们全身心投入庆祝活动，如采集松柏花卉搭建牌楼，搭建凯旋门，写对联，贴标语，挂横幅……一派节日气氛，庆祝会、联欢会、庆功会接踵而来，祖国人民对我们志愿兵充满着厚爱和敬意，给予我们至高无上的荣誉和犒劳，派来了很多知名剧团到各部慰问演出，并颁发了"和平万岁"纪念章和抗美援朝纪念章，让我们感到无上光荣，直至今日都珍藏着。同时，慰问信从祖国四面八方像雪片一样飞来，并赠给我们"最可爱的人"奖杯，祖国和人民为我们自豪，我们为祖国和人民骄傲。

我们和朝鲜人民在烽火岁月里同呼吸共命运，建立起来的鱼水情是非常珍贵的。我们临行时，他们载歌载舞来送行，尤其是大娘大婶，都流着泪依依惜别，送了一程又一程，真是难分难离，不是亲人胜似亲人。

我们铁道兵第七师是在 1952 年 12 月赴朝的，布防在龟城和元山一带，保卫那一段的铁路线畅通。我们的干部和战士士气旺盛，用生命和鲜血确保了铁路安全，冒着敌人的炮火，抢修被敌人破坏的生命线。曾记得当年有位战士，正在电线杆上接通信线路，突然敌机来了，连长叫他下来，他仍坚持作业，线接通了，他却被敌机枪扫中，献出了年轻的生命。有一位战士在铁桥下拧螺丝帽，前方的火车飞驰而来，他毫不犹豫竭尽全力用扳手卡住螺丝，火车安全而过，他却负了重伤。总之，我们的抢修，做到了随炸随修，不怕牺牲，前赴后继，有时炸弹飞溅起来沙石土砾，把战士埋了起来，但他们都立刻爬起来，拍打掉身上的泥土继续修路。这种舍生忘死的精神在我们中间互相鼓励，连美国第五航空队情报处也承认，"中国修路部队填坑的速度可与美国 F-80 轰炸机匹敌"。这是对我打不烂、炸不断的铁道无可奈何的自供状。朝鲜战争胜利，铁道兵功不可没。

抗美援朝已经 55 年了，我们吴江籍很多子弟兵当年在朝鲜战场上英勇作战，忠实完成了祖国赋予的历史使命，更有不少战友还长卧在朝鲜三千里江山。风起云涌，沧海桑田，我们都已步入了夕阳年华，在这样的日子里，我们特别怀念那些牺牲的战友，怀念那段闪耀人生光华的岁月。

（写于 2005 年，曾刊于同年 12 月 29 日《吴江日报》）

情怀竹帛

　　不错，我们急需和平建设，如果要我写
出和平建设的理由，可以写出百条千条，但
这百条千条的理由不能敌住 6 个大字，就是
"不能置之不理"……我们抗美援朝就是不
许它的如意算盘得逞，打得一拳开，免得百
拳来。

　　　　　　　　　　——1950 年 10 月 27 日　毛泽东

　　现在中国人民已经组织起来了，是惹不
得的。如果惹翻了，是不好办的！

　　　　　　　　　　——1953 年 9 月 12 日　毛泽东

抗美援朝运动中的"吴江叙事"

王林弟

1950 年 6 月 25 日，朝鲜内战爆发。美国政府对朝鲜实行武装干涉，把战火烧到了中朝边境。中共中央做出了"抗美援朝、保家卫国"的历史性决策，组成中国人民志愿军赴朝参战。1950 年 10 月 25 日，志愿军打响了入朝后的第一仗。1953 年 7 月 27 日，《朝鲜停战协定》签订。至此，经过两年 9 个月的殊死战斗，中国人民的抗美援朝战争取得了历史性的伟大胜利。

那是一个雄起而昂扬的岁月！在朝鲜战场上，中国人民志愿军不畏艰险英勇作战打击敌人，在国内，则是声势浩大、席卷全国的支援抗美援朝的群众性运动。1950 年 10 月 26 日，中国人民保卫世界和平反对美国侵略委员会（简称抗美援朝总会）在北京成立，负责领导全国人民的抗美援朝运动。

虽然相隔万水千山，吴江和全国一样也掀起了抗美援朝运动热潮，全县上下、社会各界团结一致，同仇敌忾，在"抗美援朝、保家卫国"口号的鼓舞下，参军参干、订立爱国公约、捐献飞机大炮、拥军优属，将吴江人民的爱国热情化作了真实的爱国保国、保卫和平的行动。

1953 年 7 月 27 日关于朝鲜军事停战的协定在板门店签订（1）

1953 年 7 月 27 日关于朝鲜军事停战的协定在板门店签订（2）

正义激越的热情昂扬起"吴江斗志"

1950年冬，吴江县成立抗美援朝分会，中共吴江县委副书记金佩扬任主席，县委宣传部部长林华、县工商联（筹）主任史嘉俊任副主席。县政府、团工委、总工会及有关镇、学校的代表21人任委员。由此，全县的抗美援朝运动广泛开展起来。吴江县组织社会各界进行时事学习，开展抗美援朝宣传教育，确立抗美援朝战争必胜的信心，激励全县人民排除思想干扰，增强民族自信心，为抗美援朝、保家卫国的神圣任务而奋斗。全县群众通过纪念一二·九抗日救亡运动、庆祝平壤解放、庆祝元旦等多种活动，把抗美援朝宣传教育逐步推向高潮。

1951年开始，全县抗美援朝运动进一步普及和深化。县委、县政府把发动组织广大人民群众投入抗美援朝爱国运动作为一项重要的政治任务，强调宣传教育要围绕这一中心展开，以推动其他各项工作的进行。平望区结合抗美援朝，举办1951年元旦系列庆祝活动。1951年元旦，召开平望区各界人民抗美援朝保家卫国庆祝元旦军民联欢大会；1月2日举行示威大游行，部队、学校、工商联、医联、居民和企业等单位2000多人参加；1月3日上午，开展慰问捐献活动，赠送慰问信、慰问品。平望区各单位在"多捐一颗子弹、多杀一个美国侵略军"口号之下动员劝募；晚上提灯游行，各单位手持不同种类的花灯，灯上有抗美援朝保家卫国的标语。通过活动，全区各阶层及广大群众对于美帝暴行有了进一步认识，抗美援朝保家卫国热情高涨。

3月上旬，全县各地纷纷召开群众性的庆祝土改胜利和抗美援朝动员大会，举行声势浩大的游行活动。抗美援朝运动在农村蓬勃开展起来。

4月24日，县委书记鲁琦在县二届二次各界人民代表会议上，做了题为《关于在全县普及深入开展抗美援朝运动的意见》的报告，提出要认真深入地进行抗美援朝的宣传教育工作，做到消灭空白区空白人，使得人人都来抗美援朝，人人都来巩固国防。会议召开前，正值志愿军归国代表莅

抗美援朝报名大会

抗美援朝老照片

临苏州，会议发动代表到苏州集体聆听志愿军报告。听了报告，会议代表的思想觉悟进一步提高，支援志愿军的热情高涨。

1951 年五一国际劳动节期间，吴江七大镇举行示威游行活动，有 6816人参加，6731 名职工在禁止使用原子弹武器的和平宣言书上签名。各级工会举行报告会、座谈会和控诉大会，控诉美帝国主义发动侵略战争的种种暴行。血和泪的控诉，使广大职工受到了深刻的爱国主义和国际主义教育。

11 月 17 日，县委书记李前在县二届三次各界人民代表会议上，做《关于继续加强抗美援朝工作的意见》报告，会议通过关于在全县继续加强抗美援朝工作的决议。会后，各区、乡通过召开农代会、妇代会、民兵代表会、青年团员和积极分子会以及各种群众性的大会，对各界代表会议的精神进行宣传贯彻。广大农民群众在总结土改翻身胜利的基础上，以回忆、对比、控诉等形式提高觉悟，肃清亲美、崇美和恐美思想，树立抗美援朝必胜的信心与决心。

抗美援朝运动期间，中国人民赴朝慰问团华东分团、江苏分团等一批代表，先后 3 次到吴江做传达报告，介绍上甘岭等战役中志愿军战士英勇作战的情况，给全县人民以极大教育和鼓励。

爱国公约的订立铺陈出"吴江情怀"

1951 年 6 月 1 日，中国人民抗美援朝总会发出关于推行爱国公约、捐献飞机大炮和优待烈属军属的号召（简称"六一"三大号召）。

6 月 28 日至 30 日，吴江县抗美援朝代表会议召开。会议听取和讨论了本县抗美援朝支会金佩扬主任的报告和苏南抗美援朝代表会议精神。会议决定响应全国抗美援朝总会"六一"三大号召，争取抗美援朝战争最后胜利的早日实现。会议通过了吴江县各界人民共同爱国公约。公约内容如下：（一）拥护毛主席，拥护中国共产党，拥护中央人民政府，拥护人民解放军，拥护中国人民志愿军。（二）彻底揭露美帝国主义侵略暴行，努力宣传中国

盛泽镇抗美援朝大游行（培元公所广场）

震泽区庆祝土改胜利暨抗美援朝动员大会（1951年）

人民志愿军在朝鲜英勇杀敌热爱祖国的伟大精神。（三）以实际行动响应中国人民抗美援朝总会"六一"号召，开展增产捐献运动，全县人民在原有增产计划的基础上再增产并以一部或全部捐献出来，保证完成"吴江号"战斗机一小队（3 架）的捐献金额。（四）做好优待烈军属及残废军人工作，做好固定代耕保证产量，使烈军属有职业，子弟有书读。（五）动员优秀青年参军参干（军事干部学校），扩大人民解放军，加强国防建设。（六）彻底完成土地改革，消灭封建土地所有制。（七）协助人民政府彻底肃清匪特，检举和监视一切反革命分子，开展镇压反革命活动。（八）保证按期缴粮纳税，不欠税不逃税，不投机倒把，不偷工减料，改善生产和经营方法，加强城乡交流。（九）加强爱国主义与国际主义学习与宣传，提高科学技术水平，加强体格锻炼，做好本位工作。（十）普遍开展推行爱国公约运动，人人参加讨论修订爱国公约，做到组组订公约，户户订公约，开展竞赛，保证实现爱国公约。

在县委、县政府的号召下，全县掀起订立爱国公约和增产捐献的热潮。到 1951 年底，全县订立爱国公约的基层工会有 107 个，工会小组 595 个，同业公会 328 个，职工 6490 人，占总数的 79%。1131 个工厂店铺的劳资双方签订了共同爱国公约与增产捐献计划。有 15 所学校 3680 名学生，422 名教职员工，59 条街道 24088 名居民，941 名渔民及宗教界人士修订爱国公约。

"六一"三大号召将吴江人民的抗美援朝运动，从原来的宣传教育为主发展到积极奉献、主动捐献、切实为抗美援朝出力的新阶段。同时，爱国公约的签订，也推动了经济建设的恢复与发展，有力地支援了抗美援朝战争。

竭诚竭力的捐献托举起"吴江担当"

1951 年 4 月，吴江县委号召在全县开展爱国主义生产运动，开展爱国劳动竞赛，改进生产技术，发展生产。农民兄弟发挥土改后的有利条件，争取农业生产大丰收；学生们努力学习锻炼身体，准备随时为祖国服务；教育界为普及提高爱国文化而努力，并协助工农兄弟的爱国宣传教育；工商界努力改善经营，实行劳资协商，发展经济，踊跃缴纳税款，积极参加国家建设。

"六一"三大号召发布后，全县开展了广泛的爱国增产捐献飞机大炮运动。活动根据自觉自愿的原则，坚持捐献与爱国公约相结合、与增产增收相结合、与深入开展爱国主义教育相结合的正确方针。在农村，通过防汛、除虫、多耘苗多拔草多积肥来增产，全县每亩平均增产8到10斤，可捐献3到4斤；对于工人，每月休息3天，将1天作为劳动日，将这天的劳动所得捐献出来。同时提倡业余劳动，必要时通过节约捐献；工商界要改善经营，厉行节约不浪费；教育界和青年学生的增产是写稿义演，从事业余劳动捐献每月工作一天和宣传教育动员参军；其他各界根据自身业务情况捐献。

苏州市吴江区档案馆保存了一份夏光扬1951年8月18日制订的爱国增产捐献计划，他是吴江县卫生工作者协会城厢区分会会员，他有捐献计划是：（一）改善业务，加紧向西医学习，进一步达到中医科学化，贡献一切医务技术，减轻病家负担；（二）副业增产，将数天的业务所得购买母鸡4只饲养，估计平均日产鸡蛋3枚，其中一枚作为日常饲料费，剩下两枚为增产增利，月可收获鸡蛋60枚，月可收入人民币18000元（旧币，下同），6个月可得人民币10.8万元，作为个人捐献。

盛泽振丰绸厂工人，每天义务劳动半小时，所得工资全部捐献，并向全镇丝织厂发出倡议。新生丝织厂工人积极响应，13台织机月产量从5400码提高到6225码。芦墟石灰窑厂想方设法降低成本，百担石灰耗煤由3吨降到2.256吨。平望镇8家酒酱商店的私方人员，刚开始对完成捐献任务缺乏信心，后来劳资双方经过反复协商，全体职工发扬主人翁精神，改善经营管理，增加花色品种，扩大经销渠道，节约原材料，实际完成1亿元，大大超过原定捐献计划。同里马兆源油厂的工人提出了"多打一车油，多消灭一个敌人"的口号，两个半月时间增产食油 30 担。黎里油厂工人一面开展捐献活动，一面加紧生产提高效率。全县 10 个镇的职工完成捐献款 64706 万元。农民收入虽不高，但是捐款并不落后。屯村乡东港村雇农江兴中说："我现在捐出 5 万元，买飞机支援志愿军。"全县工商界人士也积极投入抗美援朝运动，响应开展捐献的号召，为志愿军捐献飞机大炮代金 305600 万元（可购买两架飞机），为朝鲜人民军捐献代金 14200 万元，为慰问朝鲜难胞捐献 8798 万元，合计 328600 万元，占全县总捐款的 47.75%。至 11 月底，全县增产金额 43000 万元，节约原材料和降低生产成本后增收 59000 万元，扩大营业额 492000 万元，超额完成捐献任务。1951 年底，全县共捐献购买飞机大炮款 533000 万元，可购买飞机 3.55 架，超出了原定购买 3 架飞机的捐献计划。据年底统计，全县共捐款 688000 万元，为捐款任务的 108.3%，超额完成了预定任务。

捐献运动的开展，进一步提高了全县人民的爱国觉悟和生产积极性，

整装待发的志愿军空军机群

有力促进了抗美援朝保家卫国的神圣事业，给前线的中国人民志愿军以巨大的精神鼓舞和物质支援。

参干参军的光荣彰显了"吴江血性"

1950年12月，中央人民政府人民革命军事委员会和政务院做出关于招收青年学生、青年工人，参加各种军事干部学校的决定。苏南区军事干校吴江县招生委员会随即成立，动员全县中学生报名参干。

军事干部学校招生点燃了爱国青年参加志愿军的热情。1950年12月起，吴江掀起了群众性的参军热潮。至1951年11月，全县经历多次征兵，其中自动要求报名参军者25828名，经体验合格，送出528人。报名参加军事干校的青年学生648名。1952年12月，根据上级指示，全县再一次动员和部署开展抗美援朝爱国参军运动。在"不遭二次罪""参加志愿军，抗美援朝保建设、保翻身、保幸福生活"的口号下，到1953年2月，全县又有17495人报名参加志愿军，送出966人。1950年至1953年，吴江全县先后参军入伍1494人，在抗美援朝战争中牺牲73人，立功118人次。

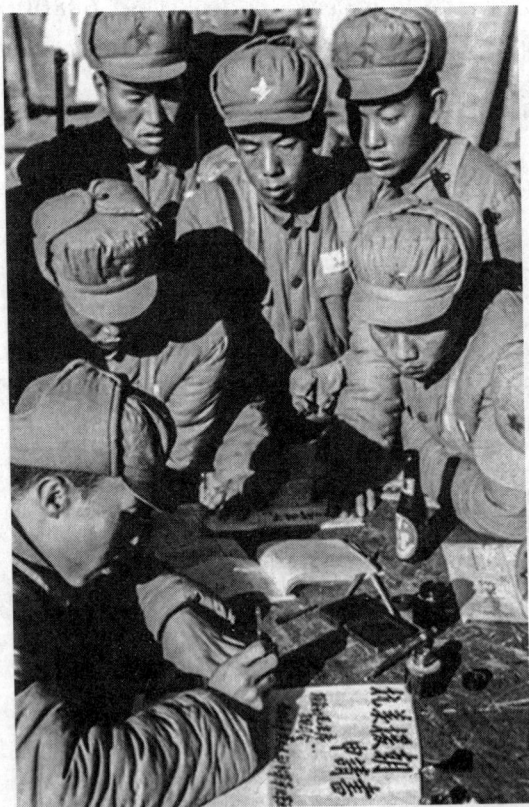

中国人民解放军的战士们写下抗美援朝申请书（图片来自网络）

在每次征兵活动期间，县、区、乡三级认真做好组织保障和宣传发动。1951年3月，全县开展了"抗美援朝保家卫国"爱国参军运动，县里成立接收新兵委员会，县长杨明任主任，郭斌为副主任。各区也相应建立接收新兵的组织机构。全县十个区根据土改分田结束时间的早晚分别进行宣传发动。城厢、同里、芦墟、黎里4个区，2月下旬开始贯彻，3月中旬达到高潮。平望、盛泽、坛丘、震泽、大庙、严墓6个区，3月中旬开始贯彻，月底形成高潮。全县广大农民一方面由于通过土地改革分得了土地和其他生产资料，真正当家做了主人，另一方面由于受到深入广泛的抗美援朝的思想教育，所以保家卫国、参军参战的热情非常高涨。他们纷纷通过总结土改胜利、回忆对比、控诉等方式，树立和表达保国保家保翻身的信心与决心。各区都召开庆祝土改胜利报名参军的万人大会，多的有26000人，少的有12000人。

　　农村的抗美援朝参军运动，有力地推动了全县的抗美援朝运动。市镇的爱国参军工作在原有的基础上进一步提高。1951年6月起，同里镇较快动员423名青壮年报名，体检合格56名。至8月底，市镇有992名青壮年（绝大部分是工人）报名参军，检验合格200多人。

　　各地在爱国参军运动中涌现了许多动人事例。同里区星南乡一位83岁的老太太亲自动员并送4个孙子参军，轰动了全乡。星南乡半爿港村大组长金龙报名参军，带动本村8名青年报名。镇南乡钱家桥大组长向全乡各村挑战，要比别村至少多5人报名，其他各村纷纷应战，都想争得模范村称号。芦墟区万方上村贫农沈阿龙刚结婚即去参军，新娘子给他带上光荣花说："我在家里生产争模范，你去参军打跑美帝，回家过好日子。"芦墟镇一位青年工人第一次应征时体验不合格，他治好病后再次应征，光荣入伍。1951年5月，芦墟青年医生黄葆春响应号召，参加援朝国际医防第四大队，是吴江县唯一的参战军医。他在朝鲜碧潼战俘营的工作照，刊登在1951年12月27日英文版《上海新闻》和《密勒氏评论报》上。

　　1951年，全县设4个新兵接收点：震泽、盛泽、平望和城厢。各接收点接到新兵后，即进行体格检查，且对新兵加强政治教育，提高认识。送新兵离乡时，各区在市镇召开座谈会，组织欢送慰问活动。区送县时，新兵胸佩大红花，乘坐的民船扎好彩棚，用汽船在前面引领，气氛欢庆热烈。

1952年冬至1953年春的征兵运动，是抗美援朝期间规模最大的一次。1952年12月29日，吴江县区乡干部扩大会议召开，动员和部署又一轮抗美援朝爱国参军工作。围绕抗美援朝保国建国这一主题，各区、乡层层发动，各乡普遍召开农民代表会，通过回忆、检查、对比，想想志愿军英勇杀敌是为了什么，为了谁。和志愿军相比，我们的言行怎样对得起志愿军？广大人民群众深刻认识到抗美援朝保国建国的重大意义，全县上下再次掀起参军热潮。

共产党员、青年团员、村干部和退伍军人带头报名参军，推动了全县征兵运动的深入开展。城厢区南厍、长泰、浦北和长板4个乡支部有党员24

志愿军战士向敌阵地出击

人，符合条件的 21 人全部报名。南厍乡 7 名党员全部报名，带动了全乡 73 名青壮年报名。长泰乡党员陆留荣 1 人发动 25 名青壮年报名参军。浦西乡团员唐阿珍为了让未婚夫安心参军，打消顾虑，临时决定提前举办婚礼，表示婚后会好好照顾公婆，承担家里的生产生活重担，让丈夫安心在前线打仗。盛泽区大古乡东古村青年团员沈雅其，哥哥参加志愿军后英勇牺牲，他坚决要求报名参军，到朝鲜战场为哥哥报仇。同里区沐庄乡严舍村一名退伍军人说："从部队回来前我们向上级保证，当上级号召归队时，保证多带几个人。"在他的带领下，全村 40 多名青年报名参军。松陵镇团员高根生，母亲叫他回家结婚，他明确拒绝，表示现在抗美援朝是头等大事，他咬破自己的手指以鲜血立决心书要报名参军去。大庙区充浦乡四都村蔡海山大儿子在朝鲜战场，1953 年征兵又叫小儿子蔡重德报名参军。星字湾村李金娜不仅动员丈夫参军，自己也报名。芦墟区莘塔乡新四村唐桂生妻子参加活动分子会后马上动员丈夫参军，还回到三村乡五娘子港村动员自己的两个哥哥报名，当天就带动 5 名青年报名，结果 3 天内五娘子港村有 15 人报名。芦墟区三村乡女党员王大宝 1953 年 1 月与丈夫结婚刚 5 天，夫妻双双表态报名参军。震泽区庙头乡庙龙村军属王桂娘 73 岁了，她在参军运动中介绍儿子在抗美援朝中的表现和取得的进步，帮助村里做宣传发动，动员本村 7 名青壮年、邻村 10 多名青壮年报名。城厢区庞山乡吴小根兄弟 3 人全部报名，带动全村 15 人报名。

1952 年 12 月至 1953 年 2 月，这次征兵工作的完成还经历了一番波折。吴江送苏州地委新兵团人数起初为 1136 人，这些人已经经过区、县的多次体格检查和政审，按理到新兵团再次检验至少也有 900 人合格。但出人意料的是，这批新兵合格数量只有 818 人，达不到 890 人的征兵名额。为此县里指示大庙、平望、震泽、黎里和盛泽 5 区紧急动员 334 人，送往地委新兵团，经检验合格 148 人。这次征兵，吴江共送兵 966 人，超额 8.5% 完成任务。

烈属军属的优待褒奖着"吴江风尚"

抗美援朝运动开始后，吴江城乡开展群众性的拥军优属活动，解决军烈属的实际困难，让志愿军战士在前线安心杀敌。

拥军优属形式多样，在农村主要是组织开展代耕工作，帮助无劳力或劳力不足的烈军属耕种农田。1951年，各地通过专人负责制、专组负责制、平均分担固定负责制、分工负责制等4种形式落实代耕工作。农民群众采用固定代耕、包耕、包产等方式，共计为3150户烈军属代耕，代耕土地1.45万亩。平望区为198户烈军属代耕964.145亩；同里区镇南乡朱家浜村的3个小组都表示，除了照顾本村军属外，愿意为其他村的军属代耕。

1953年，全县的代耕工作有了完善和提高。代耕范围更广，覆盖各种农业生产。严墓区11172人帮助147户军属农业生产，拔稻根541亩，冬耕360亩，修理桑树398亩；大庙区5042人参加代耕，送豆饼（肥料）3950斤，罱河泥35亩，麦田施肥27亩。代耕形式更为有效。屯村乡由轮流代耕和派工，转入固定代耕，结对帮助；震泽区代耕烈军属的农田产量低于普通农户，通过教育，农民群众觉得对不起前方杀敌的志愿军，表示要提高代耕质量，让军属家的农田亩产达到或超过平均水平；平望区屠塘乡唐赵村军属钮金才农田亩产比普通户低100多斤，代耕小组长龙南村周进官自觉把粮食送给军属。芦墟区莘西乡池东村替军属连坤妹代耕的两亩田亩产只有300多斤，村里按照平均产量补足给军属。城厢区南厍乡北城村70人，每人挑一担大粪给军属王荣齐的农田作为农作物肥料。

对城镇困难烈军属，主要通过财政拨款、社会捐助等办法，帮助解决烈军属就业、子女入学、生病求医、修建住房和贫苦军属救济等困难。吴江县卫生工作者协会城厢区分会将优抚工作落到实处：对于就诊的烈属军属和荣誉军人免除检查费，免除号金（挂号费）、诊金（诊疗费）、手术费，药品则保本偿付。

另外，全县上下开展各种慰问活动。1951年11月，吴江县二届三次各界人民代表会议做出决议，分别给毛泽东主席和中国人民志愿军全体指战员发致敬电。1954年2月，中共吴江县委、县人民政府、县总工会筹备委员会、县农协委员会、青年团吴江县委、县妇联筹备委员会和县抗美援朝分会等，组织联合致中国人民志愿军慰问信，表达吴江各界人民对志愿军指战员由衷的敬意。平望调料酱品厂生产的辣油辣酱，既能御寒又能增进食欲，抗美援朝期间作为军需物资运送10万瓶辣油辣酱到朝鲜前线。盛泽灰练坊200多名工人，发动各自的妻子每人做一双鞋慰劳前方志愿军将士。全县妇女也以自己的方式积极支前。1951年，全县妇女共缝制军鞋3580双，做慰问袋1528只，送肥皂2357块、毛巾1967条，寄书53000本，写慰问信2000封。全县工商界自动组织起来，对吴江的烈军属开展优抚慰问活动，共送慰问金3457.5万元，大米10225公斤，猪肉212.5公斤，月饼1305公斤。平望区拥优委员会发动群众，自发拿出慰问品如鸡蛋、糕团、蔬菜和大米等慰问烈军属，贴光荣对联，送精神慰问。1951年，吴江县前后慰劳款物共计约人民币5200万元，有驻军的镇都举行了军政民联欢会。

1951年6月18日至19日，部分志愿军伤员途经吴江县到浙江省吴兴县南浔镇休养。平望、震泽、盛泽、严墓、大庙等5个区镇的干部群众，在平望、震泽两地夹道迎送，赠送锦旗32面、慰问信400余封。部分群众买了鞭炮和慰问品，组成慰问队、腰鼓队、舞蹈队、歌咏队，载歌载舞，表达对最可爱的人的崇敬之情，鼓舞伤员士气。吴江工商界还派代表带着锦旗、慰问信和700万元慰问金，去南浔慰问志愿军伤病员。8月1日、10月1日和11月7日，吴江县3次组织慰问团前往苏州、南浔等地慰问志愿军和解放军休养员，赠送慰问袋528只、鞋子3582双、书籍5.30万册及其他慰问品。

吴江人民深入开展拥军优属，赠送大米、慰问金、慰问品，提高了烈军属的政治地位，树立了烈军属光荣的社会风尚。烈军属深受感动，纷纷给战斗在朝鲜前线的亲人写信，希望他们杀敌立功，报效祖国和人民。

70 年前，1000 多名吴江热血男儿踏上朝鲜战场奋勇杀敌，有的长眠在异国他乡。他们用自己的生命和热血演绎爱国主义情怀，汇聚抗美援朝精神，绽放了一个时代的芳华。49 万吴江儿女，在自己的本职岗位，签订爱国公约，捐献飞机大炮，优抚军属烈属，以实际行动支援前线，展现了抗美援朝中的吴江力量。这是共和国成立初期我们的民族记忆，深深融入一代代人的精神血脉之中。

（图片由苏州市吴江区档案馆提供。本文写作过程中，得到苏州市吴江区档案馆的帮助，在此深表谢意。）

本文参考书目：

1. 中共吴江市委党史工作办公室著《中共吴江地方历史》第二卷（1949—1978），中共党史出版社 2011 年 5 月出版。

2. 吴江市地方志编纂委员会编《吴江县志》，江苏科学技术出版社 1994 年 7 月出版。

3. 吴江市民政志编纂委员会编《吴江市民政志》，古吴轩出版社 2014 年 8 月出版。

礼敬，最后的志愿军老兵

陈林春

这是最后的志愿军老兵，
每个人头上都有稀疏的"白云"；
满脸沟壑纵横成五岳气象，
徽章、勋章也刻上了岁月的证明！

这是最后的志愿军老兵，
向死而生的抗争赐给他们一份幸运；
幸存的生命又挨过岁月的凋零，
继续幸存成一颗颗南极之星！

他们没有成为战斗英雄，
却是战斗英雄背后的身影；
没有英雄的民族让人悲哀，
所有的英雄都来自普通一兵。

最后一批最可爱的人，
岁月风霜磨砺着他们的真魂。
70年前不惧牺牲，
70年后仍有不灭的雄心。

他们最懂和平的宝贵，
他们最爱家国的安宁；
趁活着，把一种热血荣光，
传承给自己的子孙。

幸存，活的是战友的生命，
心中记着无数烈士的英名。
也曾想把死留给自己，
可战友的死还是留给了他们生。

当战火烧到鸭绿江边，
泛黄的出征照片收藏着他们的英俊。
长满鲜花的家园岂容狼奔豕突，
义无反顾的青年必去沙场效命。

告别血地，告别双亲，
国大于家，忠孝有时不能并行；
热血男儿扛起家国的命运，
"我去了，我去保卫和平！"

那一片苦寒之地，雪凝成冰，
那一个苦难之邦，虎狼成群；

幸好有热血，去融化冰雪，
幸好有正气，去压制邪淫！

一场场战役，正气让山河震惊，
一次次胜利，血性让魔鬼呻吟；
流血不流泪，碎骨不碎志，
中国少有战机，却多血肉雄鹰！

历史不是大炮写的，
和平不容虎狼横行；
热血儿郎用鲜红的血，
在绝死的土地上签上自己的大名！

掩埋好烈士的遗体，
悲泣的离情不舍割分；
终于挺直腰杆扬眉吐气，
回到祖国仰望大海星辰！

沙场未辱使命，
建设格外殷勤；
复员回乡见到父老乡亲，
敬上一杯热酒不说功勋。

"惭愧！丰碑沙尘，银河一星。"
"哪里！你们给家国带来安宁！
更逼着傲慢者放下傲慢，
给华人从来没有的尊敬！"

卸下戎装，由兵变民，
身手身形仍然是兵；
在不同的岗位上耕耘岁月，
个个都是当代的霍去病！

就像在战场上没有成为邱少云，
泉流汗水却凝结成晶莹。
生活的扁担是两只押长的胳膊，
平静的河流在门前泛起激情。

祖国一天天富强，
身上的伤痛一天天减轻；
日子一天天甜蜜，
脸上的笑容一天天增进。

一杯茶祈祷和平永在，
一颗心祝福国泰家兴；
每夜都做民族复兴的美梦，
每天都是朝阳喷薄的心境……

曾经经历多少生活的艰辛，
却比不得当年冰天雪地的肠鸣；
自做一碗炒面，接拌檐下的冷雨，
重寻战地感觉不觉清贫。

曾经缠绕多少痛苦伤病，
唱一首志愿军战歌格外动情；

忆起那些缺胳膊少腿的伤员，
他们没有呻吟，我们何必呻吟？

公平正义常常考验着老兵胸襟，
那就想想还有战友老乡埋在异国的山陵；
同去没能同回，魂魄还在雪地飘零，
代替他们去跪拜一下他们双亲的墓草青青！

老年遗忘有时让人感到可怜，
多少故事活生生再也无法记清。
"被遗忘"的愤懑也被自己遗忘，
想忘也忘不掉的是为国为民。

不认识那一些公知、"精英"，
只知他们忘记了自己的本姓；
丑化领袖、歪曲历史、诋毁英雄、抛弃祖宗，
骨子里换成了魔鬼的基因。

总有一种不死的亡我之心，
毁我家国、毁我民族从没喊停。
祖国若有召唤，
廉颇虽老，却有子孙听令！

从来听不惯靡靡之音，
也不打开打情骂俏的粉色荧屏。
只要是抗美援朝的故事，
一定反复地看，一直看疼眼睛。

夕阳下街头漫步，
花香中田园踏青。
脚步蹒跚，腰杆佝偻，
却爱不尽发展与和平。

天空播撒了 70 多年彩霞，
家国响彻了 70 多年福音。
和平何来？安宁何来？
牺牲中有他们的血流汗凝！

无意为他们树碑立传，
只想记录下他们的名姓。
沙场是赴死之地，
不死是他们的幸运。

用家乡的野花编织一束花环，
不是英雄也有英雄的头颈；
用家乡的水浪谱曲成韵，
和着他们的热血弹琴！

还有什么美好的愿望？
家乡看见的是丽日长云。
还有什么美好的嘱托？
子孙听到的是用血保护和平！

那一部历史大片荟萃群英，
那一种家国情怀直叩天心。

长城不倒，国立邦兴，

老兵之后有新兵，新兵心中有老兵！

2022 年 11 月 23 日

跋：光荣是人生的史记

徐东海

《光荣，永远在册》这本书，马上就要付梓了，这是一本吴江部分抗美援朝老战士追访录，我期待着它的墨香。

一年多前，得知这本书动议踌躇之时，我是力主进行并承诺资助的。虽然，我只是一个"新吴江人"，但我的事业、家庭和主要人生在吴江。而吴江又是一块文化厚植、经济繁荣、人杰地灵的热土，2500 年前，吴地就上演过精彩的吴越春秋大戏；而在抗美援朝运动中，吴江就有 1000 多名儿女高举吴王金戈越王剑，参加了那场向死而生的立国之战，并有 70 多名烈士牺牲在朝鲜战场。70 多年过去了，经过岁月的凋零，当年幸存下来的抗美援朝志愿军老战士，已是凤毛麟角，组织一次抢救性工程，把这些老战士的经历、故事、风采、人生记录下来，集结成书，不仅首开风气于此领域，也可将他们的英名铭刻于历史，用他们的精神激励当代与后世。所以，我是很在乎这本书的。

"外侮需人御，将军赋采薇。师称机械化，勇夺虎罴威。浴血冬瓜守，驱倭棠吉归。沙场竟殒命，壮志也无违。"我出生在安徽省无为市鹤毛镇，"立功异域扬大汉声威的第一人"戴安澜将军是我们无为的骄傲，毛主席的挽诗表达了国人对他的共同敬仰。我们不管走到哪里，说无为，人家不一定全部知道，但只要一说戴安澜，就能分享到他带给我们无为人的无比光荣！我所在的汉桥村，也有一批参加过抗美援朝的志愿军老战士，村支书还参加过上甘岭战役，从小我就爱听他们讲述的抗美援朝故事，对他们非常崇敬，总觉得当兵保国是十分光荣的。1994年12月，我如愿成为中国人民解放军海军的一名战士，辗转葫芦岛、秦皇岛，服役登陆舰、破冰船，考入蚌埠士官学校，荣立了两次三等功……实现了自己从军卫国的光荣梦想。因为"姻缘"，我与吴江产生了更加特殊的"因缘"，2007年我光荣转业入籍吴江。我总在想，一代人有一代人的使命，一代人有一代人的担当，我们这一代人的使命和担当到底是什么？我们年轻一代怎样为国家多做点什么？为吴江多做点什么？我虽然脱下了军装，但我仍有赓续光荣的夙命。入籍吴江，我找到一个基点，在这个基点上，则开启了我的别种思维——我要争取创造一份属于自己的光荣，那就是放下"铁饭碗"，进行自主创业，在特定的领域与时空，寻求与实现退役军人价值的最大化。而这个特定的领域，就是城市保洁、城乡环卫一体化运营服务；这个特定的时空，就是长三角一体化核心示范区的建设。于是，我在吴江开办了江苏东海乐佳环境科技有限公司。十年来，公司业务范围拓展和横跨了江浙沪两省一市，为城市美容、城市形象、城市文明做了点事，为祖国绿水青山做了点事；开设在吴中、昆山、嘉兴、湖州、桐乡等地的分公司，带动了各地的社会就业，员工总人数达到1600多人；公司还培养了这个领域的专门人才，自主研发了多项专利和智慧环卫系统，公司的现代化程度均位居行业前列。"江湖夜雨十年灯，桃李春风一杯酒。"十年来，我觉得我找到了一个退役军人应有的社会地位和价值归属。如果说，这是一种光荣，那么这种光荣乃从何而至？我们要感谢有一个和平安宁的社会环境，没有和平安宁的社会环境，个人即使是天才，也不可能心想事成。可和平安宁又从何而来呢？我们要感谢那一场立国之战，感谢无数志愿军老战士当年的牺牲！和平是用热血换来的，安宁是用白骨筑基的。

《光荣，永远在册》，这个书名是很好的，但凡能够发散着光荣而又永远存在于史册深处的东西，那是值得人们追念与敬仰的。抗美援朝，就是这样光荣而又伟大的历史篇章，70年前震撼了人类历史，70年来光耀着民族谱牒，70年后鸣响着未来时空。震撼、光耀、鸣响，都因为它有着太多的光荣华彩！而今，虽然暗淡了刀光剑影，远去了鼓角铮鸣，但是，那一个个鲜活的面容，曾把英雄定格；那一个个鲜活的故事，曾把史诗书写；那一个个鲜活的姓名，曾把民族托举……用正义、胜利、牺牲、智慧、激情凝聚起来的抗美援朝精神历久弥新，值得永远继承和发扬。在这本书里，我们可以看到那些鲜活的面容，读到那些鲜活的故事，认识那些鲜活的姓名……成书之前，我曾读过几篇他们的故事，有的壮烈，有的平凡，虽然没有杨根思，没有黄继光，没有人人成为英雄，没有人人获得勋章，但是，他们人人都有一股英雄气、爱国心。因此，我觉得出版这样的书是应该的，我所做的那些事，也是应该的。我们这代人没有经历血与火的淬炼，但应该敬仰经过血与火淬炼的他们；我们这代人没有领略那种生与死的慷慨，但应该把尊重慷慨地献给他们。他们是这个世上最可爱的人，我们应当成为这个世上最能传承与发扬他们精神的人！

令人振奋与感动的不仅仅是那些老战士当年在抗美援朝战场上的不畏饥寒、不畏牺牲的精神，他们从战场上回到祖国、回到家乡后，仍然保持了军人的作风与传统，在家乡发展、经济建设、社会安宁中皆有所作为；任何时候，他们都不以功臣自居，不讲"资格"只讲光荣，不讲功劳只讲奉献，不讲条件只讲付出，此身虽然已经为民，可时时展示的仍然是"兵"的姿态与形象；面对名利、地位、得失、酬劳，他们就会想到牺牲的战友得到了什么，觉得他们活的是战友的生命；遇到困难、疾病、不公，他们就会想到长津湖、上甘岭，这个世上哪有过不去的坎儿？从普通一兵到普通一民，他们总是艰苦奋斗，任劳任怨，默默无闻，在平凡中甘守寂寞，在坚忍中保持光荣……读了这本书，读了志愿军老兵，我既为他们在战争年代的民族大义、家国情怀、决死精神而震撼，也为他们在回归和平后的广阔胸襟、崇高品格、人生境界而感动。战场上，他们是光荣的；回乡后，他们是光荣的；老病了，他们是光荣的；即使百年后，他们仍然是光荣的。我们年轻一代，我们的子孙后代，在他们面前应该怎么办？一个人所做的事情，不一定非要经天纬地，只要能为时代添彩就行；一个人所创造的价值，不一定非要惊天动地，只要能为家国增光就行！1951年，毛泽东主席曾为南方革命老区人民题词："发扬革命传统，争取更大光荣。"我觉得，这仍然应当成为我们的使命！

　　光荣是生命的霞帔，光荣是灵魂的虹霓；

　　光荣是军人的底色，光荣是人生的史记。

　　是为跋。

2023 年 2 月 27 日

（作者系江苏乐佳环境科技有限公司董事长）

后 记

有人说，这是一本功德无量的书。其实，真正功德无量的不是这本书，而是那场伟大的立国之战——抗美援朝战争，它的功德是怎么估计都不过分的，正所谓"无量"也。

如果说这本书也有功德，那就是为吴江参加这场伟大战争的部分志愿军老战士记录了一些属于这个民族，属于这个国家，也属于他们的光荣，并可以通过这本书，把他们的光荣传布于子孙，传布于社会，以激励今朝与后世。而据孤陋之愚见，这样的书，此前好像还没有见到过，于是，一开风气之先，或许可能。

出这样一本书，其实是一个"抢救性工程"。70多年了，这些最后的老战士已经是晨星可数，如果说战争是一个残酷的杀手，那么岁月则是一个无情的杀手。在抗美援朝的岁月里，吴江入伍出征者有1000多人，光荣于战场者有73人；幸存归来者虽众，但几十年风霜比剑，幸存者的数字不断地锐减下降！截至2020年，吴江健在的志愿军老兵仅剩242人。这242人，岁都在九秩左右，诚为既寿且贵也。然虽寿虽贵，却天难假年，亦时不我待也，因此，"抢救"一词，不可谓不准也。

战争打的是后勤，也是金钱；抗美援朝战争的后勤运输保障丝毫不亚于前线战场的生死较量，也把一穷二白的新中国的家底基本上打光了。而这项"抢救性工程"也必须有可靠的"资金保障"。我们感谢江苏东海乐佳环境科技有限公司董事长徐东海先生，他做了一件让老兵感怀、让世人称赞的好事，自愿承担了《光荣，永远在册》这本书的采编、出版费用，并且是完全主动的。一个退役军人，一个企业家，敢有这样的作为，在某种意义上说也是有点功德无量了。这也是一种光荣，也会永远在册的。

　　好事会多磨，多磨出好事。既然是抢救性工程，似乎在冥冥之中便注定了这本书的操作一波多折。首先，这项工程的开展，一直是在疫情反复肆虐之中，因此被迫多次中断各项行动。特别是到了最后时刻，几篇重要稿件的作者都"阳"了，因而迫使编辑截稿时间一推再推。其次，由于年代久远和各种复杂的原因，吴江抗美援朝运动及其参加抗美援朝战争的志愿军老战士的档案、资料很不完善，虽然一挖再挖，一找再找，仍然给采访编写工作带来了众多困难，影响了这项工程的顺利开展和基本品质。再次，同样由于时间跨度太长，许多老兵已经过世，仍然健在的老兵有的已经不能下床，有的记忆严重减退，有的思维不清，而且大多没有读过书，不识字，因此，多难于进行清晰、准确、系统的语言表述，这导致采访难度大幅增加，虽然采取网络查询等各种补救措施，但有些缺失和错误或许难以避免。当年，吴江也有不少战士加入了正面厮杀的战斗部队，参加过五次战役及长津湖、飞虎山、鸡雄山、驿谷川、上甘岭、金城等重大战役，所属军兵种也有空军、炮兵、步兵、工兵等，但是，他们大多不是在战场上牺牲了，就是没有挨过后来漫长的岁月而先期作古，这些当然无法再行采访，而剩下的只有凤毛麟角，我们掘地三尺，也只找到了不多的几个，权作代表。因此，在仍然健在的志愿军老兵中，便没有特别的战斗英雄，即使获得的功勋，其级别也不高，他们更多的是普通一兵、平凡一士，有的甚至在朝鲜战场上没有打过枪，没有摸过枪；又因为他们当年所在的兵种大多为铁道兵及后勤保障部队，兵种同一，年限同一，任务同一，地域同一，年龄相仿，经历相仿，战争的血腥度，故事的生动性，情节的曲折性，没有人们期盼的那么"精彩"，但是，他们在朝时同样天天经受着严寒、饥饿、伤病、生死等考验，流汗的同时也流血，有不少人同样牺牲了自己的生命，其意志力同样坚定，其决胜力同样巨大！平凡蕴藏伟大，普通不失光荣。本书的体量虽然受到一定限制，本书的成色虽以平凡示人、朴实面世，但是，仍然不失让人血脉贲张之力，仍然不失让人灵魂震撼之音，仍然不失让人心生崇敬之意！

寻找、追访过程充满难度，编辑过程的难度同样巨大。由于年代久远、记忆模糊、文化缺失，这些老战士又都是普通一兵，对于在朝期间的大小战役名称、地名、时间、人物、经过、数字、语言、细节等，大多表述不清，而采访者又因为年轻，平时兴趣不在于此，大多对抗美援朝战争缺乏全面深入细致的了解，因而，文章中遗漏、错误、含混，不在少数。为了做到力求准确与真实，编辑花费了大量心血，通过各种方法进行了查阅、比对、甄别、考证，有些则采取了"模糊哲学"，但仍难保证绝对准确，或许留憾，愧怍徒生。

本书共分三个章节。第一辑"光荣在档"以档案集成形式集中记录了240名老战士的姓名，以名录集成形式汇总出73名烈士简况；第二辑"喋血萦梦"以报告文学、人物通讯、口述等形式撰写了53篇文章，关注了48位健在的志愿军老战士和5位已故志愿军老战士入朝参战故事、生死情怀、牺牲品格及其基本人生；第三辑"情怀竹帛"以史料综述形式，整理展示了当年吴江各级党委和政府以及社会各界在轰轰烈烈的抗美援朝运动中的参与热情、多种贡献、特别情怀、生动故事、血性担当和社会风尚。另外，两首长篇诗歌，真诚讴歌了抗美援朝战争的历史荣光、伟大精神和吴江志愿军老战士保家卫国的崇高境界与正义奉献。

战争是相当残酷的，在吴江73名抗美援朝志愿军烈士中，曾经有不少为多场战役中产生的永久"失联"人员。这些失联人员原始档案中皆有吴江县人民委员会出具的"抗美援朝军人牺牲证明书"，其中明确"根据中华人民共和国内务部、中华人民共和国财政部《关于处理抗美援朝战争中失踪军人的家属待遇问题的联合通知》的精神，应按牺牲处理，发给家属一次抚恤金，其家属并享受牺牲军人家属的待遇，特此证明"。因此，在"光荣在档"之《抗美援朝吴江籍烈士名录》中"牺牲地或战役"一栏中所标注为"朝鲜"两字者，皆为永久失联或失踪人员经确认为烈士的人员。

　　本书关注的 53 名抗美援朝老战士中大多为吴江本籍人士，另有数名为后入籍吴江的人士。

　　为了尽可能多地搜集反映抗美援朝老战士的人生故事，春节期间我们得到吴江融媒体中心有关同志的帮助，他们从"大数据"中为我们寻找到了 10 多篇此前《吴江日报》曾经报道过的抗美援朝老战士的人物通讯，我们经过整理，收录此书，在此对他们表示感谢。

　　还需要感谢的是，在本书的采编过程中，中共苏州市吴江区委党史工作办公室、区老干部局和各镇（区）、各街道的统战部门、退役军人服务站，给予了大力支持和精心组织，参与采写的人员也在心怀敬意中沐手而为……

　　是为记。

编者

2023 年 2 月 20 日